JN076232

世界の未解決ミステリー

Unsolved Mysteries of the World

読んで震えろ!

Disappearance of Tara Calico/Tara Leigh Calico (born February 28, 1969)[1] is an American woman who disappeared near her homein Belen, New Mexico, on September 20, 1988. She is widely believed to have been kidnapped. In July 1989, a Polaroid photo of an unidentified young woman and boy

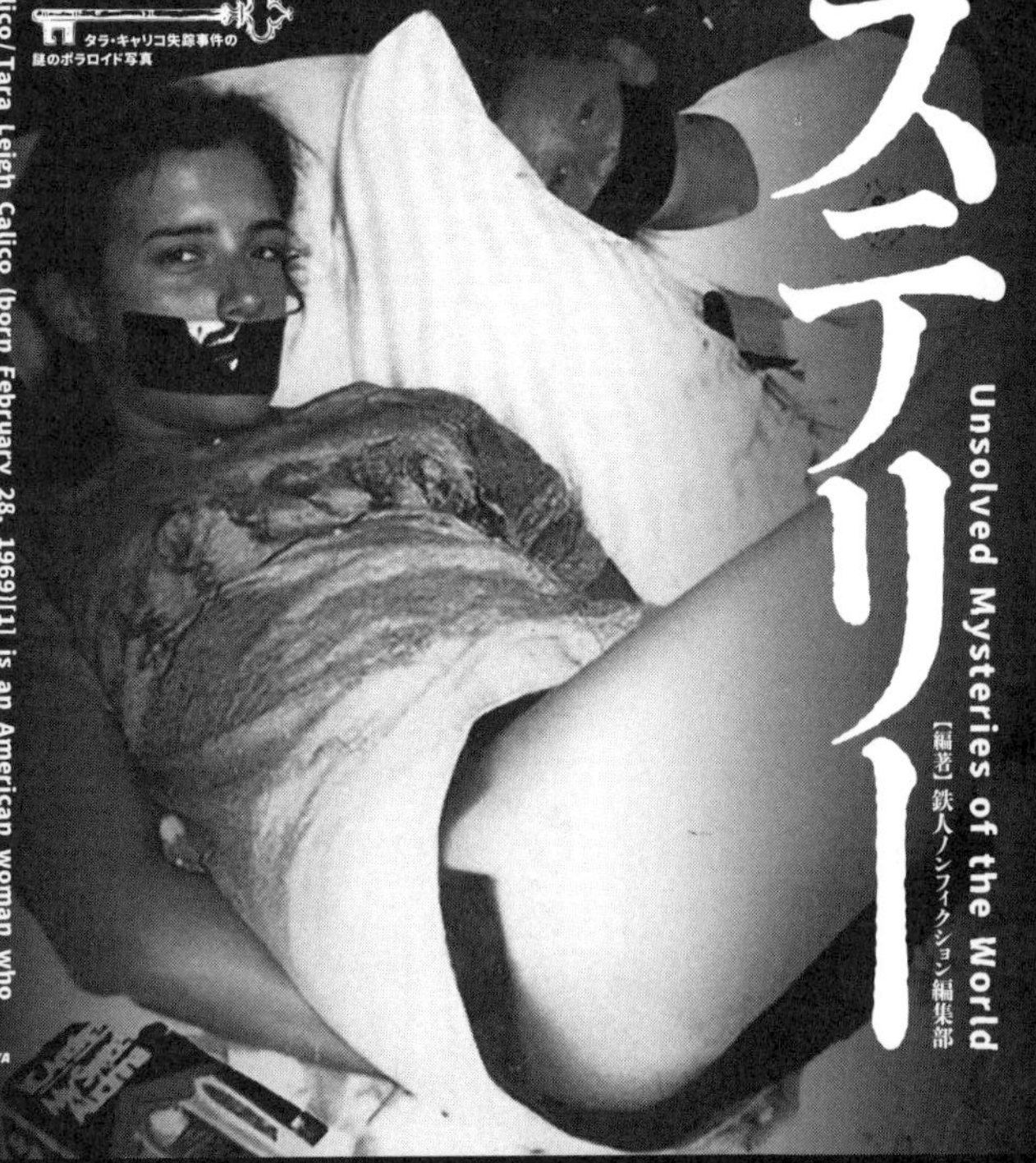

タラ・キャリコ失踪事件の謎のポラロイド写真

【編著】鉄人ノンフィクション編集部

TETSUJINSYA

正体不明のシリアルキラー、物証のない重要容疑者、
神隠しのように消えた少年少女、殺害動機の謎、
被害者が残した謎のメッセージ、山奥で発見された大量の人骨、
暗殺が囁かれる自殺事件、身元が特定できない遺体。
逃亡を続ける指名手配犯——。
真相が闇に葬られた「未解決ミステリー」シリーズ第5弾!

目次

第1章 なぜ消えた？

8 「サマージャム」参加高校生カップル失踪事件
12 フォートワース・トリオ事件
16 大阪市・田畑作之介ちゃんひき逃げ連れ去り事件
18 大阪心斎橋・尾上民公乃さん失踪事件
20 タラ・キャリコ失踪事件
24 名古屋市親子3人行方不明事件
28 パティ・ヴォーン消失事件
30 岩手県普代村・金子恵理ちゃん失踪事件
32 長野市会社員・菊地寛史さん行方不明事件
34 多摩美術大生・井出真代さん失踪事件
36 仏ゴダール一家失踪事件
40 アリッサ・ターニー失踪事件
46 下野市准看護師・永島康浩さん失踪事件
48 リサ・マリー・ヤング失踪事件
50 モーラ・マリー失踪事件
54 ブライアン・シェイファー蒸発事件
56 ブランディ・ウェルズ失踪事件
62 慶應義塾大生・篠崎耕太さん行方不明事件
64 女性曲芸師・中村幸子さん失踪事件
66 福岡市ネパール人留学生行方不明事件
68 秋田中3男子・尾久賢治さん失踪事件
70 医療系エンジニア・遠田高大さん失踪事件
72 ミカイラ・バリ行方不明事件

76 日光市フランス人女性行方不明事件
78 函館市高1男子・佐藤晶さん消失事件
80 倉敷市中3男子・梶谷恭暉さん失踪事件

第2章 誰が殺った？

84 レッドヘッド・マーダーズ事件
88 「キャビン28」シャープ一家惨殺事件
92 米ベアブルック州立公園殺人事件
96 金沢市女性スイミングコーチ絞殺事件
100 岡谷市看護助手・井内和子さん殺害事件
102 倉敷市老夫婦殺人放火事件
104 さいたま市父娘放火殺人事件
106 神戸市須磨区・寺田和子さん殺害事件
110 大洲市長浜町女性放火殺人事件
112 インゲ・ロッツ殺害事件
118 堺市母娘殺傷事件
120 インド13歳少女&使用人男性殺害事件
126 鹿児島高齢夫婦殺害事件
128 平塚市タクシー運転手強盗殺人事件
130 ローソン加賀桑原町店強盗殺人事件
132 カリーナ・サウンダース殺害事件
136 大阪西成うどん屋店主殺害事件
138 岡崎市会社役員・大岡幸正さん殺人事件
140 呉市しらゆり寮准看護師殺害事件
142 越谷市トラック運転手宅強盗殺人事件

144 湯河原町女性宅放火殺人事件

第3章 謎と闇

148 バークとヘアの殺人人形
152 ヒマラヤ高地ループクンド湖大量人骨発見事件
156 米オハイオ州「サークルビル・ライター」事件
160 メアリー・デイ事件
168 南極大陸基地天体物理学者、ロドニー・マークス死亡事件
172 日原街道脇崖下・女性死体遺棄事件
174 佐原市・東関道親子3人死亡事故
176 日立市ネイリスト変死事件
180 MI6職員バッグ詰め変死事件
184 ロリ・エリカ・ラフ自殺事件
188 レベッカ・ザハウ事件
192 ベサニー・デイトン遺体発見事件
198 福生市デスマスク皮剥ぎ事件
202 ヘンリー・マッケイブ事件
204 北九州市小倉南区・女性切断遺体発見事件
206 宮崎・高千穂6人惨殺事件
210 南アルプス市女性画家死体遺棄事件

第4章 指名手配

214 又吉建男／沖縄警官2名射殺事件
216 小暮洋史／群馬一家3人殺人事件

220 吉屋 強／足立区マンション敷地内殺人事件
222 陳遠耀／三鷹市薬局店内強盗殺人事件
224 上地恵栄／三鷹市居酒屋チェーン店副店長強盗殺人事件
226 越智 清／寝屋川市女性バラバラ殺人事件
230 小原勝幸／岩手17歳女性殺害事件
236 村田俊治／山口市赤妻町女性殺人事件
238 大沢悠也／八王子母子殺害事件
240 中西二郎／京都市伏見区母子殺人事件
242 見立真一／六本木クラブ集団暴行死事件
246 宮内雄大／山梨市強盗致傷事件
248 菱川龍己／神戸市暴力団組員拳銃発砲殺人事件
250 永山誠／茨城県東海村兄弟殺害事件
252 八田與一／別府市大学生ひき逃げ死亡事件

※本書掲載記事は2024年1月時点のものです。

第1章 なぜ消えた？

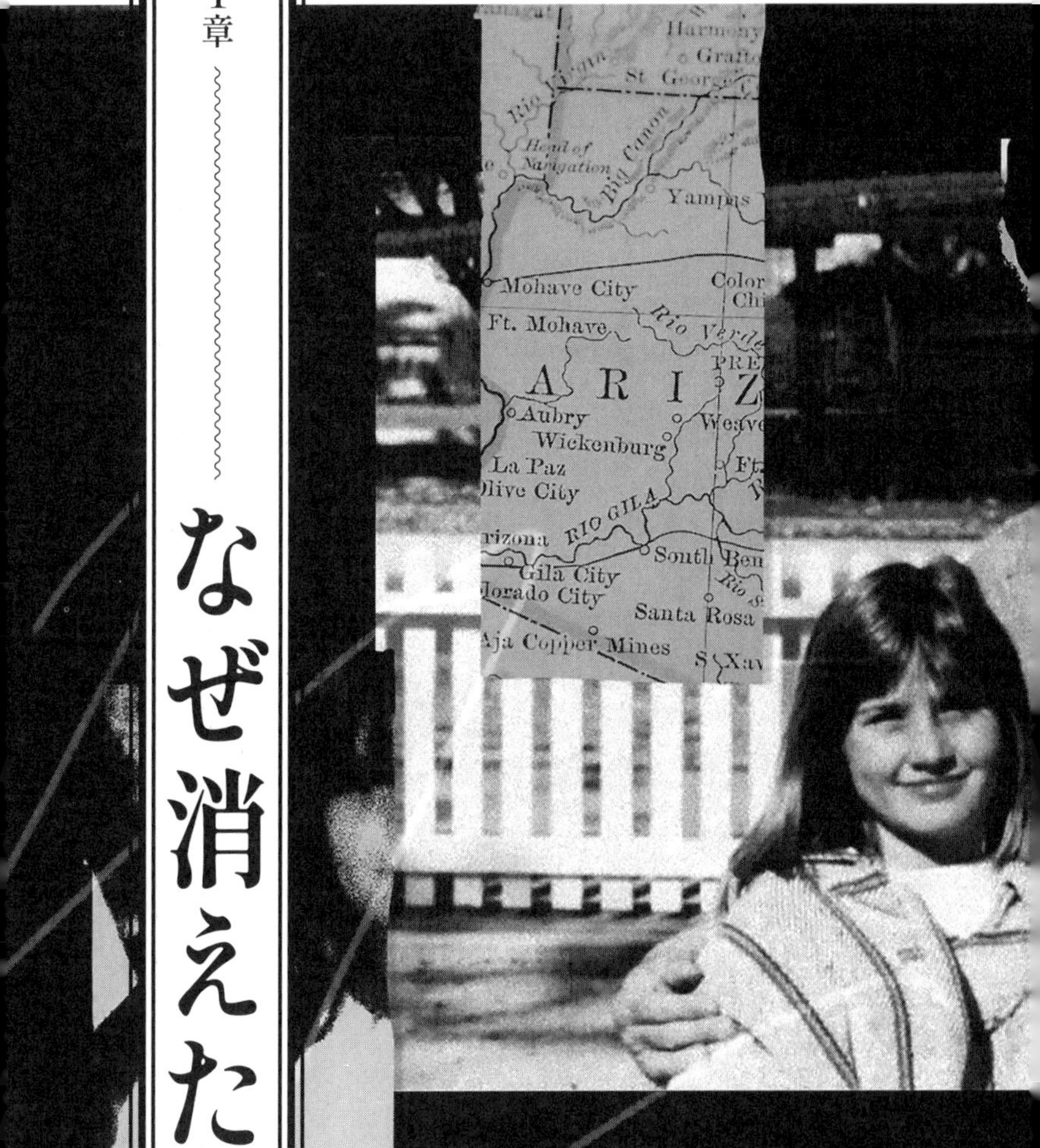

読んで震えろ！

溺死か？　殺害か？　史上最大のロックフェスに向かう途中に消えた2人

「サマージャム」参加高校生カップル失踪事件

1973年7月28日、米ニューヨーク州スカイラー郡のワトキンズ・グレンで「サマージャム」というロックコンサートが開催された。出演したのは、当時絶大な人気を誇っていたオールマン・ブラザーズ・バンド、グレイトフル・デッド、ザ・バンドの3組のみ。ここに、1969年開催の「ウッドストック・フェスティバル」より20万人も多い約60万人の観客が訪れ、当時のギネスブックは「世界一観客数が多かったポップフェスティヴァル」として認定する。同州ブルックリンの男子高校生ミッチェル・ウィーザー（当時16歳）と、同じ高校に通うガールフレンドのボニー・ビクウィット（同15歳）もこのコンサートを楽しみにしていた2人だった。が、彼らは会場へ向かう途中で行方不明となり、その消息は50年以上が経過した現在もわかっていない。

ミッチェルがブルックリンの自宅を出発し、ボニーがアルバイトとして働いていた同州グリーン郡のキャッツキル山地のウェルメット・キャンプ場に到着したのはコンサート前日の7月27日。合流した2人は翌28日朝、約200マイル（約340キロ）離れたコンサート会場に向かう。移動手段はヒッチハイク。場所はわかっていないが、途中で1台のトラックが2人を乗せ、しばらく走った後で降ろした。これが彼らが目撃された最後の姿である。コンサート終了から1日半が経過した7月30日、キャンプ場の管理人から、ボニーの母親に彼女が戻って来ないとの連絡が入った。母親はミッチェルの家族にも事情を話し、警察に捜索を依頼するも、当局は駆け落ちでもしたのではないかと全く相手にしてくれない。そこで、両家族は親戚や知り合いに協力を仰ぎ懸命に2人を探すが、行方はまったくわからなかった。

何の進展もないまま失踪から27年が経過した2000年6月、ニューヨークに本社を置くケーブルTV局MSNBCが番組で事件を取り上げたところ、ロードアイランド州に住む当時51歳の男性から驚きの連絡が入る。なんでも、彼もコンサートに参加した1人で、会場に向かう路上でミッチェルとボニーによく似た若い男女に遭遇、3人でペンシルベニア州のナンバープレートをつけたオレンジ色のフォルクスワーゲンに乗せてもらったという。その途中、ニューヨーク州を流れるサスケハナ川で休憩を取ったのだが、女性が川に入って溺れ、それを助けようとした男性も水に飲み込まれ行方がわからなくなったそうだ。男性は泳げなかったことに加え、その日マリファナを吸っていたため警察に連絡するのをためらったと告白した。この話が正しければ、ミッチェルとボニーは水難事

失踪3ヶ月前の1973年4月に撮影されたミッチェル・ウィーザー(右)とボニー・ビクウィット

1973年7月28日、「サマージャム」のステージと観客の様子

故で死亡したものと思われるが、警察当局が確認したところ、身元不明の溺死体が発見された記録がどこにも残っていないことが判明。男性が虚偽の証言をする理由は一切ないにしろ、彼の話を完全に信用することはできないとされた。

それから13年後の２０１３年10月、未解決事件を引き継いでいたニューヨーク州サリバン郡の警察当局に、フロリダ州在住の51歳女性から、また新たな情報が寄せられる。１９７３年当時、彼女はコンサート会場となったワトキンズ・グレンから約20マイル離れたウェインという街に住んでいたのだが、同年7月28日の昼間、父親と地元のレストランに行き、そこでテーブルに座っていた1人の青年に近づいて名前を聞いたところ、ミッチェルと名乗ったそうだ。彼女によれば、父親はレイプの常習者で、ミッチェルと名乗る男性も父親に性的被害を受けたうえに殺害されたのではないかという。にわかには信じがたい話だが、当時の資料を調べたところ、事件後にその父親が2人の失踪に関与した重要参考人として調べられていたことがわかった。そこで、警察は掘削器具とソナーを用意、死体発見犬も要請したうえで、彼女が住んでいたウェイン一帯で掘り起こし作業を行う。しかし、収穫は皆無。当時まだ存命だったその父親を取り調べることも検討されたものの、新たな証拠がないことを理由に見送りとなった。

　果たして、ミッチェルとボニーは溺死したのか、殺害されたのか、それとも…。2人の家族は今も真相が明らかになる日を待ち望んでいる。

ミッチェル(左)とボニーはニューヨーク州を流れるサスケハナ川で水難事故に遭ったとの情報があり、川の畔に記念石が設置されている

ショッピングモールからこつ然と消えた3人の少女。半世紀弱経過した現在も消息不明

フォートワース・トリオ事件

1974年12月23日、米テキサス州北部タラント郡のフォートワースでレイチェル・トルリカ（当時17歳）、リネイ・ウィルソン（同14歳）、ジュリー・モーズリー（同9歳）の3人（通称フォートワース・トリオ）がクリスマスの買い物途中に突如姿を消した。彼女らは家が近所で、レイチェルは17歳の高校生ながら既婚者。レイチェルと同じ高校に通うリネイはジュリーの兄テリーのガールフレンドだった。

リネイとジュリーが、レイチェルの誘いで、彼女の夫トミー（同22歳）所有の車に乗り街のショピングモールに出かけたのはこの日の昼間12時ごろのこと。彼女らはモールに行く前、リネイのジーンズを買いに1軒の店に立ち寄り、その後、ショッピングを楽しむ。リネイが目立つ黄色いシャツを着ていたこともあり、彼女らの姿は何人もの人が目撃していた。

リネイはこの日の16時から恋人テリーとクリスマスパーティに参加する予定だった。が、17時になっても戻ってこない。そこで、連絡を受けたレイチェルの母親と弟が車で3人を探しに行く。と、レイチェルの車がモールの駐車場に停まっているのを発見。母親と弟はモール内の店や従業員に、3人を見なかったか聞いて回ったものの、有力な情報は得られない。この時点でリネイの父親たちも捜索に来ており、モールが閉まった後、彼らは銃を手に一晩中、レイチェルの車を見張ったが、彼女らが姿を現すことはなかった。

翌24日、クリスマスイブの朝、レイチェルの夫トミーのもとに1通の手紙が届く。送り主はレイチェルで、手紙にはこう書かれていた。

「叱られるのはわかってる。でも、私たちは逃げなきゃいけないの。ヒューストン（※テキサス州最大の都市）に行くわ。1週間以内に会えると思う」

封筒の宛名は鉛筆で書かれ、中の手紙はボールペンで綴られていた。手紙の最後にレイチェルの署名があったものの、スペルを誤った形跡がある。さらに普段は夫のことをトミーと呼んでいるのに、手紙にはトーマスと記されている。そもそも彼女らが一緒に出かけたのは、レイチェルがリネイを電話で誘ったとき、彼

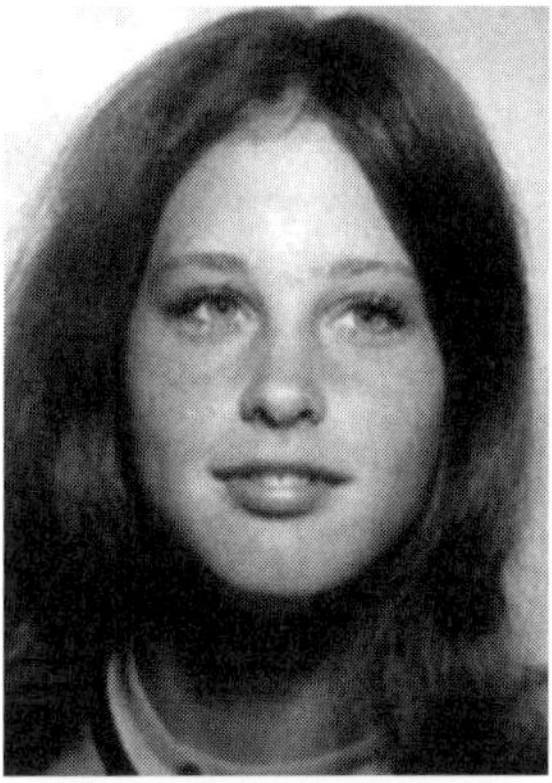

失踪した3人。上からレイチェル・トルリカ、リネイ・ウィルソン、ジュリー・モーズリー

女の家にたまたまジュリーがいたからで、この際テリーにも声をかけたものの彼は別の用事があり断っている。こうした偶然があったにもかかわらず、レイチェルが文面のような手紙を出すとは思えない。誰もが手紙を書いたのはレイチェルとは違う別の人物で、彼女らが何かしらの事件に巻き込まれたものと確信した。

一方、連絡を受けたフォートワース警察の動きは遅かった。というのも、レイチェルの姉が家出をしては数日で戻ってくることが過去に何度もあり、そのたびに振り回されていたため、レイチェルもすぐに帰ってくるだろうと考えたのだ。

ひとまず警察は、車の持ち主であるトミーを呼び異変がないか確認させた。車内にはリネイが当日購入したジーンズが残されていた。手紙にあるように、本当にヒューストンに行く気なら、買ったばかりのジーンズを置いたままにするだろうか。トミーが違和感を覚えつつダッシュボードを開けると、そこに置いてあっ

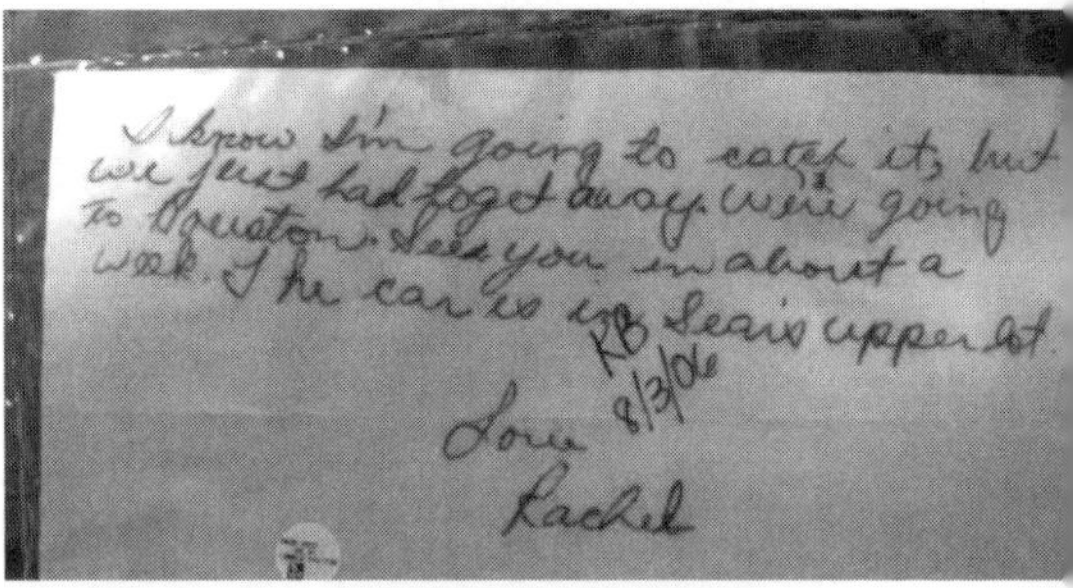
I know I'm going to catch it, but we just had to get away. We're going to Houston. See you in about a week. The car is in Sear's upper lot.
KB
8/3/96
Love
Rachel

上／失踪翌日、レイチェル（を名乗る人物）から彼女の夫に届いた手紙　下／1999年12月24日、失踪したショッピングモールの前に立つレイチェルの母親と弟。母親が手にしているのは娘レイチェルの写真

たはずのトミーの両親からの遺言書が消えていた。が、後に自分でどこかに移動させたかもしれないと話しており、彼の証言も曖昧だった。

やや疑問はあるものの、大きな不審点はない。やはり単なる家出で近い将来帰ってくるだろう。楽観視する警察に不満を抱いた家族らは自ら私立探偵を雇い、事件を調査した。すると、失踪直前、地元の店で働きレイチェルの家の近所に住んでいた28歳の男がわいせつな電話をかけ続けていたことが発覚。警察に連絡したものの、事件とは一切関係ないことがわかる。1976年には、テキサス州ブラゾリア郡の湿地帯で3人の白骨化した遺体が見つかったが、骨は彼女たちのものではないことが判明。さらに2001年4月、3人が失踪した夜、男と一緒にいたとの目撃証言も得られたが、裏づけは取れなかった。

事件から、すでに半世紀弱。ショッピングを楽しんでいた3人はどこに消えてしまったのだろうか。

失踪から44年後の2018年に公表された3人の経年外見画像。上からレイチェル、リネイ、ジュリー

大阪市・田畑作之介ちゃんひき逃げ連れ去り事件

「病院に連れていく」と被害男児を自分の車に乗せ消えた犯人

1978年3月3日16時半頃、大阪市住之江区に住む田畑作之介《たばたさくのすけ》ちゃん（当時3歳）が友人Aくん（同5歳）と自宅近くの路上で遊んでいたところを、走ってきた車にはねられた。車から出て来た男は、顔から血を流しぐったりとしている作之介ちゃんを見て「どこの子やろ？（救急車を待っている余裕はないので）自分が病院に連れて行くわ」と言い、作之介ちゃんを車に乗せ走り去った。

一方、一緒に遊んでいたAくんは作之介ちゃんの家に駆け込み事情を話した。仰天した母親は、急いでAくんと事故現場に足を運んだものの、すでに車も運転していた男性も作之介ちゃんも見当たらない。母親は「病院に連れて行く」と言っていたという男の発言から、近隣のいくつかの病院に問い合わせたが、どこにも作之介ちゃんらしき男の子が運び込まれた様子はなく、不審に感じ警察に連絡する。

翌日になっても男から何の連絡もなかったことから、警察は誘拐事件と断定し捜査を開始。夕方の時間帯ということもあり多くの目撃証言が得られ、「犯人は40歳くらいの男性でスーツ姿ではない」「車は白のカローラと思われ、南の方向へ走り去った」ことなどがわかった。が、決め手となる車のナンバーは判明せず、その後監視カメラやNシステム（自動車ナンバー自動読み取り装置）が整備されていない時代だったため、その後の消息はわからず仕舞い。Aくんの証言から犯人のモンタージュ写真を作成・公開し、広く情報提供を呼びかけたものの有力な情報は寄せられなかった。

警察の現場検証によると、遊んでいる作之介ちゃんを自らの車の進行先に発見した場合、運転手は当然急ブレーキを踏むはずだが、路面にブレーキ痕はなかった。また、犯人の車は作之介ちゃんをはねた後、停止するまで数十メートルも走っていたことも判明した。こうした状況から、犯人は前方不注意などの理由で誤って作之介ちゃんを車ではね、最初は本当に作之介ちゃんを病院に連れていくつもりだったが、搬送中に彼が死んでしまい、逮捕されることを恐れた犯人がどこか人目のつかないところに作之介ちゃんの遺体を遺棄した可能性が浮上する。が、その後の捜査でも犯人逮捕はおろか、遺体発見、該当車の特定にも至らず、事件発生から5年後の1983年3月3日、業務上過失致死、および略取誘拐罪の時効が成立した。本件は、作之介ちゃんが車でひかれた際にまだ生きていたと考えられることから殺人罪には問われていない。

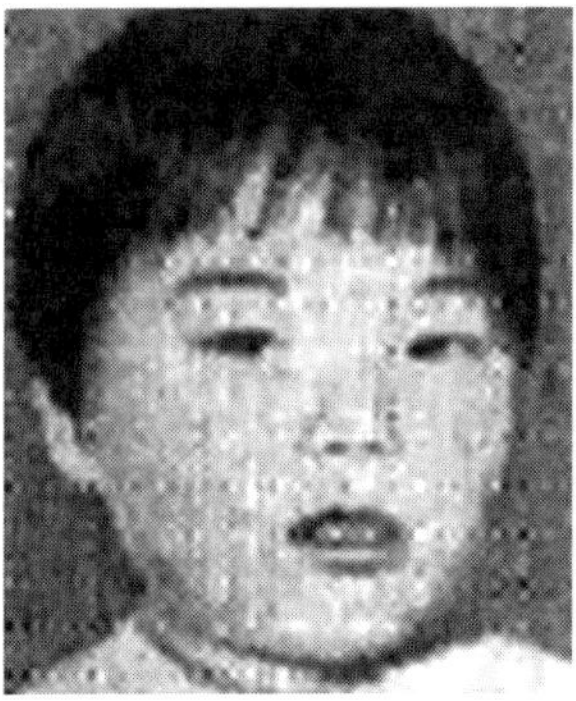

現在も行方がわからない
田畑作之介ちゃん

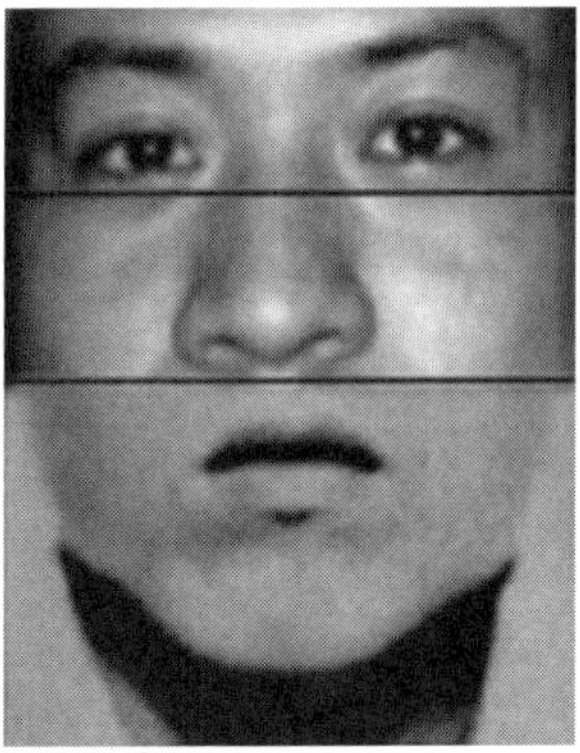

大阪府警が作成した
犯人のモンタージュ写真

乗っていた車が遠く離れた福岡博多港から海に転落。車内に本人の姿なし

大阪心斎橋・尾上民公乃さん失踪事件

１９８７年６月５日23時半ごろ、大阪府八尾市在住の尾上民公乃《おのうえみこの》さん（当時20歳）がアルバイト先である大阪市北区のスナックの仕事を終え、同僚女性と店を出た。その後、同僚の運転する車で同市南区（現・中央区）の心斎橋へ。同僚は飲食店にいる知人に連絡を取りに行き、尾上さんは１人で車の助手席で待っていた。これが６日の午前３時50分ごろのことで、エンジンはかけっぱなしになっていたが、30分ほどで同僚が戻ると、なぜか停めた場所に車はなく、尾上さんも姿も消していた。

それから丸一日が経過した７日午前７時ごろ、大阪から６００キロ以上も離れた福岡市の博多港で、釣りをしていた男性が栈橋から１台の車が海に転落するのを目撃する。通報を受けた福岡県警が車を引き上げたところ、中は無人で、ナンバーからその車が尾上さんの同僚女性所有の車両であると判明した。大阪の車が福岡の海に落ち、車内にいるはずの女性の姿がない。事件性が高いと判断した警察は念入りに車両を調べ、全てのドアは閉まっていたものの助手席の窓だけが少し開いていたこと、尾上さんのイヤリングが車内に残され同僚女性のセカンドバッグはなくなっていること、車両に大きなワゴン車と接触したような痕跡があることなどを突き止めた。また検証実験により、岸壁に設置されていた段差を乗り越えて車が海に転落するには、ある程度の加速が必要であることも判明。以上のことから、故意にスピードを上げ車を転落させた可能

性が強まった。
　では、誰が大阪から博多港まで車を移動させたのか。尾上さんは運転免許を持っていたもののペーパードライバーで自ら車に乗ることはなかったことから、やはり第三者が運転したものと思われる。車内に彼女の姿がないのは、また別の第三者が道中で尾上さんを他の場所に移動させ、車だけを海に投棄したからではなかろうか。少なくとも、同僚を待っている間に何者かが車に乗り込み彼女を連れ去ったのは間違いない。そのときの様子を見た人はいないのだろうか。心斎橋は大阪有数の繁華街。しかも、車が停まっていたのは金曜から土曜に日付が変わった深夜で、辺りは始発待ちの人で混雑していた。にもかかわらず、目撃情報は一切なかった。いったい、彼女は誰に何の目的で連れ去られたのか。何もわからないまま時だけが過ぎ、2007年前後には北朝鮮に拉致されたのではないかという情報が囁かれ、特定失踪者に認定されることになる。2024年1月現在、尾上さんの行方は一切わかっていない。

上／尾上民公乃さん。北朝鮮に拉致された可能性も指摘されている。下／車が転落した博多港の現場付近の現在の写真

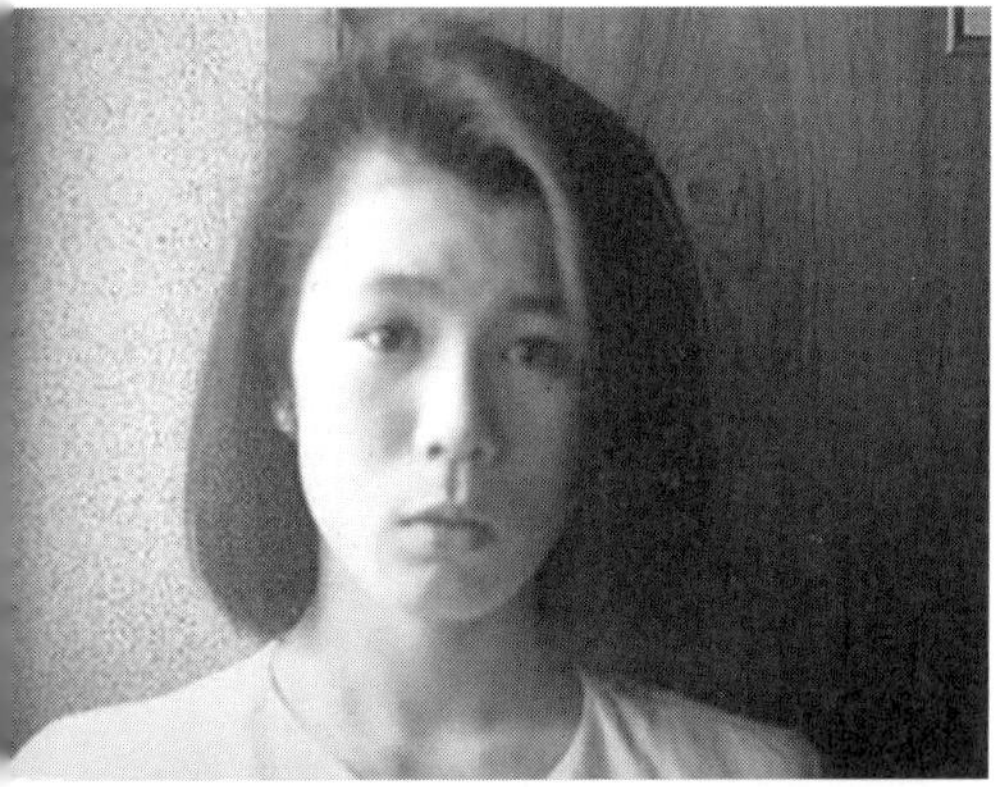

事件から10ヶ月後に、本人によく似た若い女性が映った謎のポラロイド写真発見

タラ・キャリコ失踪事件

1988年9月20日午前9時半ごろ、米ニューメキシコ州ベーリンに住むニューメキシコ大学バレンシア・カレッジの2年生、タラ・キャリコ（当時19歳）が、母親のマウンテンバイクに乗り自宅から大学へ向かった。この日、彼女は昼の12時半にボーイフレンドとテニスをし、その後16時まで授業を受ける予定で、そのことは出かける前に母親に伝えていた。が、タラは日が暮れても家に戻らなかった。心配した母親が警察に通報、地域住民の協力も借り捜索が始まる。

数日後、タラが最後に目撃された地点から南に5キロ離れた道路脇で、彼女が聴いていたロックバンド「ボストン」のカセットテープが見つかり、さらに自宅から東に30キロ離れた場所で本人が身につけていたウォークマンの部品が発見された。また、聞き込み捜査により、タラが失踪当日の午前11時45分ごろ、彼女の自転車を尾行するかのように後を付けていた、男性2人が乗ったフォードのピックアップトラック（後ろが荷台になった車）が複数の人から目撃されているのがわかった。タラが後方の不審な車に気づかなかったのは、ウォークマンで音楽を聞くためイヤホンをしていたからだと思われる。が、それら遺留品や目撃情報からタラの行方が知れることはなく、時だけが虚しく過ぎていく。

タラ・キャリコ。失踪当時、大学に通いながら銀行で出納係のアルバイトをしていた

失踪から約10ヶ月後の1989年6月15日、ベーリンから遠く離れたフロリダ州ポートセントジョーにあるコンビニエンスストアの駐車場で、一般女性が1枚のポラロイド写真が落ちているのを発見した。そこには車の中と思しき場所で後ろ手に縛られ粘着テープで口元を塞がれた、身元不明の若い女性と少年が映っていた。女性によれば、発見場所の近くにトヨタ製の白いバンが停まっており、写真を拾った直後に、運転席に座っていた口髭を生やした30〜40代の男性が逃げるように車を発進させたのだという。女性の通報を受けた警察は男が何かしら事件に関与しているものとみて直ちに道路検問を敷いたが、不審な白いバンが見つかることはなかった。

その後、写真はアメリカの人気テレビ番組「オプラ・ウィンフリー・ショー」「48アワーズ」「アメリカズ・モスト・ウォンテッド」などが取り上げ情報提供を求めたところ、番組を見ていたタラの友人が、写真の女性が失踪したタラによく似ていると彼女の母親に連絡を入れる。一方、写真の少年に関してもテレビを見ていた視聴者から、1988年4月21日にタラと同じくニューメキシコ州北部で行方不明になっていた自分の親戚のマイケル・ヘンリー（同9歳）に似ているとの情報が入った。タラとマイケルの両親は実際に写真を確認し、我が子であると確信する。タラの母親によれば、写真の女性の足に娘が自動車事故で受けた傷と似た痣があること、傍らに彼女が愛読していたペーパーバック（V・C・アンドリュースの『オードリナ』）が置かれていることなどが大きな理由だという。
イギリスのスコットランド警察は写真を鑑定に回し、写真の女性はタラ本人で間違いないとの結論を出す。が、アメリカのロスアラモス国立研究所はこの鑑定結果を否定。FBIも、同年8月に写真の女性がタラとは断言できないと発表した。こうして事件は振り出しに戻ったばかりか、1990年6月には当初マイケルと思われていた写真の少年の遺骨がニューメキシコ州の山中で発見され、警察は死因を低体温症と公表。写真の女性もタラではない可能性が強まる。

では、彼女はいったい誰なのか。実は1990年以降、他にも謎のポラロイド写真が発見されている。1枚は正体不明の男性に手を縛られたメガネの女性が首元をつかまれているもの、もう1枚は口にテープを貼られている女性の写真だが、これらがタラの失踪と関連しているか否かはわかっていない。また、事件から30年近く経った2016年

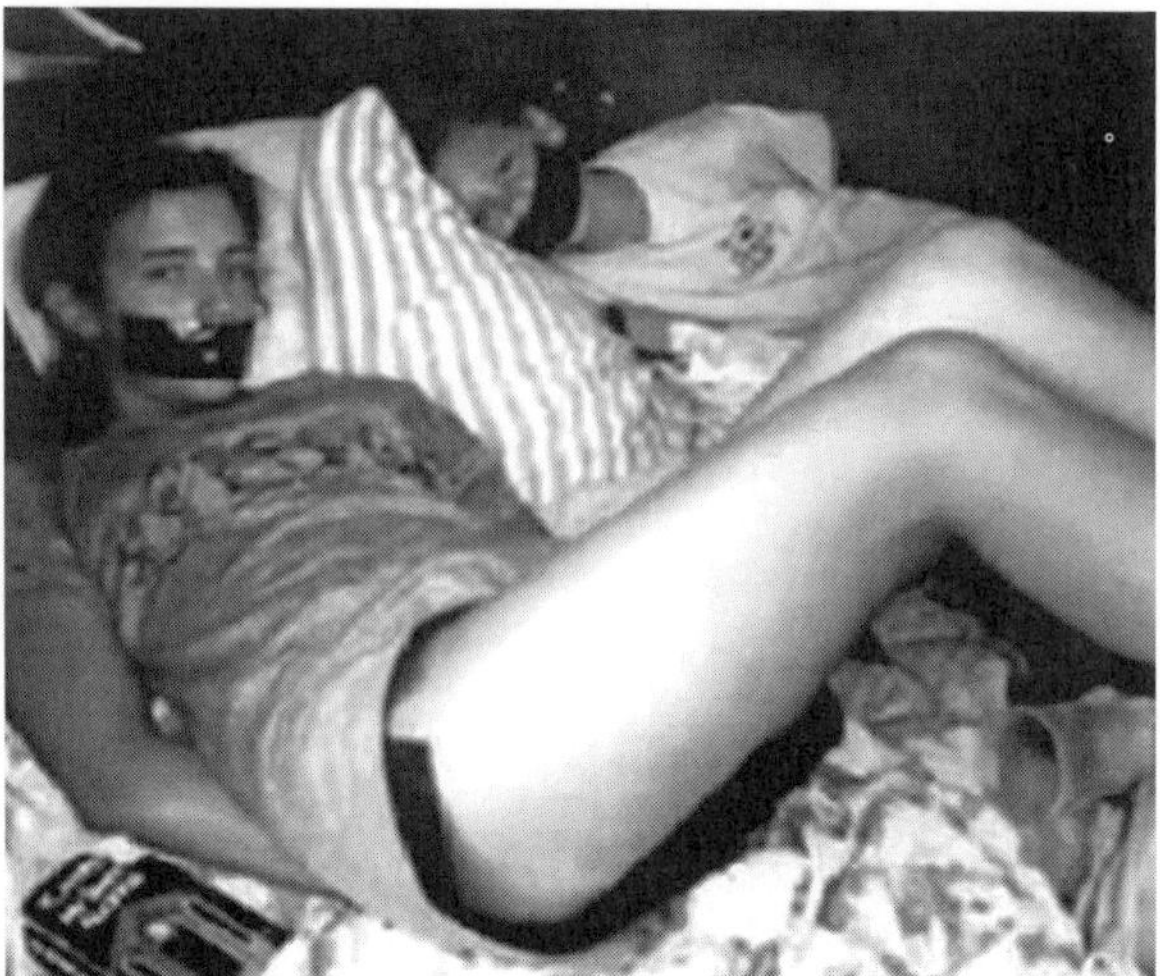

タラによく似た女性と身元不明の少年が映った謎のポラロイド写真。失踪から7ヶ月後の1989年5月以降に撮影されたものと判明している

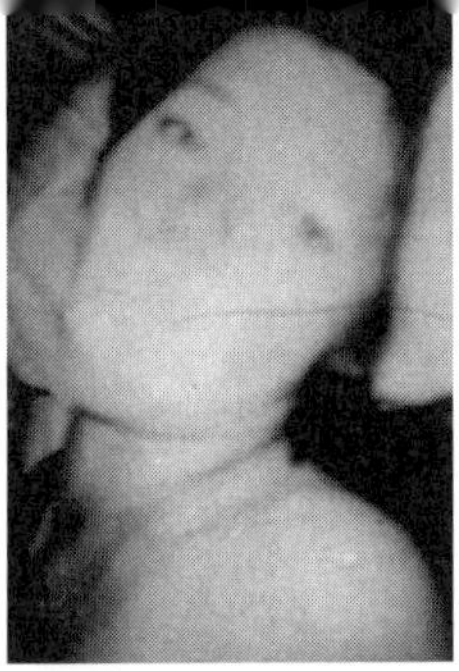

1990年以降、事件性を疑わせるポラロイド写真が複数発見されている

にアメリカのインターネットスレッドで、あるユーザーがポラロイド写真に映っていた女性によく似た女性が上半身裸で乳房を剥き出しにして緊縛されている写真を投稿した。他のユーザーがすぐに警察に通報したものの、その投稿者は雲隠れし、結局、有耶無耶になってしまう。

２０２３年6月13日、ニューメキシコ州バレンシア郡保安官事務所は記者会見を開き、タラの失踪に大きな進展があったと語った。なんでもある人物が事件に関与しており、現在は最終的な裏づけ調査の最中だという。なぜ、当局が容疑者逮捕前にこのような発表を行ったのかは不明で、２０２４年１月現在、続報は伝えられていない。

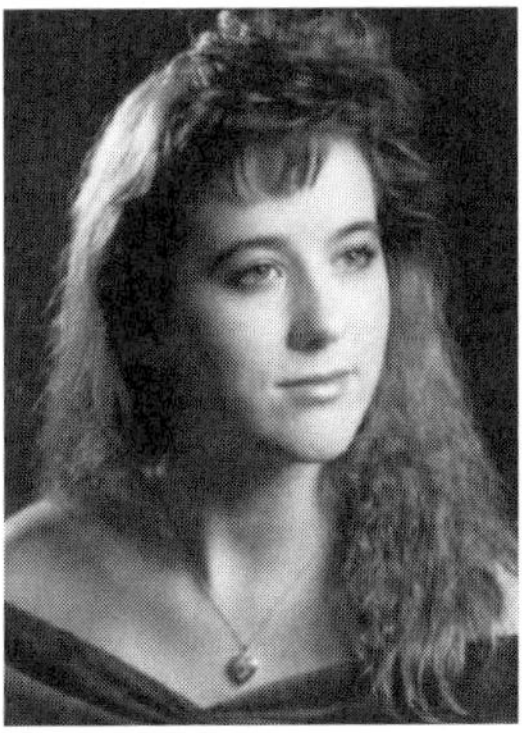

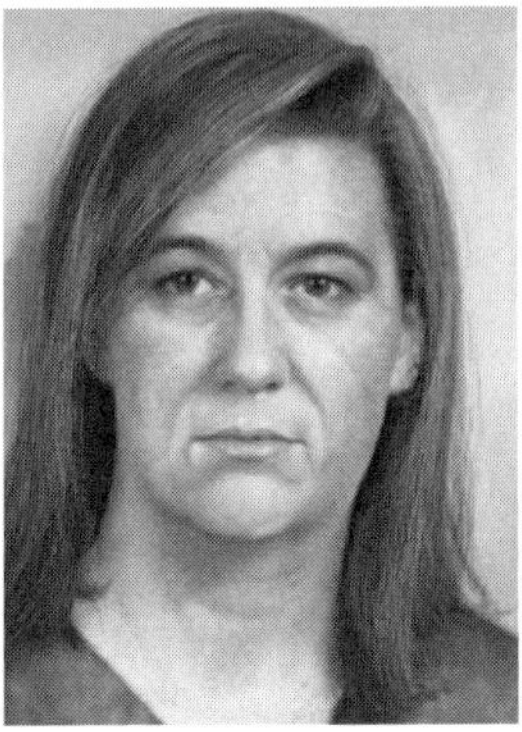

事件から30年後、2018年に公表されたタラの経年外見画像(右)

自宅カレンダーにオランダ語で記されたメモの謎
名古屋市親子3人行方不明事件

１９８９年7月26日、愛知県名古屋市千種区城山町《ちぐさくしろやまちょう》に住むルメイヤス・科乃《しなの》さん（当時30歳）と長男のダライくん（同3歳）の行方がわからなくなり、その後、親子と同居している長尾宣卓《ながおよしたか》さん（同34歳）も消息不明となった。この日の午後、科乃さん親子は同市東区にある父親の職場に8月分の生活費をもらいに来て「明日（27日）の夜から4～5日間、四国へ自然食関係のイベント『塩の祭り』を見に行く。私のワゴン車で長尾さんに連れて行ってもらい、向こうではキャンプをする予定」と話し、その日の夜にも隣の敷地に住むニュージーランド人夫婦に四国行きの件を知らせていたが、科乃さんらが祭りに姿を現すことなく、そのまま姿を消してしまう。

科乃さんはオランダ人男性と結婚して長男ダライくんを授かったが、夫と不仲になり１９８８年4月にオランダから帰国。正式に離婚が成立する前に別居という形をとり地元の名古屋で暮らし始める。そんな科乃さんが心を寄せるようになったのが、１９８９年初め、キャンプ場で偶然知り合った長尾さん。彼は大学中退後にデザイン関係の仕事に就き、当時は無職だったが、自然食や環境保護問題など関心分野が同じことから意気投合し、同年3月から千種区にある科乃さん宅（賃貸の一軒家）で同居を始める。生活費は、会社社長である科乃さんの父親がほとんど負担していた。

いま現在も消息がわからない3人。右がルメイヤス・科乃さん。
左上が息子のダライくん、その下が同居人の長尾宣卓さん

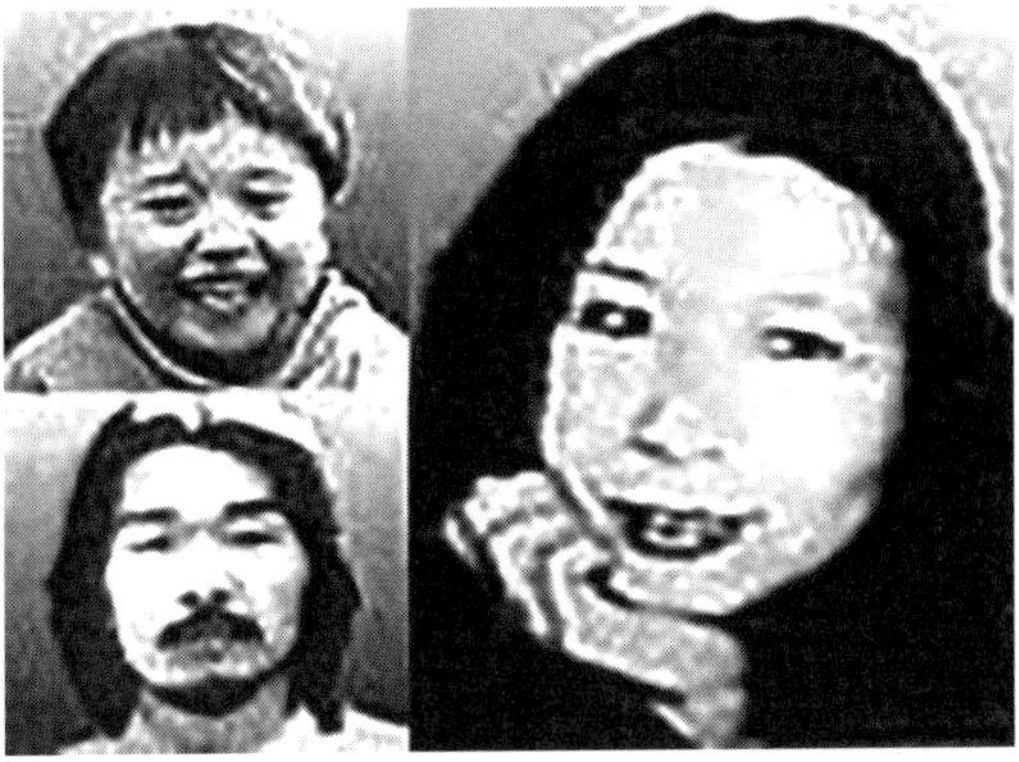

後の調べで、長尾さんが27日、科乃さんの自宅の大家に「家賃を振り込みたい」と電話をかけていたことが判明する。大家が「今すぐには口座番号がわからない」と答えると、長尾さんは「明日また電話する。（科乃さんとダライくんの）2人は先に旅行に出発した。自分もこれから追いかける」と話しており、電話の声は非常に急いだ様子だったという。月の家賃はいつも、父親から受け取った生活費の中から科乃さんが支払っていたが、なぜ、このとき長尾さんが自分で振り込むよう伝えてきたのか。わざわざ、大家にしばらく留守にすると連絡する必要があったのか。ちなみに、長尾さんは28日の昼ごろに科乃さん宅に1人でいるのを、前出のニュージーランド人夫婦に目撃されており、夫婦が「あなたの運転で四国に行ったんじゃないの？」と問いかけたところ、「後で合流する」と返答したそうだ。

8月末、科乃さんが生活費を取りに来ないことを不審に思った父親が娘に電話をかけるも、一向につながらない。自ら心当たりを探すも消息がつかめなかったことから、9月11日に警察に捜索届を提出する。さっそく警察が科乃さんの自宅を調べたところ、いくつか不審点が見つかる。まず、2階6畳間に量にして約200ミリリットルの血痕が付着していた。1ヶ所は畳に20センチ四方のもの、もうひとつは押し

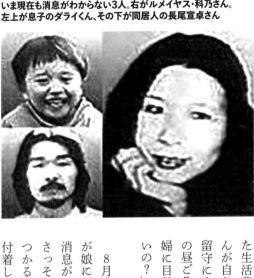

入れの布団に付着した2センチ四方の血の染みで、血液型は科乃さんと同じB型と判明。屋内に争ったような形跡がなかったことから、彼女が一方的に危害を加えられた状況が推察された。これを知った父親は長尾さんを疑う。実は7月半ば、父親は科乃さんから「長尾さんとの関係が上手くいっていない」と相談を受けており、「彼からプロポーズされたが、受けるつもりはない。1週間くらいしたら出ていってもらう」と聞かされていた。愛憎をめぐるトラブルから、長尾さんが科乃さんとダライくんに危害を加え連れ去ったと考えても何ら不思議ではない。

警察は科乃さんの本棚にオウム真理教の複数の書籍やポスターが置かれていたことにも着目する。失踪前、科乃さんら3人がオウムの道場に出入りしていた事実を突き止め、事件との関連を追ったが、それを裏づける証拠は出なかった。さらに、自宅のカレンダーにも不可解なメモが記されていたことも引っかかった。他の月日はほとんど空白だったにもかかわらず、7月26日と30日に荒れた筆跡でオランダ語の走り書きがあったのだ。26日には「逃走・脱走・脱出・飛行」を意味するワードに加えて認識できない単語が1つ、30日には「出発・出港」「空港」「午後2時」の文字が。これらを単純に読み解けば、7月26日に逃走を開始し30日午後2時の飛行機に乗るとも予想できる。かつてオランダで暮らしていた科乃さんが、長尾さんにわからないようオランダ語で彼からの逃走スケジュールを記したものだろうか。しかし、後の鑑定で、カレンダーの文字と科乃さんの筆跡が一致しないことが判明。ならば、誰が何の目的でカレンダーに意味深な言葉を書き残したのか。

失踪から約3ヶ月後の10月10日、科乃さんのワゴン車が名古屋空港近くの駐車場に預けっぱなしになっていることがわかった。車内には旅行で使うはずだったと思われるキャンプ用品や食料を入れるための発泡スチロール、科乃さんのサンダルなどが残っていた。ガソリンはほぼ空の状態で、最後に給油されたのは7月20日。科乃さんは普段運転をしないため、ガソリンは26日から29日にかけて消費されたと推測され、最大で130キロ圏内を移動したものと考えられたが、警察が範囲内の関係箇所を調べたものの、手がかりはなかった。駐車場の担当者によると7月29日に男性（長尾さんと同一人物かどうかは不明）が1人で来て、8月10日までの料金9千円を支払い、福岡に行くと話していたという。また、警察は国内線の旅客名簿も調べたが、3人とみられる乗客は見つからなかったそうだ。

　失踪からすでに34年。彼らの消息と、事の真相が明らかになる日は来るのだろうか。

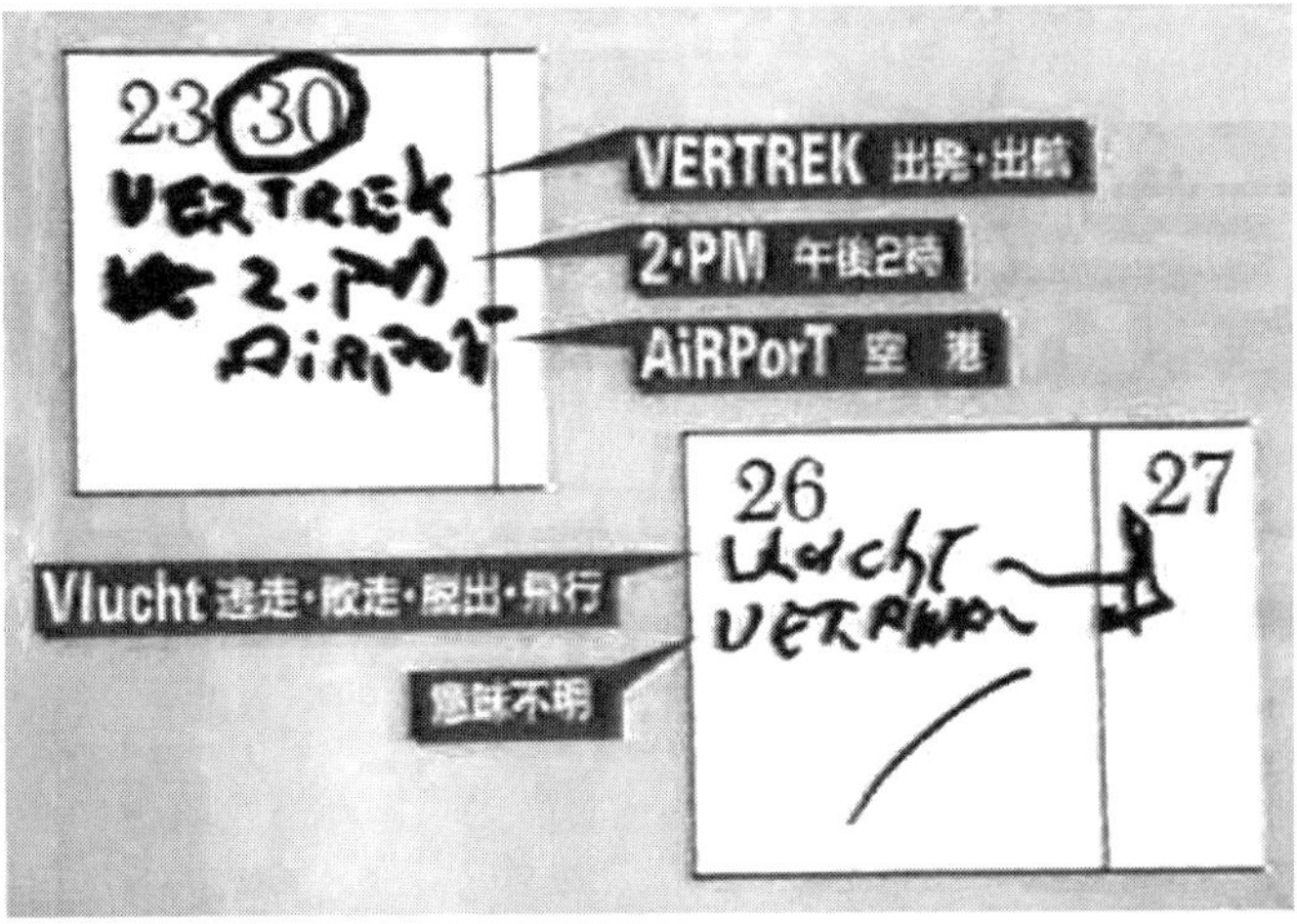

自宅カレンダーに記されたオランダ語のメモが何を意味していたのかは不明のまま

別居中だった夫が事件に関与している可能性が高いと思われたが…

パティ・ヴォーン消失事件

1996年12月25日早朝、米テキサス州ラ・バーニアに住むパティ・ヴォーン（当時32歳）が、車で外出したまま行方がわからなくなった。彼女は1985年にJ．R．ヴォーン（同不明）と結婚、3人の子供を授かったが、当時は夫と別居中で正式な離婚に向け裁判の準備中だった。

この日は朝からJ．R．がパティと子供たちが暮らす家に来て、夫婦間で激しい口論となっていた。というのも12月半ばにパティが他の男性と交際していることが発覚。もともと束縛的だったJ．R．がこれに激怒し駆けつけてきたのだ。パティが家を飛び出したのは午前6時半ごろ。昼過ぎ、彼女の妹が家を訪ねてくると、J．R．は「パティは気分が悪くなって部屋から出てこない」と言う。その言葉を信じた妹は夕方から親戚宅で開かれるクリスマスパーティのため、子供たちを車で連れ出すが、パティがそこに現れることはなかった。

翌26日13時半ごろ、パティの勤務先の上司が彼女の家から約25キロ離れた高速道路の脇で、パティの車を発見する。車内に彼女の姿がなかったことから、上司は彼女の家族を介して警察に連絡。捜査員が車を確認したところ、タイヤの1つが意図的にパンクさせられており、車の中で血痕が見つかった。続いてパティの自宅を調べると、寝室や浴室からも血痕を発見。それを拭くために使ったのであろうガレージのモップに血が付着していた。後の検査により、血液は全てパティのものと断定された。彼女が事件に巻き込まれた可能性が高いと睨んだ警察は、パティを最後に見た夫のJ．R．に疑惑の目を向ける。当時、彼は建築請負業者として2つの小学校の建設に携わっており、そこにパティの死体をコンクリートで埋めた疑いがあるとみて何度も調査したものの、手がかりは見つからず、J．R．自身も事件との関与を頑なに否定した。

失踪から2ヶ月後、娘を殺害したのはJ．R．以外にはありえないと確信したパティの母親が、彼の家に突入しバットで襲いかかる。しかし、逆に押さえつけられ訴訟を起こされる羽目に。その後、J．R．は名前を変え別の土地で暮らし始める。

事件から16年後の2012年、パティの車から彼女とは別の女性のDNAが検出された。定かではないが、これはJ．R．の姉のものだとする情報があり、もしJ．R．が犯人だとすれば複数の人間が犯行に関わった可能性が高い。2024年1月現在、パティの消息はわかっておらず、これまで1人の逮捕者も出ていない。

上／J.R.ヴォーン（左から2人目）、妻のパティ（J.R.の右隣）と彼らの3人の子供。 下／高速道路脇に乗り捨てられていたパティの車。中から彼女の血痕が見つかった

岩手県普代村・金子恵理ちゃん失踪事件

自宅近くで遊んでいた6歳女児が神隠しのように消失

1997年6月29日17時ごろ、岩手県下閉伊郡《しもへいぐん》普代村《ふだいむら》に住む金子《かねこ》恵理《えり》ちゃん（当時6歳）が行方不明になった。この日、恵理ちゃんは午前8時に自動車整備工の父親（同44歳）と母親と一緒に、自宅から100キロほど離れた青森県八戸市に車で買い物に出かけた。これは月に1回の家族が楽しみにしている恒例行事で買い物を済ませ15時に帰宅。父親は裏山に山菜を採りに行った後、帰ってきてから一眠りし、恵理ちゃんは着替えを済ませ、いつものように自宅裏の沢で遊んでいたという。家にいた母親は16時半ごろまで娘の声を聞いていた。16時55分ごろに父親が目を覚まし、まだ家に戻っていなかった恵理ちゃんの姿を見に行く。が、沢で水遊びをしているはずの娘の姿がどこにもない。もっとも、この時点で父親はさほど心配していなかった。恵理ちゃんの行動範囲は自宅から1キロ以内。以前、父親と山に一緒に入りはぐれてしまったことがあったが、そのときも駐車してあった車に1人で戻っていた。どこかで遊んでいるのだろう。父親はそのまま家に引き返したものの、夜になっても恵理ちゃんは戻ってこない。さすがに心配になった家族は総出で彼女を探し回る。心当たりは家から数メートル離れた車道沿いにある雑木林。普段から、ここにだけは近づかないよう言いつけており、恵理ちゃんも約束を守っていたが、もしかしたら林の中に迷い込んだのかもしれない。家族は一帯を隈なく探したが、どこにも恵理ちゃんの姿はなかった。

父親は何者かに誘拐された可能性が高いと考え、翌6月30日、警察に連絡。しかし、脅迫の電話がかかってくることはなかった。それから約1ヶ月間、警察署員、消防団員、地域住民ら延べ2千人が現場一帯を懸命に捜索する。と、警察犬が雑木林の中で反応を示した。やはり、恵理ちゃんはここで行方をくらましたのか。捜索隊は改めて林を念入りに探したが、手がかりは何も発見できなかった。

失踪から3年が過ぎた2000年3月、警察は事件をもう一度捜査すると宣言、金子さん宅の裏山などを捜索した。しかし、新しく得られた情報は皆無。警察はこれまで延べ約1万6千500人を動員したが、2024年1月現在、恵理ちゃんの消息はつかめていない。

まるで神隠しのように消失した恵理ちゃんは失踪当時、身長115センチ、体重24キロのぽっちゃり型。鼻の下に小さなほくろがあり、左腕に比べて右腕が少し太いそうだ。また、バイバイする際に手の甲を外側に向けて振る癖があるのが特徴だという。行方不明時は胸に2匹の犬の絵が描いてある青い長袖のシャツと、左膝に茶色の膝当てが付いているオレンジ色の長ズボンを着ており、ピンクと白の長靴を履いていた。ちなみに、恵理ちゃんは先天性の発育不全で言葉に障害があったそうだ。

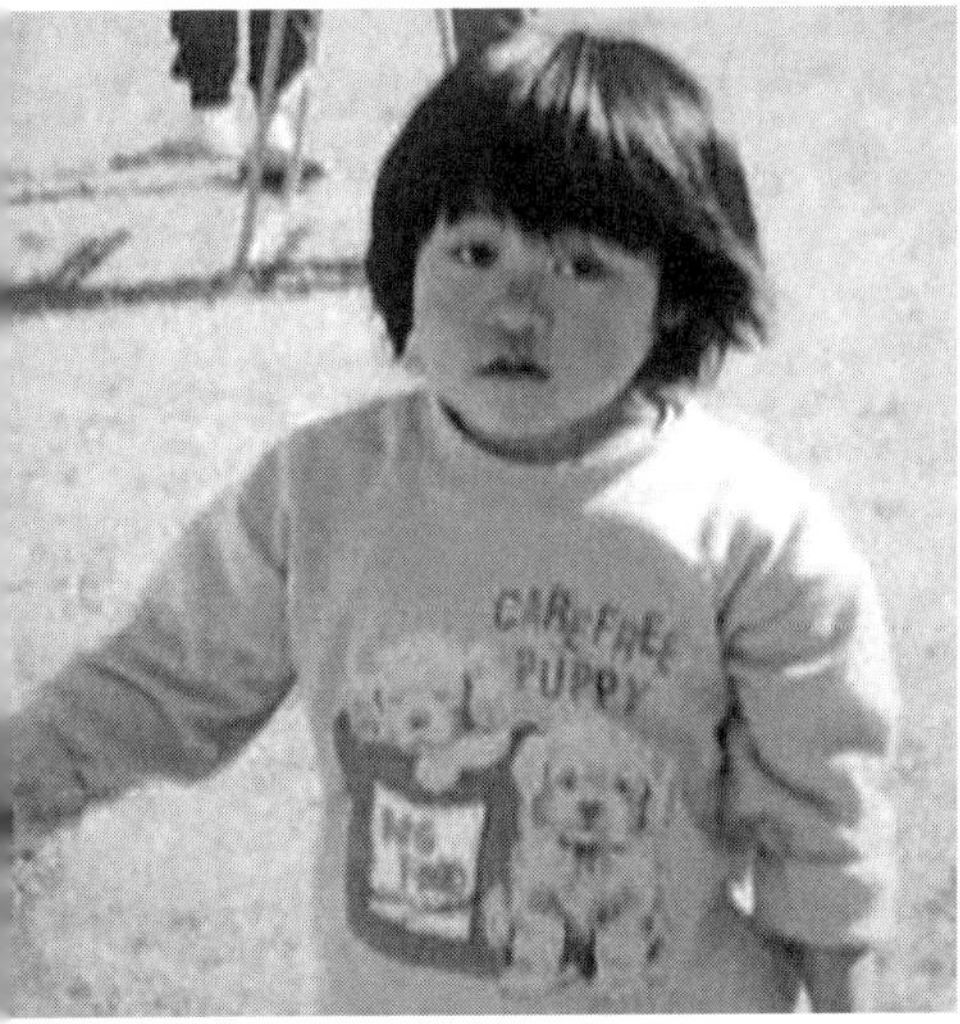

現在も行方がわからない金子恵理ちゃん

新人研修先で同僚にジュースを買ってきてくれるよう頼んだ直後に部屋から消失
長野市会社員・菊地寛史さん行方不明事件

1998年4月5日、長野県長野市の会社員、菊地寛史《きくちひろし》さん（当時20歳）がこつ然と姿を消した。菊地さんは同県佐久《さく》市出身。地元の高校を出てから、実家を離れて入学した短大の学生寮に入寮。学生時代はバトミントンクラブのキャプテンとして活躍し、短大の自動車学科を卒業後の同年4月1日、長野市内の自動車会社に入社した。同日朝、彼は新人研修のため同市のサイクリングターミナル（現在は閉鎖）という宿泊施設に高速バスで向かう。事件は、その研修先で起きた。あと1日で研修が終わる同月5日19時半ごろ、菊地さんは宿泊部屋が一緒だった同僚に「ジュースを買ってきてほしい」と頼む。了解した同僚が部屋を出て、ジュースを買い部屋に戻ると、なぜか菊地さんの姿がない。同僚は、彼が少し外しただけかと思ったものの、菊地さんは戻らず、同僚たちが施設内を探し回っても、どこにもその姿はなかった。菊地さんが消えた部屋には、本人の荷物や免許証、財布や靴、スーツなどがそのまま残されていた。

事情を知った両親が翌6日、警察に捜索願を提出。地元の消防団の協力も得て周辺を探したところ、すぐに手がかりが見つかった。研修所の駐車場に菊地さんのメガネと、研修で付けていた名札が落ちていたのだ。菊地さんは裸眼で左右ともに視力0・1未満。メガネなしでは行動もままならない状態なのにメガネを落としたのは、自分の意志ではないことがうかがえた。

その後、両親は菊地さんの友人や短大時代の関係者から話を聞いたり、テレビの公開捜査番組にも出演したが、自ら失踪する動機や有力な情報が得られることはなかった。ただ、菊地さんが姿を消した1998年～2001年の3年間、菊地さん一家のもとに数回のベルが鳴っては切れるという電話が頻繁にかかってきていた。電話は全て非通知で、たまに出ると途端に切れる。この電話は2002年ごろから少なくなり2003年にはピタリとなくなったそうで、失踪に関係があるのか、単なるいたずらなのかは不明のままだ。

それ以上に不可解なのは失踪当日、菊地さんが同僚にジュースを買って来てくれるよう頼んだことだ。自動販売機は施設内にあり自分でも簡単に買いに行けるし、同僚に代行してもらったところで部屋からいなくなれば騒動になることは明らか。ということは、同僚がジュースを買いに行っているわずかの間に、部屋に何者かが侵入し拉致されたのだろうか。しかし、警察が当日施設にいた人間に聞き込んでも、菊地さん自身を見たという話や、不審な人物の目撃情報は一切なかった。ならば、誰かに呼び出され、そこで連れ去られたのか。菊地さんの身元は現在も不明で、北朝鮮に拉致された疑いもあるとして特定失踪者に認定されている。

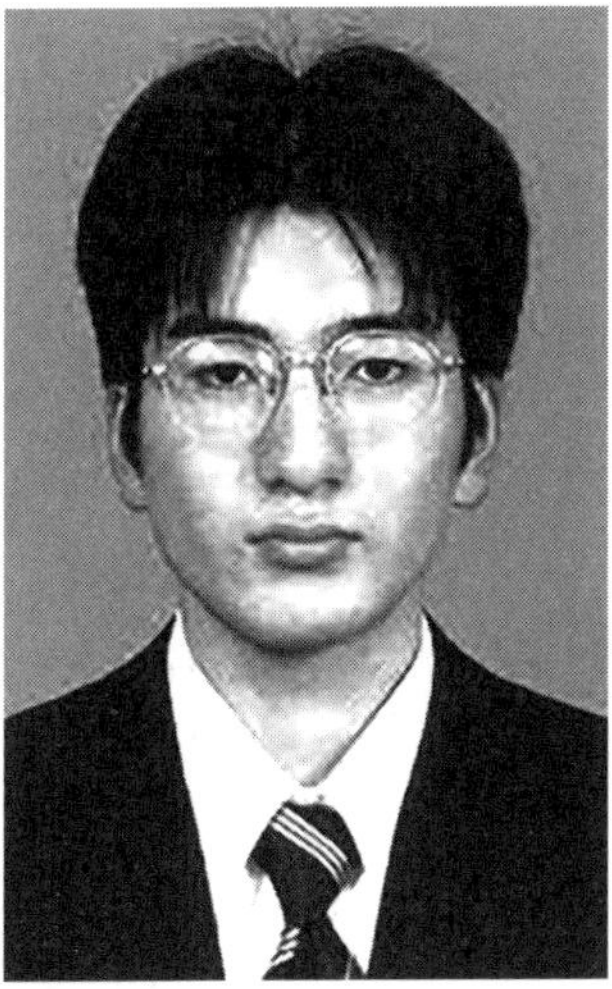

菊地寛史さん。身長166センチ、体重55キロ程度。失踪当時20歳で2024年1月現在は36歳

なぜ彼女は自宅から離れた渋谷の歯科医院を予約したのか？
多摩美術大生・井出真代さん失踪事件

1999年8月13日、東京都町田市在住の多摩美術大学1年生で、モデル事務所にも所属していた井出真代《いでまよ》さん（当時18歳）が行方不明になった。実家から八王子の大学キャンパスに電車で通っていた彼女が突然、両親に「明日は歯医者に行く」と告げたのは失踪前日の夜のこと。両親は困惑した。なぜなら、翌日13日から16日までのお盆の期間、母親の実家がある愛知県に帰省するのが井出家の恒例行事になっていたからだ。しかも、彼女が予約したという歯医者は渋谷の病院。町田の自宅から渋谷までは電車で1時間はかかる。近所にも歯科医院はたくさんあるのに、彼女は渋谷の歯医者にこだわり、今年は帰省に同行できないと頑なだった。

翌13日の朝、両親と一番下の弟の3人が自宅を出発。午前9時には、泊りがけのバイトに行くため同じく帰省できないことを事前に告げていた真代さんのすぐ下の双子の兄弟が出かける。その後、彼女は普段からよく利用している市民プールで泳ぎ（目撃証言あり）、17時50分ごろに近所のレンタルビデオ屋に借りていたビデオを返却。これは店の記録にも残っており、店員によれば、店を出た真代さんは自宅とは逆向きのJR横浜線・成瀬駅の方向に歩いて行ったという。これが最後に目撃された彼女の姿だ。

同日夜、実家に帰省した母親の母（真代さんの祖母）が孫の声を聞きたいと、真代さんのPHSに電話をかけるも留守番電話に。自宅の電話にかけても彼女が出ることはなかった。14日、15日と連続で電話をしても応答なし。16日、両親らが愛知県から自宅へ戻る。玄関は施錠されており、中に真代さんの姿がない。不思議に思った母親が娘の友人に連絡したが、事情を知る者は1人もいなかった。父親は帰省前日に真代さんが渋谷の歯医者に予約を取ったと言っていたのを思い出し、そのとき聞かされていた歯科医院に電話を入れる。と、返ってきたのは、確かに予約は入っていたが来院はしていないという答えだった。

翌17日、両親が警察に失踪届を提出するも、警察は家出人として扱い本格的な捜査は行わなかった。そこで、両親は自らチラシを作成し近隣に配ったり、身元不明の遺体が発見されたというニュースを聞くたび確認に出かけた。が、真代さんの行方は杳として知れず、時間だけが過ぎていく。失踪から11年後の2010年、殺人事件の時効が撤廃されたタイミングで警視庁の刑事から父親に電話が入る。それは「娘さんは事件に巻き込まれて、すでに生きていない可能性もある。改めて話を聞かせてほしい」というものだった。その後、警察は本格的な捜査を行ったそうだが、手がかりはつかめず、真代さんは現在も行方不明のままだ。

なぜ、彼女は自宅から離れた渋谷の歯科医院を予約し、帰省前日にそれを両親に告げたのか。渋谷でなければならない理由が何かあったのだろうか。そこに失踪の秘密が隠されているような印象も否めないが、真相は闇に包まれている。

井出真代さん。身長171センチ。北朝鮮に拉致された疑いもあるとして、特定失踪者に認定されている。

仏ゴダール一家失踪事件

行方不明の翌年に海底から長女の頭蓋骨、7年後に主人の骨が発見

1999年9月1日、フランス北西部の街カーンで鍼灸院《しんきゅういん》を営むイヴ・ゴダール（当時44歳）が、レンタルしたヨット「ニック号」に娘のカミーユ（同6歳）と息子のマリウス（同4歳）を乗せ、サン・マロ港を出発した。が、どういうわけかイヴの妻マリエ＝フランス（同不明）は、これに同行しなかった。

ニック号は穏やかな海をブルターニュの海岸に沿って西へ走行。翌2日、フレエル岬で検問のため税関職員に停止させられる。中を確認されるも危険物などは積まれていなかったため、検査は無事に通過。後の税関職員の話によれば、このとき2人の子供は船内で眠っていたという。その後、イヴは順調に航海を進め、3日にはブルターニュの港に到着。釣りをしていた人がヨットのデッキに2人の子供がいるのを見たが、この目撃証言を最後にゴダール親子3人の行方がわからなくなってしまう。

同月5日、バッツ島という島から50キロほどの沖合で漂流している救命ボートが、通りかかった漁船によって発見された。ボートの中にはライフジャケットや小切手帳が置かれており、後の調べでそれらの持ち主がイヴだと判明する。そこから、イヴが8月30日にニック号をレンタルし5日に返却する予定だったことがわかったが、肝心のニック号や親子3人の姿はどこにもなかった。数日後、ヨットが返却されないことを不審に思ったレンタル店が警察に連絡。捜査が開始されると、レンタル店の近くにイヴの車が停められており、

車内に大量の血痕が残されているのが見つかる。事件性を感じた警察がイヴの家を捜索すると、寝室や浴室からも血痕を発見。それらをＤＮＡ鑑定に回し、血痕がイヴの妻マリエ＝フランスのものと特定。発見された血液の量からして、マリエ＝フランスはすでに生きていない可能性が高い。警察はイヴが妻を殺害し、遺体をどこかに遺棄した疑いが強いとみて、彼を国際指名手配する。

ゴダール一家。上が主人のイヴ。
下の左から妻マリエ＝フランス、長男マリウス、長女カミーユ

イヴたちの行方がわからなくなってから2週間が経過した9月16日に別のライフジャケットが、1週間後にはヨットの備品であるゴムボートが岸辺で発見された。専門家によれば、これらは海流に乗って岸までたどり着いたとは考えにくく、誰かが意図的にその場所に投棄した可能性が強いという。

失踪から1ヶ月が経過した10月上旬、アイリッシュ海中央のマン島のホテルから、イヴと子供2人が宿泊しているとの通報が入る。すぐさま警察が現場に駆けつけたものの、親子はすでに宿を後にしていた。

　年が変わった2000年6月6日、貝殻採取業者の船がエルキ沖のサンブリュー湾の底に沿って網を投げたところ、頭蓋骨のような物が引っかかった。驚いた漁師はすぐさま通報。警察がＤＮＡ鑑定に回したところ、なんとその頭蓋骨はイヴの娘のカミーユのものと判明する。警察は付近に他の家族の骨もあるとみて海底を徹底的に捜索したが、何も見つからなかった。その後もイヴやマリエ＝フランスの免許証やクレジットカードなどが発見されたものの、本人たちが見つかることはなく年月だけが流れる。

　失踪発覚から7年が経過した2006年9月13日、ロスコフの北70キロにあるハードズ・ディープの海底で、人間の大腿骨《だいたいこつ》と脛骨《けいこつ》が発見された。ＤＮＡ鑑定は、それがイヴの骨であると特定したが、カミーユの頭蓋骨発見時と同じく死因などはわからなかった。


イヴら親子3人が乗った「ニック号」（写真はレンタル前に撮影されたもの）と、彼らが出港したフランスのサン・マロ港

chroniquedelavie

Le docteur et sa famille sont introuvables

Depuis plus de deux ans, un médecin a disparu en voilier avec femme et enfants. Malgré les indices, les recherches piétinent. Le point sur l'enquête.

En novembre dernier, on a enfin cru résoudre l'affaire Godard. Un chalutier a inspecté une zone au large de Saint-Brieuc, en Bretagne. Là où le voilier du médecin aurait pu sombrer à la fin de l'été 1999. Des sondeurs très sophistiqués ont détecté, par 20 mètres de fond, une épave en bois ou en polyester : 2 mètres de haut, 10 de long, les mesures du voilier disparu. Les gendarmes de la « cellule Godard » se sont alors rendus sur place... pour rien. Le bateau au fond de l'eau n'est qu'un rocher couvert de coquillages. Encore une fausse piste.

Le 1er septembre 1999, le Dr Godard, 48 ans, quitte Saint-Malo à bord du Nick, un voilier loué quinze jours plus tôt. Nul ne sait qui se trouve à bord avec lui. Sa femme, Marie-France, 43 ans ? Leurs enfants, Camille, 6 ans et Marius, 4 ans ? Deux certitudes cependant : juste avant le départ, un employé de supermarché lui a

ramène dans son filet un sac contenant des vêtements d'enfants, une trousse de maquillage, un portefeuille avec carte grise et permis au nom d'Yves Godard.

A terre aussi les indices sont déroutants. Les enquêteurs ont découvert des traces de sang sur les murs de la maison du couple, près de Caen, en Normandie. Dans la fourgonnette du médecin, garée sur le parking du port de Saint-Malo, d'autres traces du même sang. C'est celui de Marie-France, sa seconde épouse. Mais si elle a été victime d'un meurtre, son corps reste introuvable. Forêts, rivières, étangs : les alentours de la maison ont été passés au peigne fin par les gendarmes. En vain. Il ne leur reste plus qu'à imaginer des scénarios.

Difficile de voir un meurtrier dans cet homme réputé pour sa gentillesse

Le Dr Godard a peut-être blessé sa femme au cours

Caen, il est connu pour sa gentillesse. Adorant ses enfants, capable de passer quarante-huit heures auprès d'un mourant, soignant les pauvres et les paumés. Personne ne peut l'imaginer devenu un meurtrier...

Mais, en fouillant dans ses comptes, les gendarmes découvrent qu'il a plusieurs prêts en cours. Pour le cabinet à Caen, la maison de campagne, l'appartement à Grenoble, la pension alimentaire de sa première épouse : le médecin avait des besoins d'argent. A-t-il cherché à fuir ses soucis finan-

de Saint-Brieuc. En triant le poisson, un matelot trouve un morceau de crâne qu'il rejette aussitôt à l'eau. Peu après, le chalut remonte du poisson et un nouveau crâne, plus petit mais entier.

sur la plage de Saint-Jacut. Son regard est attiré par un objet brillant, à demi enfoui dans le sable : une carte de l'Ordre des médecins au nom d'Yves Godard. Dix jours plus tard, un jeune homme remet à son tour aux gendarmes une carte bancaire retrouvée dans les parages. En juin, toujours dans le même secteur, un plongeur trouve entre les rochers une autre carte bancaire au même nom.

Qu'est-il arrivé au médecin, à sa femme (en haut), et à Camille et Marius, leurs enfants ? Accident, fuite, mauvaise rencontre ? Un mystère qui reste entier.

事件を報じる地元紙

これ以降、大きな進展はなく、2012年9月に本事件に関する捜査は終了。警察の発表によれば、海で起こった事故の可能性が高く、殺人とは考えにくいという。結局、マリエ＝フランスとマリウスの行方はわからず仕舞いで、2015年12月に2人の死亡証明書が裁判所から発行される。さらに、2018年2月には、フランスのコート＝ダルモールのビーチで頭蓋骨が見つかり、マリウスのものではないかとの憶測を呼んだが、本人特定までには至っていない。また、マリエ＝フランスに関しても、状況証拠はイヴによる殺害を指し示しているものの、物的な証拠がないとして警察は殺人事件とは断定していない。果たしてゴダール一家に何が起きたのか。真相が明らかになる可能性は極めて低い。

継父が殺人罪で逮捕されるも、証拠不十分で無罪に
アリッサ・ターニー失踪事件

後に行方不明となるアリッサ・ターニーは1984年、米アリゾナ州フェニックスで生まれた。ほどなく母親が離婚。1987年、母親は元保安官のマイケル・ターニー（当時39歳）と再婚し、翌年に異父妹のサラが誕生。4年後の1992年に実母が肺がんで死亡し、以降姉妹はマイケルに育てられることになる。

2001年、17歳になったアリッサはファーストフード店でアルバイトし、ボーイフレンドもいるごく普通の高校生だった。ただ、マイケルは非常に束縛的で、持ち物検査をしたり、誰と電話しているのかを確認したり、時には彼女のバイト先の近くに車を停め仕事ぶりを観察することもあったという。

同年5月17日夜、父と外出していたサラが自宅に戻ると、アリッサの姿はなく自室が荒らされていた。何があったのだろう。アリッサが姉の携帯に電話をかけると、部屋の中で着信音が鳴った。携帯電話は机の上に置きっぱなしで、その隣にメモが残されていた。

「お父さんとサラへ。今朝学校に送ってもらったとき、私はカリフォルニアに行くことを決めました。サラ、以前私に『いなくなってほしい』って言ったよね。これであなたの願いが叶うよ。このために今までアルバイトでお金を貯めていたの。お父さん、300ドルだけもらって行くね。アリッサより」

筆跡は間違いなくアリッサのもので、彼女が常日頃からカリフォルニアの叔母の家で暮らしたいと言っ

ていたのも確かだ。が、数日が経過してもアリッサが叔母宅に現れることはなく、そのまま行方不明となる。マイケルは警察に失踪届を提出するも、手紙の内容から家出の可能性が高いと取り合ってもらえなかった。

マイケルによれば、失踪当日の朝、いつものようにアリッサを車で学校に送り届けた後、昼ごろ再び迎えに行き一緒にランチを食べたのだという。このとき彼女は「もっと自由がほしい」と言い親子間で口論になったそうだ。その後、2人して自宅に戻ってきたものの、口論はまだ続き、機嫌を悪くしたアリッサが部屋に閉じこもったためサラを迎えに行き、幾つかの用事を済ませてから帰宅したという。対し、サラはその日、父が迎えに来るのが普段より遅れたので、学校の近くに住む友人宅で時間を潰し、連絡を受けたマイケルがそこに迎えに来たそうだ。明らかに証言は食い違うのに、警察がこれを気に留めることはなかった。

アリッサ・ターニー(右)と継父マイケル

マイケルは自分の車のフロントガラスにアリッサ捜索のビラを貼り情報提供を求めたり、カリフォルニアに飛び彼女を探し回った。傍目には、まさに娘思いの父親だったが、周囲の大半はアリッサは自ら家出したものと思っていた。しかし、彼女の失踪が何ヶ月、何年も続くと、人々はしだいに疑問を持ち始める。束縛の強い父から逃れるため家を出たとしても、仲の良かった妹サラや高校の友人、ボーイフレンドに長期間、一切連絡をしないことなどありえるだろうか。しかも、アリッサは自宅に私物の大半を残しており、その後、自分の口座に入っていた金を下ろした形跡もない。いったい彼女はどこに消えてしまったのか。

　事態が動くのは失踪から5年後の２００６年。刑務所に服役していた男が、看守にアリッサ殺害を告白した。男はアリッサが行方不明になってから2週間後の２００１年5月に別の女性を殺した罪で、刑務所に収監されていたのだが、所内で古い新聞を見てアリッサの顔写真を発見。当時、自分が手にかけた少女であると看守に打ち明けたのだ。しかし、取り調べを行ったところ、話の辻褄が合わず、すぐにウソの自白と判明する。男がなぜ虚偽の供述をしたのかは定かではないが、これをメディアが大きく取り上げたことで、今まで口を閉ざしていた人たちが証言を行うようになる。

上／失踪当日、アリッサの部屋から見つかった本人直筆のメモ。カリフォルニアに行くことが記されている。下／情報提供を求める看板

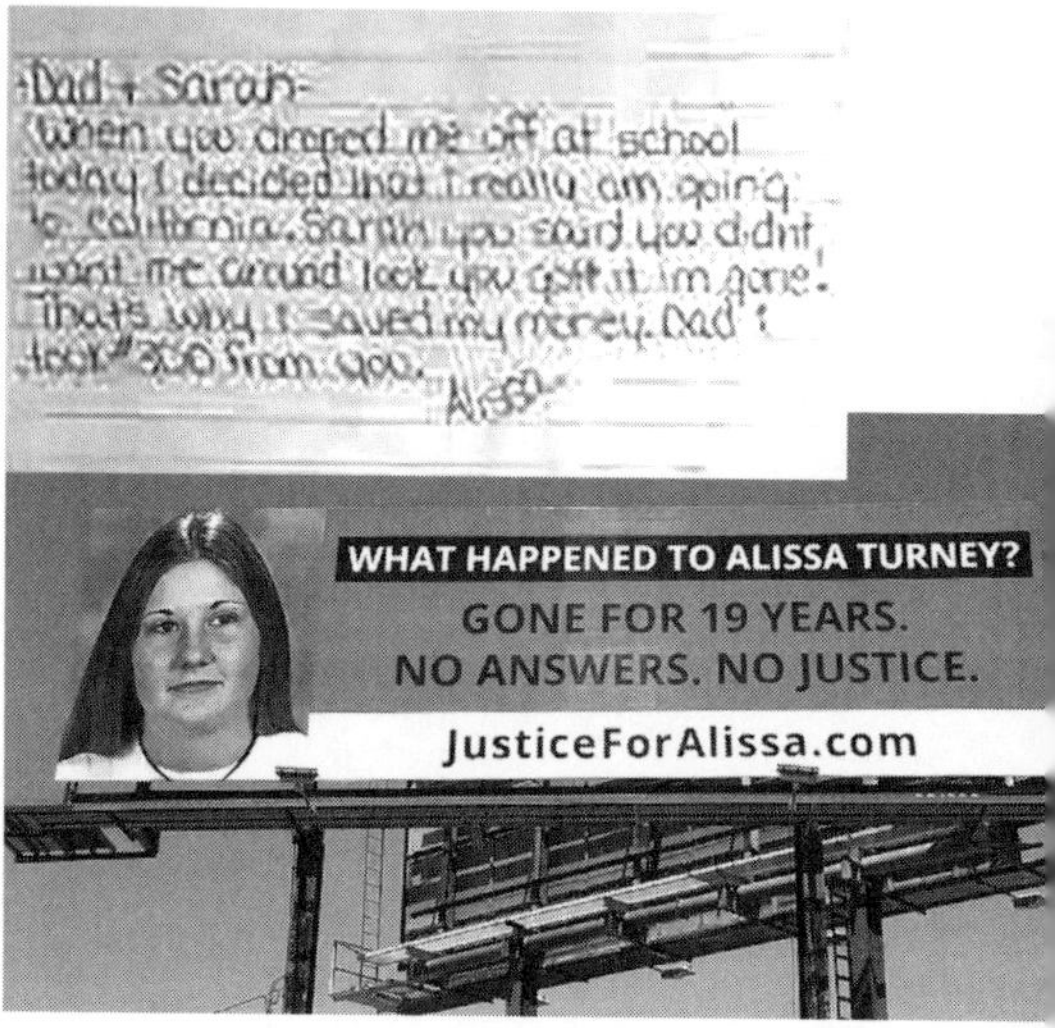

マイケルの自宅から発見されたビデオテープの映像には、マイケルが隠し撮ったアリッサが数多く残されていた。上はファーストフードで働く姿、下は自宅ソファでボーイフレンドといちゃつく様子

その大半は、父マイケルがアリッサに性的暴行を加えていた可能性を示すものだった。彼女のボーイフレンドはアリッサが父に砂漠に連れて行かれ暴行されたことを本人から聞いたことがあると話し、彼女が通っていた高校の教師も父の虐待に悩んでいると相談を受けたことがあると語った。警察の調べに、マイケルはこれを全面的に否定したが、失踪の約1年前に地域の児童相談所に電話をかけ、もしアリッサが暴行を受けていると連絡してきても相手にしないよう伝えていたことがわかった。明らかに不審な行動である。

　こうした情報を受けた警察は失踪にマイケルが関与している疑いがあるとして、彼の家を捜索する。と、アリッサの姿が映った何本ものビデオテープを発見。その中には通気口の中に設置された隠しカメラで撮影したと思われる映像もあり、そこには彼女が自宅のソファでボーイフレンドといちゃつく様子が映っていた。マイケルはアレッサにバレないよう他に何台もの監視カメラを家の中に設置していたが、なぜか失踪当日の映像だけがなかった。

２００８年12月、警察はマイケルを逮捕する。容疑はアリッサ失踪に関することではなく、自宅に手製の爆発物、届けのない拳銃やライフルを所持していたことに加え、以前勤務していた電気会社を爆破する計画を立てていたことを裏づける文書が見つかったことだった。マイケルは裁判で懲役10年の判決を受け、２０１７年８月に釈放となるが、この間、サラは姉の情報を広く求めていた。実は２００８年に父が逮捕された際、警察から、アリッサがマイケルから長年にわたり性的暴行を受けたうえ殺害された可能性があることを警察から聞かされていた。これに驚愕した彼女は自らポッドキャストを立ち上げアリッサについて知る全てのことを話す他、様々なＳＮＳで発信。中でも大きな反響を得たのが、失踪前にアリッサが父と公園に出か

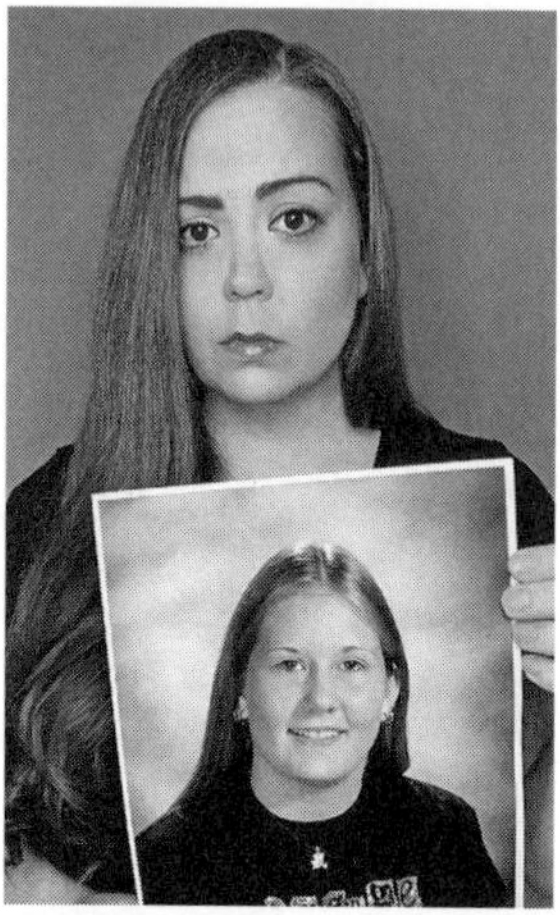

姉アリッサの写真を手に情報提供を求める妹サラ。彼女がTikToKに公開した動画（下）には、失踪前にアリッサがマイケルと出かけた公園で「Sarah Dad's a pervert（サラ、お父さんは変態だよ）」と話す彼女の言葉が記録されていた

"Sarah, Dad's a pervert."
I didn't listen to her,
no one did.
MAR. 29
TikTok
@saraheturney
© TikTok / Sarah Turney

けた際、彼女が「お父さんは変態だ」と口にする様子を捉えたビデオカメラの映像をアップしたティックトックだった。動画は何百万回と視聴され、世間の疑惑はマイケル1人に集中する。

こうした状況を踏まえ、警察はマイケルを2020年8月にアリッサに対する第二級殺人罪で再逮捕・起訴した。裁判で検察側は前述の疑惑に加え、失踪の少し前、マイケルが大量の水酸化ナトリウムを購入していた事実を公表。この薬品は遺体の腐敗を加速させることが可能で、検察はマイケルがアリッサを殺害後、水酸化ナトリウムを使ったうえで遺体を遺棄したものと主張した。対し、被告のマイケルは購入を認めつつも、使用目的に関しては明確な供述を回避する。他にも、検察はマイケルが所持していた2台のトラックを失踪後にどちらも売却していたのは、娘の遺体をトラックで運び、その証拠を隠ぺいする目的があったと主張。これについてもマイケルは売却の事実を認めたものの、目的を明言することはなかった。

審理は新型コロナウイルス感染症の影響もあり遅々として進まなかったが、2023年7月18日、ようやく判決が出る。下されたのは無罪。裁判長は、マイケル（当時75歳）に対する証言や疑惑は全て状況的なもので、明確な物的な証拠は何一つないとして起訴内容を全て棄却した。その後、検察は控訴を断念。事件は未解決のまま葬られた。

娘アレッサに対する殺人罪で起訴され、
裁判に臨むマイケル（右）

搬送されたという病院の電話番号が30分後に通じなくなった謎

下野市准看護師・永島康浩さん失踪事件

２００２年４月30日19時ごろ、栃木県下野市《しもつけし》国分寺町《こくぶんじまち》に住む准看護師の永島康浩《ながしまやすひろ》さん（当時23歳）が母親に「レンタルビデオを返して来るので夕食は帰ってから食べる」と母親に言い残したまま消息を絶った。母親は気づかなかったが、永島さんはその後すぐには出かけず、20時ごろまで自分の部屋におり、誰かと電話で話す声を隣の部屋で父親が聞いていた。父親によれば、電話の声は明るく、最後に「今すぐ行く」と言い家を出たそうだ。

それから一向に戻ってこない息子を案じた両親が、ゴールデンウィークが明けた5月7日に警察に捜索願を提出。調べたところ、失踪翌日の5月1日に永島さんの携帯から「０３－５３００」で始まる番号に発信されていたことが判明したが、これがどこの番号で、永島さん自身がかけたものか否かは公表されていない。

永島さんの職場である同県小山市《おやまし》の病院、彼の友人・知人に問い合わせても手がかりは得られず、何の進展もないまま5ヶ月が過ぎた10月4日、国分寺町役場の者と名乗る人物から「永島さんと思われる人が病院に運ばれた」との電話が自宅にかかってきた。その人物は、詳細はわからないので直接問い合わせてほしいと搬送先の病院の番号を永島さんの姉に告げ電話を切る。すぐさま姉が教えられた番号にかけると、病院の職員と思しき人物が出て「確認して折り返す」と言う。姉はいったん電話を切り連絡を待ったが、30分経ってもかかってこない。そこで、改めて同じ番号にかけたところ、なんと「この電話番号は現在使われておりません」という自動音声によるアナウンスが流れてきた。なぜほんの30分前はつながったのに、突然通じなくなったのか。そもそも役場から、そのような電話が入るのか。真相は今もわかっていない。

それから2年後の２００4年、当時テレビ朝日系列で放送されていた「奇跡の扉　ＴＶのチカラ」が本事件を5回にわたり取り上げ、独自調査により、永島さんが失踪前に、時々ある1人の男性とパチンコ店やスーパー銭湯に行っていた事実があることを明らかにした。番組ではその男性が不審な電話をかけた可能性があるとみて本人を直撃。しかし、男性はきっぱり否定し、失踪の1年半以上前から永島さんには会っていないと証言した。ただ、番組には２００件もの目撃情報が寄せられ、その多くが現在のさいたま市に集中していたそうだ。

永島康浩さん。失踪当時23歳。2024年1月現在45歳。身長167センチ。顔の左側、眉毛から口までの範囲に6つのホクロあり

失踪当時、永島さんは仕事関係で悩みを抱え転職を考えていたことから自発的に姿を消した可能性もなくはないが、一方で事件に巻き込まれた可能性、特に北朝鮮に拉致された疑いが捨てきれず、特定失踪者リストに記載されている。いずれにせよ、家族は永島さんが1日でも早く発見されることを願い続けている。

ナイトクラブで出会った男が事件に関与している可能性大
リサ・マリー・ヤング失踪事件

2002年6月29日23時ごろ、カナダのブリティッシュコロンビア州ナナイモ市に住むリサ・マリー・ヤング（当時21歳）が、友人の誕生日を祝うため同市内のナイトクラブ「ジャングル」に出かけた。彼女の父親は、娘が翌日に北ナナイモ市への引っ越しを控え、その2日後にはコールセンターで仕事を始める予定だったため、「あまり遅くならないように」と声をかけ送り出した。

クラブはカナダの独立記念日である7月1日直前の週末ということもあり、いつもにも増して多くの客でごった返していた。店は翌日6月30日午前2時半に閉店。ここで、クリス・アデア（同27歳）という男性がリサの友人男性に、これから一緒に近くのハウスパーティに行かないかと声をかける。リサとクリスは初対面だったが、友人とともに誘いに便乗、クリス所有の高級車・ジャガーでパーティ会場へ向かった。リサたちはここで1時間ほど過ごした後、ウェストサイド湖地区に移動し別のパーティへ参加。この間、ベジタリアンだった彼女はろくに食事を摂っておらず、空腹を満たすためクリスと2人で近所のレストランへ行く。

4時半ごろ、リサの携帯電話から父親に「迎えに来てほしい。家に帰してくれない」とメールが入り、続いて「クリスはレストランではなく別の家に連れ込もうとした」などのボイスメッセージが届いた。朝方、父親がそれに気づき、リサに電話をかけるも不通。娘が帰宅することもなかったため、昼ごろから家族総出

リサ・マリー・ヤングと、
彼女が当日訪れたナイトクラブ「ジャングル」

で周辺を捜索するとともに、地元警察に行方不明届を提出する。カナダでは最終目撃から48時間以降でなければ、届けは受けつけられない決まりになっていたが、事情を聞いた警察は事件性が高いと判断し、カナダ警察特別犯罪課が捜査を担当することになった。が、実際に当局が動き出したのはその2ヶ月後。重要参考人としてクリスを呼び出し、事情聴取を行う。彼はリサとレストランに行ったことは認めたものの、そこで別れたと証言。赤のジャガーはすでに売り払われており、警察は車を購入した中古車販売会社でジャガーを調査したものの、車内は蒸気洗浄済みで証拠を見つけることはできなかった。クリスがリサの失踪に関与していることは明らかながら、彼女は現在も行方不明人として扱われている。

モーラ・マリー失踪事件

縁もゆかりもない田舎道で運転事故を起こし、姿を消した看護学科の女子大生

2004年2月9日夜、米ニューハンプシャー州の田舎道で、交通事故があったようだと警察に通報が入った。事故を起こしたのは当時21歳で、マサチューセッツ大学アマースト校の看護学科に通っていたモーラ・マリーという女性。しかし、警察が現場に到着すると彼女の姿はこつ然と消えており、その行方は現在に至るまでわかっていない。

失踪当日の2月9日に彼女がとった行動はあまりに不可解だった。午前0時過ぎ、パソコンでバーモンド州バーリントンへ行くルートを検索。そこはモーラが住んでいた大学の寮から車で3時間の場所。なぜその地までの道のりを調べていたのかはわかっていない。13時、ボーイフレンドに以下のメールを送る。

「愛してる。メールを受け取ったわ。今は誰とも話す気にはなれないの。でも、今夜電話するね。愛してる」

ボーイフレンドは、理由までは聞いてなかったものの最近彼女が落ち込み気味だったことを知っており、このメールからもモーラの精神状態が良くないことを感じ取った。その後、彼女は大学の教授とバイト先に「身内に不幸があったので1週間ほど休みます」とメールを送信。しかし、これは全くのウソで、身内の不幸はなかったことが後に判明している。14時18分、ボーイフレンドの携帯に電話をかけ、彼が出なかったため、留守番電話にすすり泣くような音声だけを残す。心配したボーイフレンドが折り返したものの、モー

モーラ・マリー。右は失踪約2時間半前の2004年15時40分ごろ、銀行の防犯カメラが捉えた彼女の姿

ラが出ることはなかった。15時半ごろ大学の寮を出発し、10分後に銀行のATMで金を引き出す。このときの様子は防犯カメラが捉えており、その後、近くの酒屋でアルコールを40ドル分を購入。わかっているのはここまでで、その後、ニューハンプシャー州ウッズビルで事故を起こす。19時20分ごろのことだ。

事故現場は周囲を山林に囲まれた道路で、緩やかなカーブを曲がりきれず車が木に突っ込んでいた。このときの衝撃音を聞いた近隣住民が19時27分に警察に通報。また現場を偶然通り買った地元の男性がモーラに「大丈夫ですか?」と声をかけたところ、彼女は「ロードアシスタントに助けを呼んだので、警察には連絡しないでください」と答え、さらにはその夜は氷点下だったことから男性が「少し休んでいきますか?」と問いかけても頑なに断ったそうだ。男性によれば、彼女に怪我をした様子はなかったものの、ひどく動揺していたという。ちなみに、現場は携帯電話の電波が入らない地域で、ロードアシスタントに救助を頼んだという言葉も虚偽だったことが判明している。

ニューハンプシャー州ウッズビルの事故現場と、モーラが運転していた事故車両

通報から20分後、警察が現場に到着。ナンバーから車の持ち主がモーラであることを把握したが、それらしき人物はいない。車内はアルコールの匂いが充満しており、ワインと思われる染みがドアや天井に付着していた。警察は、モーラが飲酒運転の発覚を恐れ姿を消したものと推定、すぐに周辺の山林などをくまなく捜索したが、発見には至らなかった。

警察は、なぜモーラが事故現場の道を運転していたのか理解できなかった。ウッズビルは、彼女が当日パソコンで調べていたバーモンド州バーリントンとは全くの逆方向。モーラはいったい、どこに向かおうとしていたのか。一方、事件当日の20時ごろ、地元の男性が事故現場から東に約7キロ離れた道を足早に歩いている女性を目撃していたことが判明。ただ、この女性がモーラかどうかはわかっていない。

失踪から10日後、警察はＦＢＩに協力を要請、熱を感知するサーマルカメラが搭載されたヘリコプターや災害救助犬を用いて、改めて大規模な捜索活動を行ったが、手がかりは得られない。2021年9月には、事故現場から40キロ離れたルーン山で人骨の一部が発見されるも、鑑定でそれがモーラのものではないことが判明した。警察は彼女が精神的な悩みを抱え車で自殺を図るも失敗、その後、人知れず命を絶ったものと見解を発表。対し、彼女の両親やボーイフレンドは事故の後、何らかの事件に巻き込まれた可能性もあるとみて、2024年1月現在も行方を探している。

ニューハンプシャー警察による捜索の様子(上)。
事件はテレビでも大きく報じられた

閉店5分前にバーの防犯カメラに映っていた医学部生が店内から消失
ブライアン・シェイファー蒸発事件

2006年3月31日、米オハイオ州立大学医学部に通うブライアン・シェイファー（当時27歳）は、期末試験が終わったこの日、友人2人とコロンバス（オハイオ州の州都）に飲みに出かけた。何軒か店を梯子し、バーに入ったのが日付が変わった4月1日の午前0時過ぎ。2階建てのそのバーは週末ということもあり混雑していた。そろそろ帰ろうかと友人たちがブライアンを探したところ、なぜか店内のどこにも彼の姿がない。携帯に電話をかけても不通。それでも、友人たちは午前2時に店が閉まるとブライアンが現れるだろうとバーの前で彼を待った。しかし、待てど暮らせど彼は姿を見せない。ブライアンの自宅アパートは店から数ブロック先。もしかしたら飲み疲れて先に帰ったのかもしれないと、彼らもそれぞれの家に戻る。

翌朝、ブライアンの恋人女性が彼に電話をかけたところ留守電になった。実は2人は、週明けの4月3日にマイアミ旅行に出かける予定で、昨夜22時ごろにもブライアンがその件で彼女に電話をかけていた。恋人女性は彼氏がまだ部屋で寝ているのだろうとさほど気に留めなかった。しかし、翌日も連絡が取れないことを不審に思い、彼の父親に知らせたうえで、警察に捜索願を提出する。さっそく当局がブライアンの部屋を調べると、特に変わった様子はなく、車も駐車場に停められたままだった。大学や友人、バーなどに当たっても何の手がかりもつかめない。しかし、店の防犯カメラを確認したところ、閉店5分前の4月1日午前1

時55分、上りのエスカレーターで女性2人と話すブライアンの姿が映っていた。ブライアンはこの時点でまだ店内にいたのだ。が、店の出入り口を映し出すカメラを確認しても、ブライアンが外に出る姿は一切見つからない。実はバーには防犯カメラのない裏口があり、そこから建設現場に通じていた。彼がこのルートを通ったとすれば、何かしら痕跡が残っているかもしれない。警察は捜索犬を導入し、現場一帯を探したが、有力な情報は何一つ発見できなかった。

その後、警察は聞き込み捜査により、失踪当夜にブライアンと、飲みに行った友人の1人が口論になっていた事実をつかんだ。事件と何かしら関係があるかもしれないと、警察は友人にポリグラフテストを受けるよう依頼するが、彼は弁護士を介してこれを拒否。さらに疑いが強まったものの、その友人がブライアンの失踪と関連している証拠は全く出てこなかった。

閉店5分前に確認されてから、神隠しのように姿を消したブライアン。その消息は現在もわかっていない。

失踪したブライアン・シェイファー。右はバーの閉店5分前に防犯カメラが捉えた、エスカレーターで女性2人と話す彼の最後の姿

ブランディ・ウェルズ失踪事件

白いカウボーイハットの男、拭き取られていた車内の指紋、第三者に渡った携帯電話

2006年8月2日夜、米テキサス州に住むブランディ・ウェルズ(当時23歳)が母親に「クラブに行く」と家を出たまま行方不明となった。ブランディは19歳のとき結婚するも2年で破局。その後交際した男性も軍に入隊し海外に派遣されたことで関係が自然消滅し、当時はアルバイトをしながら同州ブラウンズボローで女性の友人とルームシェアしていた。この日、彼女は予告なく30キロ離れた同州タイラーの実家に戻り、地元の友人と近所のクラブに出かけるので帰りは遅くなると告げ、20時ごろに自分の車で外出する。金欠で、このとき車にはわずかなガソリンしか残っていなかったそうだ。

ブランディはまず実家から遠くないバーで酒を飲み、顔見知りのバーテンダーに料金は自分の母親のツケにしてほしいと頼む。しばし会話を楽しんだ後、彼女の車は母に伝えていたのとは異なり、タイラーから60キロも離れたロングビューにある「グラハム・セントラル・ステーション」(以下GCS)というクラブに向かう。後にわかることだが、このときブランディは友人の誰ともクラブに行く約束などしていなかった。それでも、ガソリンも少ない車で遠くのクラブに出かけたのは相応の理由があったのだろうが、本当の目的はわかっていない。

翌3日の夜、ブランディのルームメイトから連絡が母親にあり、その日の夕方、戻ってくると言っていた

のにまだ帰ってこない、電話やメールにも応答がないという。不安になった母は、4日朝まで待ち警察に捜索願を提出する。が、ブランディの妹は姉が出かける前にロングビューのクラブに行くことを聞かされており、そのことを知った警察は現地の警察に届けを出すよう要請。母親が手続きを終え、現地のロングビュー警察が捜査に乗り出すのは、彼女が行方不明になって6日が過ぎた8月8日のことだった。

警察はまず、ブランディが最後に訪れたと思われるGCSの監視カメラの映像を確認する。と、8月2日の22時44分ごろにブランディらしき女性が男性2人と酒を飲んでいる姿が確認できた。さらに、GCSは入店の際に身分証を読み取り機に通すことを義務づけており、ここでも彼女が店に来たことの裏づけが取れる。が、警察は大失態を犯していた。実は、店の身分証読み取り機と監視カメラの時刻表示は前者が9分遅かったにもかかわらず、読み取り機の時間からまもなくカウンターで飲酒していた女性をブランディと誤認。それに基づき目撃情報を集めていたのだ。ブランディの母親がカメラに映る女性と、当日娘が着ていた服装が異なることに気づき間違いが発覚。結果的に、警察は6週間もの時間を無駄

ブランディ・ウェルズ。失踪当時23歳

な捜査に費やすこととなった。
その後、映像が再確認され、ブランディが前出の女性より10分ほど早い22時35分に入店していることが判明。1人で酒を飲み、日が変わった8月3日午前0時29分に店を後にしたことがわかった。着目すべきは、このとき彼女と一緒に店を出た白いカウボーイハットを被った男性。ブランディは直進、男は左の方向に向かったが、その後にブランディの影が男に近づくように左折しているのが映像で確認できた。この男がブランディの失踪に関係しているのか。警察は男の身元割り出しを進めたが、結局、特定には至らなかった。

8月半ば、GCSの近くに1台の黒い車が月始めからずっと放置されているとの連絡が警察に入り、ナンバーからそれがブランディ所有の車両であることが判明した。車内には幾つもの不審点があった。なぜか、運転席が後ろに移動されている。150センチの彼女が運転するには不自然で、それは190センチ程度の人間が座るに適当な位置だった。また、中にはブランディのバッグ、財布、身分証、携帯電話、そしてトランクからガソリンを入れる容器などが見つかった。後の調べで携帯は軍に入隊したブランディの元彼氏のものとわかり、ガソリン入れの容器も彼女のものではなく誰かがそこに置いたものと明らかになる。他にも、男性の名前と携帯番号が書かれた紙ナプキンが見つかり、警察が確認したところ、相手の男性はGCSで20代前半の女性に出会い飲み物を奢ると言ったものの断られたため、自分の連絡先を彼女を渡したのだという。男性は捜査にも協力的で、失踪には無関係と判断された。最大の謎は、車内に一切指紋が残ってないことだった。何者かが意図的に拭き取ったことは明白で、その人物こそがブランディの失踪に関連している可能性が高いと思われた。

次に警察は携帯の利用記録を調べ、彼女がGCSを出た後しばらく使われた形跡がなく、次に使用されたのは失踪8日後の8月11日と判明す

失踪前、ブランディが最後に訪れたテキサス州ロングビューのクラブ「グラハム・セントラル・ステーション」

クラブの監視カメラに映ったブランディの姿。2006年8月2日22時35分に入店(上)、37分にカウンターに座り(中央)、3日午前0時29分に退店。このとき白いカウボーイハットを被る男と一緒だった(下)

る。以降、携帯は頻繁にごく短い通話のみが繰り返されており、FBIの捜査官によれば、これは麻薬の取引業者がよく行う使い方だという。警察はこの携帯を使用していた人物の割り出しに成功。事情を聞いたところ、自分は別の人物から譲り受けただけだという。ただ、なぜそれがブランディの車に戻されていたのか、警察は公にしていない。またこれも表には出ていないが、警察はその男性に携帯を譲った人物にも接触、ブランディの車が置かれていた地点から約500メートル離れた路上に落ちていた携帯の着信音が鳴っているのに気づき拾ったとの証言を得たとの情報もある。ちなみに、その人物は過去に何度も犯罪歴を持っていたそうだ。

失踪から2ヶ月後の2006年10月、GCSから約17キロ離れたキルゴアという街で身元不明の女性の遺体が見つかった。遺体の特徴がブランディと一致する部分があったため、当初は本人ではないかと思われたが、歯の治療痕とDNA検査により別人と判明。さらに4年後の2010年、ある男性がブランディの家族に電話をかけてきて「彼女は生きていてカンザス州にいる」とだけ話したものの、そのような事実は見つからず、警察は単なるいたずらと結論づけた。

ブランディの車は彼女が失踪した8月3日から路上に停められていたそうだ

ブランディの行方は２０２４年１月現在もわかっていない。ただ、彼女が何かしら事件に巻き込まれた可能性は高く、一部では人身売買目的の誘拐に遭ったのではないかと囁かれている。

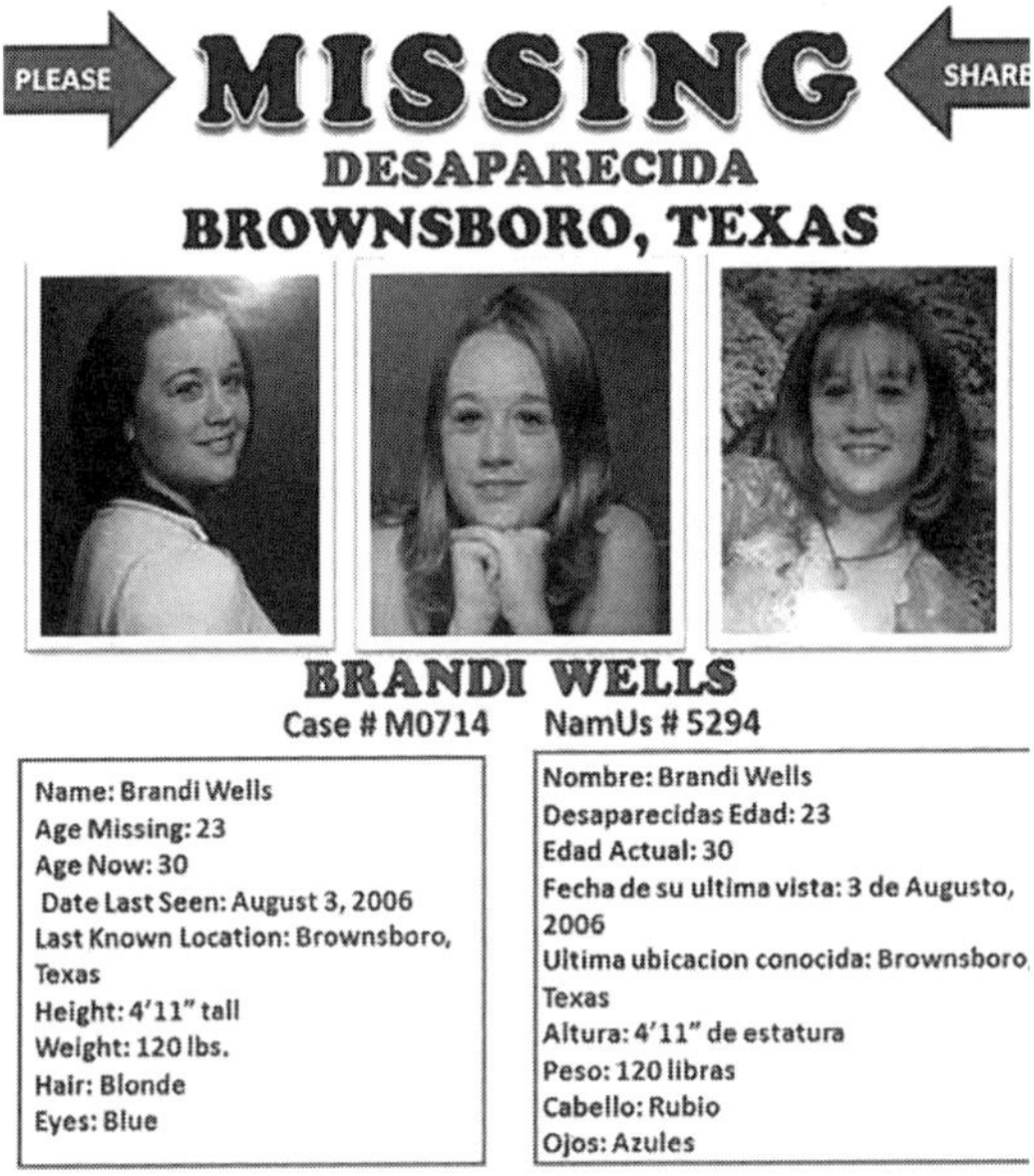

ブランディの情報を記した米サイトのページ

母親エレンは現在も娘が無事に帰ってくることを祈っている

インド国内をツアー中に失踪。運転手やガイドの関与が疑われたが…

慶應義塾大生・篠崎耕太さん行方不明事件

２００６年９月２日夕方、慶應義塾大学経済学部の２年生だった篠崎《しのざき》耕《こう》太《た》さん（当時21歳）が、成田空港からキャセイパシフィック航空に搭乗、香港を経由して３日未明にインド・デリー空港に到着した。彼は現地の旅行代理店でインド国内を15日間かけて周る２万４００インドルピー（当時の日本円で約５万４千円）のツアーを予約しており、代理店が手配したガイドや運転手とともに３日午前11時ごろにデリーを出発、夕方にジャイプルへ着き２日間、市内を観光。５日にはアグラ市に移動し、観光名所であるタージマハルを訪れた後、夕方に同市内のホテルにチェックインした。後に、このときのサインの筆跡を母親が確認し、本人のもので間違いないということがわかっている。

ホテルのフロントマンの証言によれば、篠崎さんはチェックインから１時間後にバックパックを背負い外出し、そのまま戻らなかったという。しかし、後にフロントマンは証言を変え、チェックイン後に旅行代理店が手配した運転手から「夜の観光に行こう」と電話で誘われホテルを出て、ガイドも一緒だったと話した。

帰国予定日の９月24日を過ぎても戻ってこない息子を心配し、両親がインドの警察当局に捜索願を提出する。が、聞き込み捜査を行っても有力な情報は得られず、篠崎さんの行方は杳として知れない。それから１年半が過ぎた２００８年３月、警察当局は突如、篠崎さんの失踪に関わった疑いがあるとみて、運転手とホテルのフロントマンに対し、麻酔薬などを使って自白を促す「ナルコティック・テスト」を実施する。結果、運転手は9月5日の夜、篠崎さん、ガイドと一緒に地元のレストランへ行き、その後、篠崎さんとガイドがサイクルリキシャ（インドの簡易タクシー）で出かけて以降、篠崎さんの姿は見てないと話し、フロントマンは篠崎さんのバッグから金を盗んだ後、筆跡を真似てチェックアウトカードに篠崎さんの名前をサインしたと供述した。これを受け、地元警察はガイドの自宅へと向かったところ、すでにガイドは自殺をほのめかすメモを残し失踪していたが、翌2009年2月に身柄を拘束。ナルコティック・テストによる証言は、9月5日に篠崎耕太さんをホテルに送った後、運転手と酒を飲んで眠ったというもので、運転手の証言と食い違っていた。運転手やガイド、またフロントマンが何らかの形で篠崎さんの失踪に関与していることはほぼ間違いないだろう。しかし、それを裏づける証拠は見出せず、結局、事件は現在も未解決のまま。果たして、篠崎さんはどこに消えてしまったのだろうか。

篠崎耕太さん。失踪前年の2005年夏にはカンボジアへのボランティアツアーに参加していた。最後にチェックインが確認されたアグラ市内のホテル「Chanakya」（下）

旅行先の北海道・旭川で彼女が出かけた「静かなところ」とは？

女性曲芸師・中村幸子さん失踪事件

２００９年8月22日、東京都足立区西新井在住の曲芸師・中村幸子《なかむらゆきこ》さん（当時28歳）は早稲田大学構内で開かれた「不登校を考える第20回全国大会」に参加、オープニングで太神楽《だいかぐら》を披露した。太神楽とは傘回しや獅子舞などを行う曲芸で、彼女は20歳のとき、独立行政法人「日本芸術文化振興会」太神楽第4期生となり、3年間の研修後、1年間の前座修行を経て２００８年にプロとして独立。鏡味八千代《かがみやちよ》の芸名で、主に東京の寄席で活躍していた。

早稲田大学でのイベントが終わり、大学スタッフらと北千住駅で別れた後、自宅アパートへ帰宅。翌23日、北海道・旭川に出かける。彼女がこのプライベートな1人旅をいつから予定していたのかは定かではないが、事前に知らされていた家族や知人はおらず、当日、予約もなく同市内のビジネスホテルを訪れ2泊分の滞在料金を支払っていることから、突発的に北海道行きを決めた可能性が高い。

中村さんはチェックインの際、ホテルのフロントで「どこか静かなところはないですか？」と尋ね、従業員が「三浦綾子記念館と富良野方面はどうですか」と答えると、丁寧に礼を言い部屋へ。同日20時19分、母親に電話をかけ「今旭川に来ている。昨日の仕事で元気をもらった。生徒、スタッフ、親御さんが喜んでいた。明日は旭山動物園へ行く、25日には戻る」と明るい声で話した。翌24日午前8時頃、携帯電話で自身の

公開
千葉県八千代警察署
平成21年8月26日
第43号　受理

中村幸子さん。身長152センチ、体重47キロの小型体型。2024年1月現在42歳

ミクシィを更新。「かなりかなり回復中。カラダ・キモチもかなり回復中。一昨日不登校関連のイベントでお仕事してきました。お客さんの反応の良さと、終わってからの楽しい懇親でさらに元気回復。回復ついでにハイテンションになって、なんと今北海道に旅行に来ております（笑）」という内容で、この文面からは、イベント前に気持ちが落ち込んでいたことがうかがえる。が、それが何なのかはわかっていない。

その後、中村さんは自宅アパートの管理会社へ部屋の窓ガラスの修理の依頼、通院していた病院に診察予約キャンセルの電話をかけ、高校時代の知人（性別不明）に帰京後に会える日はないかとメールを送信すると、午前11時20分ごろに、ジーンズにジャンパーの軽装で小さなバッグを背負いホテルを出る。が、彼女がその日、ホテルに戻ってくることはなかった。翌25日にホテルが警察へ連絡し事態が発覚。26日に両親から失踪届が提出され、彼女が母親に告げていた旭山動物園を中心に捜索が開始されたが、手がかりは一切つかめなかった。部屋に充電中の携帯電話が残されていたことから遠出したとは考えにくく、母親との電話の内容からも自分の意思で失踪したとは思えない。ホテルの授業員に告げていた「静かなところ」。彼女はそこで何かしらの事件か事故に遭遇したのではなかろうか。家族は現在も中村さんの帰りを心待ちにしている。

福岡市ネパール人留学生行方不明事件

携帯の電源が切れる前に「違います」と電話に出た見知らぬ男

2009年8月27日、福岡県福岡市南区の日本語学校に通うネパール人留学生、サビナ・マハルジャンさん（当時21歳）が学校を無断欠席した。サビナさんは就学ビザで2008年4月に来日し、日本語学校に入学。2年間の課程を履修しており、連絡なしに授業に出ないことなど今まで一度もなかったため、心配した職員がサビナさんの携帯電話に連絡。すると、本人が出て「自転車がパンクしたから遅れます」と返事があった。しかし、彼女が学校に現れることはなかった。これがサビナさんが確認されている最後の情報である。

一方、親族のネパール人男性によると、その前日の26日に彼女から電話があり、「また連絡します」と言って切れてしまった。連絡がないため数日後、携帯電話にかけたところ、見知らぬ男が出て「違います」と答えたそうだ。その後は携帯の電源が切れた状態になっているという。サビナさんは同じ26日にネパールの父親にも電話をかけ「お父さん、勉強も順調だし仕事も見つかったよ。心配しないでね、私は元気だから」と伝えたという。

連絡のつかないことを不審に思った友人たちが同月29日午前10時ごろ、サビナさんのアパートを訪ね、その後、警察が部屋を捜索したところ、本人はもちろん、自転車を含めた彼女の私物の大半が消えていた。9月上旬、学校側が福岡県警南署に家出人捜索願を提出。警察が改めて部屋を調べたが、争ったような形跡はなく、携帯電話やメールの通話記録にも不審な点はなかった。９月中旬、彼女のビザの滞在期限は切れ、父親がネパールの警察に届けを提出。自国と日本の外務省に娘の捜索を依頼した。在日ネパール大使館から外務省への手紙によると、サビナさんは誘拐・拉致されたものと警察は見ており、銀行口座と携帯電話から捜索。一度はネパール人の男性を容疑者として逮捕したが、取り調べの結果、この男はサビナさんの失踪とは関係のないことが判明している。

サビナさんが８月26日に父親にかけた「心配しないで」という電話から、自身の身に何かしらのトラブルが生じているのをわかっていた可能性はある。私物の大半が消えていたことからも、自ら姿を消した可能性も否定できない。ただ、学校、親族ともサビナさんが失跡する理由に全く心当たりがなく、その後、銀行口座から金が引き出された形跡もないという。いったん逮捕されたネパール人男性が彼女とどのような関係だったのか情報はないが、やはりサビナさんは交友関係絡みで事件に巻き込まれたのだろうか。サビナさんは身長１５７センチ、体重52キロ。失踪時は肩ぐらいの長さの茶髪で、日本語での会話が可能だという。

サビナ・マハルジャンさん。写真は失踪の前月、2009年7月に撮影されたもの

購入してきた革靴を親にとがめられ家を飛び出したまま、こつ然と消失

秋田中3男子・尾久賢治さん失踪事件

２００９年10月７日19時20分ごろ、秋田県雄勝郡《おがちぐん》羽後町《うごまち》足田《たらだ》在住の中学3年生、尾久賢治《おぎゅうけんじ》さん（当時15歳）が、自宅を出たまま行方不明になった。賢治さんは小学校のころから吹奏楽に興味を持ち、卒業後、地元の羽後中学に入学したものの、途中で吹奏楽部の強豪として知られる湯沢《ゆざわ》市立湯沢南中学校に転校（この経緯は定かではない）。自宅から電車で片道１時間以上かかる同校の吹奏楽部でクラリネットを担当、全国大会に向け熱心に練習に打ち込んでいた。失踪当日は、自分の小遣いをはたいて大会用の革靴を３千円で購入。自宅に戻り靴を見せたところ、両親からそのデザインをとがめられ、よほどショックだったのか、号泣し家を飛び出したのだという。財布は自宅に置いたままで、所持金や所持品はなく、携帯電話は元々持っていなかったそうだ。ちなみに、本人所有の自転車が家に残っていたため、徒歩で家を出たものと思われる。

その後、息子が一向に戻ってこないことから両親は翌８日、湯浅署に捜索願を提出。賢治さんの自宅は比較的交通量の多い県道３９８号線沿いにあったが、目撃情報はほとんどなく、周辺を探しても姿が見つからない。11月上旬、全国の警察署に手配。後にテレビでも公開番組が放送されたものの、こちらにも本人の消息につながる情報が寄せられることはなかった。

賢治さんは身長約１７０センチ、体重55キロの痩せ型で短髪。失踪時、蛍光オレンジの派手なジャージ上

彼が通っていた湯沢南中学校(上)。
尾久賢治さん。言葉使いや仕草がおしとやかで、
秋田訛りはなく標準語で話すという

下と白いビーチサンダルを着用していたが、ジャージは通っている湯沢南中学校のものではなく、なぜか地元の羽後中学校指定のものだったそうだ。

家を飛び出したのは、靴のことを両親にとがめられたのがきっかけだったことは間違いない。しかし、この一件だけで、その後、二度と家に戻らないなどということがありうるだろうか。派手なジャージを着ていたにもかかわらず目撃情報が一切ないことは、家を出てまもなく何者かに拉致された可能性を示しているのではなかろうか。それとも、自ら姿を消すに足る深刻な悩みでもあったのだろうか。賢治さんの父親は「賢治、元気なのか。何も心配しなくて大丈夫だから連絡をください。ずっと待っている」とコメントを発表。息子が1日でも早く無事に戻ることを願い続けている。

新幹線改札機のトラブルに遭遇した後、なぜ彼は駅のトイレにこもったのか？

医療系エンジニア・遠田高大さん失踪事件

2013年3月7日、東京の医療系のエンジニアとして働いていた遠田高大《えんたこうだい》さん（当時21歳）が出張先の岩手県盛岡市で行方不明になる事件が起きた。この日、仕事を終えた遠田さんはJR盛岡駅で東京行きの切符を購入。最終の新幹線に乗車するため、20時ごろに同駅の新幹線改札口を通った。しかし、何かのトラブルか、改札機に止められてしまう。足止めを食らった彼はここから不可解な行動に出る。まず、改札口を背にして立ち去り、同駅1階の多目的トイレへ。ここで約30分、時間を過ごす。その後、駅前のタクシー乗り場の方向に向かったことまでは目撃情報や防犯カメラなどで確認できているが、以降消息がわからなくなる。

2日後の9日、盛岡駅から東に位置する北上川沿いで、遠田さんが持っていたビジネスバッグだけが発見された。中に現金や身分証などがそのまま残されていたことから、彼の家族や会社関係者からの相談を受けていた警察が辺りを捜索するも手がかりはなし。遠田さんが失踪時に所持していたはずの黒色のキャスター付きのキャリーバッグは見つからなかった。

4ヶ月後の7月、盛岡駅近くのビルの屋根上に放置されている遠田さんの携帯電話が発見された。そんな場所に携帯が捨てられているのも不可解だが、さらに謎なのは、失踪1ヶ月前からの利用履歴が一切なかったことだ。これは、何者かが意図的にデータを削除した可能性も疑われている。一方、携帯の検索履歴は残っており「岩木山」「せいか盛岡」という2つのワードを調べていたことが判明した。岩木山は盛岡から2時間以上かかる山で、「せいか盛岡」は盛岡駅近くの中華料理屋。なぜ、遠田さんがこの単語を検索していたのかはわかっていない。

遠田高大さん。失踪時、身長172センチ、体重55キロの痩せ型。コンタクトレンズを使用しており、黒色の上下スーツ姿だった

彼の行方は2024年1月現在もわかっていないが、やはり不可解なのは、失踪当日の彼の行動である。出張当日、遠田さんは同僚に「今日中に東京に戻る」と言い残し盛岡に出かけた。日帰り出張だったことは明らかだ。にもかかわらず、改札機に阻まれただけで再度切符を通すことも駅員に不具合を問い合わせることもなく改札から離れ、しかもその後、なぜトイレにこもりきりになったのだろうか。もしかすると、仕事関連やプライベートで深刻な悩みを抱え、トイレの中で人生をリセットすることを決意、所持品の全てを捨ててしまったのだろうか。一部では、彼が精神的に追い込まれており、自ら命を絶ったとの噂もある。ちなみに、遠田さんが改札機でトラブルに遭ったのを目撃した人の証言によれば、そのとき彼は実に清々しい表情をしていたそうだ。一方で遠田さんが何らかの事件や事故に巻き込まれた可能性も否定できないが、関連情報は伝わっていない。社会人1年目の遠田さんに何が起きたのか。真相は闇の中だ。

失踪当日の姿を街の防犯カメラに複数捉えられたカナダの女子高生
ミカイラ・バリ行方不明事件

２０１６年４月12日朝、カナダのサスカチュワン州ヨークトンのセイクバリット高校に通うミカイラ・バリ（当時16歳）は母ポーラとバスルームで一緒に音楽を聴きながら化粧をした後、祖母マーガレットの運転する車に乗り、午前８時５分ごろ学校の前で降りた。授業が終わる夕方、再び祖母がミカイラを迎えに行くも、普段は正門前で待っている孫の姿がない。そこから30分経過。まだ彼女は出てこない。何かあったのかもしれないと祖母が校内に入り教師に確認したところ、驚くべき答えが返ってきた。なんとこの日、ミカイラは登校していないというのだ。

マーガレットから事情を聞いたポーラは当初、その日の夕方に予定が入っていたバイオリンのレッスンに早めに行ったのではないかと考えた。リサイタルが近づいており、ここ最近娘が懸命に練習していたからだ。が、ミカイラはレッスンに行っておらず、自宅にもいなかった。次にポーラは、娘が計画的に家出をしたのではないかと思い、念のために自宅の金庫を確認する。緊急時に備え、ミカイラには金庫の開け方を教えていた。しかし、中の金は手つかずのまま。いよいよ不安になった母はその夜、警察に失踪届を提出。これを受け、警察は防犯カメラの映像や携帯電話の記録、家族、友人の証言などから、祖母が彼女を学校の前で車から降ろした後の行動を追跡する。

ミカイラ・バリ。失踪当時16歳。2024年1月現在24歳

ミカイラは12日午前8時8分、高校のワイファイにログイン。バッグの所持品を校内のロッカーに入れた後、8時26分に高校の裏口から外に出て、地元の鉄道線路を歩いていた。向かった先はTD銀行の支店で、建物の前で誰かと電話で話をしてから、8時55分に行内へ。口座から55ドルを引き出してから、今度は自分の銀の指輪を売るため近くの質屋に足を運ぶ。後の質屋店主の話によれば、指輪にほとんど価値はなかったため購入を断ったが、ミカイラに特に変わった様子はなかったそうだ。

9時10分ごろ、ティムホートンのレストランに入店し、テーブル席で誰かと電話。その間、彼女は終始、後ろの入口付近を気にしていた。通話が終わった9時23分に店を出て、付近を歩き回った後、9時42分に再びレストランへ。今度は窓に近い席を選び、入口を見つめながらまたも携帯で電話する。ただ、この際の通話記録は一切残っていない。日本でいうところのライン通話などの無料通話アプリを利用していたことが後の調べで判明したのだ。そして、これが警察の捜査に大きな支障をきたすことになる。

午前10時12分に友人に「助けが必要なの」とメールを送り、レストランを出る直前の10時32分には同じ友人に「気にしないで。私はそれを理解した」と送信。また、レストランにいる間、ミカイラが見知らぬ客にホテルの部屋の予約を手伝っ失踪当日、防犯カメラに映ったミカイラの姿。❶8時26分に学校の裏口から出て、❷質屋に寄ってから、❸レストランで誰かと電話し、❹正午ごろ友人に数分会った後に学校を後をした

❶

❷

❸

❹

てくれるよう頼み、断られている様子も確認されている。

この後、先ほどの友人に「昼休みに会おうよ」とメールし、午前11時59分に学校に到着。ここでミカイラは友人に「レジーナ市に向けてバスに乗るつもり」と告げる。友人はミカイラが以前から休暇にレジーナに行ってみたいと聞かされていたためさほど気に留めず、午前中に届いた「助けが必要」というメールについても言及しなかったそうだ。

友人と話したのはほんの数分で、12時3分には学校を出る。これが防犯カメラが捉えたミカイラの最後の姿となった。その後、彼女は学校から約1・6キロ離れた別のレストランで、腕に十字架のタトゥが入った男性と話す姿を目撃されており、13時45分まで店にいたと伝えられている。また携帯は翌13日午前7時ごろ、電源かバッテリーが切れたのを確認されているそうだ。

以上のような状況から、ミカイラが失踪当日、何者かと待ち合わせして、逃避行した可能性は高い。それが目撃されたタトゥ入りの男性かどうかは定かではないが、友人や家族は彼女に親しい男性がいるとは聞かされていないことから、もしかしたら出会い系で知り合った相手とも思える。ただ、ミカイラのことをよく知る母ポーラも祖母マーガレットも、彼女が自分たちに何も告げずに姿を消すような人間ではないと断言。ましてや熱心に打ち込んでいたバイオリンのコンサートを間近に控えていたのだ。学校を無断でさぼり誰かと会う約束をしていたとしても、そのまま戻らないことなどありえないという。

ミカイラはなぜ行方不明となり、今どこで何をしてるのか。家族は有力な情報提供に2万5千ドルの懸賞金をかけ、1日でも早く彼女が帰るのを待ち望んでいる。

事件か事故か。観光予定で来日した女性がホテルを出たまま消失
日光市フランス人女性行方不明事件

2018年7月29日、フランスから日本に1人で観光に訪れていたベロン・ティフェヌ・マリー・アリックスさん（当時36歳）が、栃木県日光市で行方不明となった。ベロンさんは同月27日夜、成田空港に到着。成田市内のホテルで一泊した後、翌28日に日光市に入り、16時ごろに同市内のホテルに二泊三日の予定でチェックインしていた。失踪当日はホテルで朝食を摂った後、午前10時ごろに軽装で外出するのをホテルのオーナーが目撃。その後、30日のチェックアウト時間を過ぎても戻ってこなかったため、ホテル関係者が警察に届けを出した。捜査員が彼女の部屋を調べたところ、携帯電話は持って出かけているものの、キャリーバッグやパスポートなどは残されており、携帯電話の位置情報は午前中にホテル周辺で止まっていた。ただ、後の調べで、当初外出したとされていた午前10時ごろから約1時間半後の午前11時40分まで、彼女の携帯がホテルのワイファイに接続されていたことが判明、この時刻まではホテルにいたものとも推定されている。

ベロンさんが自ら失踪した可能性は極めて低い。彼女には、てんかんの持病があり、毎日定期的に薬を飲む必要があったからだ。このことから、栃木県警は事件と事故の両面から捜査を開始するとともに、連絡を受けたベロンさんの兄弟3人が8月4日に、18日には母親も来日し、警察とともに捜索活動を行う。

ベロンさんが部屋に残したメモには日光東照宮、二荒山《ふたらさん》神社輪王寺《りんのうじ》、滝尾《たきのお》神社など、付近の名所が記され

ていた。警察は失踪がわかった時点で、彼女が観光に訪れる予定だったと思われる、これらの場所一帯をくまなく捜索すると同時に、日光の神社仏閣周辺に設置された防犯カメラ41台の何千時間もの記録を確認、近隣住民への聞き取り調査も徹底的に行ったが、有力な手がかりは得られない。その後、家族の依頼でフランスの民間救助会社も捜索に加わったものの収穫は皆無だった。

警察は、失踪前日に日光市内に記録的な豪雨が降り地面が滑りやすくなっていたため、ベロンさんが外出時に持病のてんかんを発症し、誤って川に転落した可能性もあるとみて徹底的な捜索も行っている。が、彼女の家族はこれを否定した。実は、ベロンさんのメモにあった滝尾神社周辺では以前から女性観光客をしつこく誘う50～60代の不審な男性の情報が複数あった。これを知ったベロンさんの兄が、この男が乗っていた青い車が、失踪当日の15時ごろ、滝尾神社を訪れたアメリカ人観光客が撮影したインスタグラムの写真に映り込んでいるのを発見し警察に連絡。当局も捜査を行ったと推測されるが、この件に関連する発表はない。果たして、ベロンさんはどこに消えたのか。警察は現在も広く情報提供を募っている。

ベロンさん。失踪当時36歳。身長162センチ、目はグリーンアイ、髪の毛は明るい茶色。自国フランスでは教員補助の職に就いており、2013年にも観光目的で来日していた

姉と出かけた恵山で神隠しのように蒸発。滑落が疑われるも未発見

函館市高1男子・佐藤晶さん消失事件

2020年5月15日、北海道函館市在住の高校1年生・佐藤晶《さとうしょう》さん（当時15歳）が姉2人と同市東部に位置する恵山《えさん》（標高618メートル）に出かけた。姉が運転する車で同山の標高300メートルの火口原《かこうはら》駐車場に着いたのが午前8時半ごろ。そこから頂上を目指し登山を開始する。午前9時半ごろに無事に山頂に到着。恵山に登るのは今回が初めてだった彼は、ここで姉に記念写真を撮ってもらっている。しばし時間を過ごし下山することになった際、晶さんは姉2人に「先に降りる」と告げ、1人で歩き始める。当初、姉たちは自分らより十数歩先に行く弟を確認していた。が、下り始めて2分、最初のカーブに差しかかったところで、晶さんの姿が見えなくなる。姉たちは弟が歩みを速めたものと、さほど気にしなかった。

午前11時ごろ、姉2人が駐車場に到着。しかし、てっきり先に着いているものと思っていた弟の姿がない。どこに行ったのだろう。彼女らはしばらく駐車場で待ったものの一向に弟が戻ってこないため、周辺一帯を車で9時間にわたって探し回ったが、晶さんはどこにもいなかった。姉たちは20時ごろ、函館中央署に通報。翌16日午前4時半ごろから警察や消防ら50人態勢で捜索が始まる。ただ、この日は霧が濃く捜索は難航。その後、警察犬やヘリコプターなども用いて約10日間の捜索活動が行われたが、手がかりは得られなかった。いったい、晶さんはどこに消えたのか。過去に恵山に何十回も上り捜索にも参加した登山愛好家によ

れば、同山は標高も低く気軽にチャレンジできる一方、大きな穴が空いていたり強風で吹き飛ばされるなど、身の危険を感じることもあったという。ただ、仮に晶さんが足を踏み外して滑落したとすれば、連日の捜索で発見されていたはず。恵山は木々が少なく、植物は草程度で岩肌が剥き出しになっている場所が多い。こんな見晴らしが良い環境で倒れていたら、上空のヘリが見逃すはずがないのだ。

一方で、晶さんが下山道を間違えていたら話は変わってくる。彼が登山を開始したのは山の西側にある駐車場だが、東側にも同じような駐車場があり、そこを目指すには木々が生い茂った急斜面の道を進まなければならない。もしかしたら晶さんはその途中で滑落したのではないか。しかし、捜索隊が改めて東側を中心に徹底的に彼を探すも発見には至らなかった。

晶さんが自ら失踪する理由はない。何者かに連れ去られた可能性についても、この日は新型コロナウイルス感染症拡大による緊急事態宣言が出されており、恵山に登ったのは晶さん以外に1人しかおらず、この線も薄い。ならば、やはり彼は遭難し、見つけられない場所に滑落したのだろうか。２０２４年1月現在、晶さんの消息は不明のままである。

佐藤晶さん。失踪当日、恵山の頂きで姉が撮影した1枚

「塾に行く」と家を出たまま行方不明に。翌日、瀬戸内海の島で本人のスマホ発見

倉敷市中3男子・梶谷恭暉さん失踪事件

2022年11月13日、岡山県倉敷市の中学3年生、梶谷恭暉《かじたにみつき》さん（当時14歳）が自宅から出かけたまま行方不明となった。この日は日曜日で、恭暉さんは14時ごろに母親が買い物に出かける際、「これから塾に行く」と言って1人で家に残った。15時ごろ、母親が帰宅したときには姿はなく、その後、17時半ごろに本人からラインで「18時ごろに帰る」と連絡が入る。が、時間になっても帰って来ず、母親が「まだですか？」とメッセージを送るも既読にならない。心配した母親は、付近の公園や商業施設などを探し回ったものの見つからず、14日午前2時過ぎ、倉敷署に失踪届を提出する。

翌14日、倉敷市から西に約88キロ離れた広島県尾道市の瀬戸内海に浮かぶ生口島《いくちじま》の交番に恭暉さんのものと思われるスマートフォンと本2冊が拾得物として届けられた。スマホはバッテリーが半分以上残っていたが、位置情報はオフになっていたという。その後、生口島から交通機関を利用し1時間はかかる同県三原市のJR三原駅や三原港近くの防犯カメラに恭暉さんと似た人物が映っていたことが判明するとともに、母親がJR倉敷駅付近にある商業施設で恭暉さんの自転車を発見した。

こうした情報をつなぎ合わせると、恭暉さんは自転車で倉敷駅に行き、そこから電車に乗って三原駅へ向かった後、三原港に足に運び、フェリーで生口島に到着したものと思われる。母親によれば、生口島には校

外学習で行った経験があるというが、知り合いや土地勘はないという。

恭暉さんは身長約170センチ、体重約65キロ、黒色の短髪に黒縁メガネで、中学では3年間、バスケットボール部に所属していたという。失踪当時は、黒い無地の長袖の上着に白または灰色の長ズボン、カーキ色のサンダルという軽装。ポケットにスマホと財布、本を入れ、天候が悪かったため傘を持って出かけていたとみられている。

2024年1月現在、恭暉さんの消息はわかっていないが、不可解なのは、やはり当日の彼の行動である。もし前記のルートが正しければ、なぜ彼は一度しか行ったことのない生口島に向かったのだろうか。行方不明となる数日前から卒業後の進路について悩んでいたという情報はあるものの、中学3年生なら何ら不思議ではなく、それが理由で自ら失踪したとは考えにくい。であれば、彼が母親に最後のラインを送った17時半以降にトラブルに巻き込まれ、誰かに生口島まで呼び出されたのではなかろうか。スマホの位置情報がオフになっていたのも第三者の関与が疑われる。果たして、恭暉さんは今どこに?

梶谷恭暉さん。家族は1日でも早く無事に帰宅することを祈っている

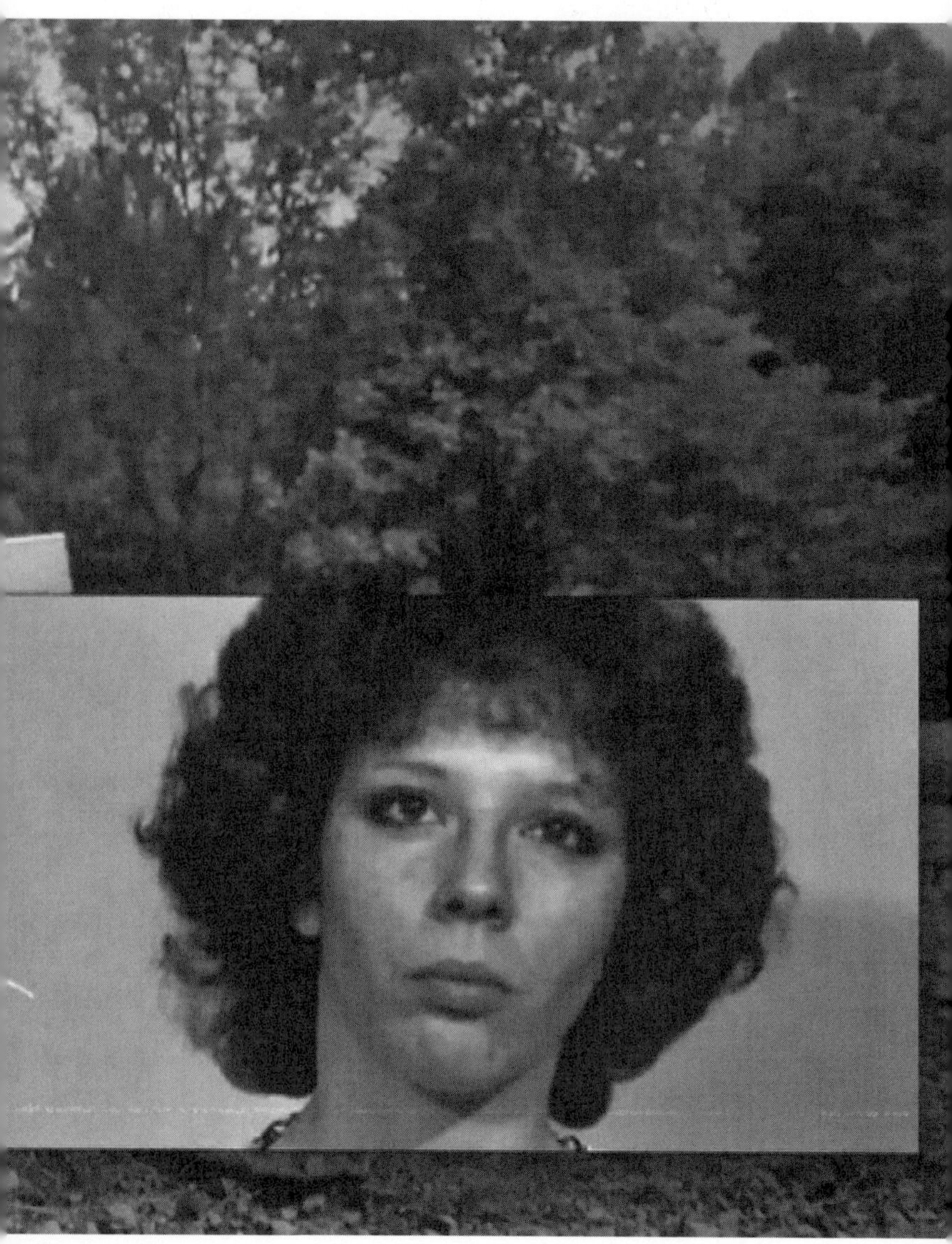

第2章 誰が殺った？

赤毛の女性ばかりを殺害し、遺体を幹線道路沿いに捨てた正体不明の殺人鬼
レッドヘッド・マーダーズ事件

１９７８年10月から１９９２年にかけてアメリカのテネシー州、アーカンソー州、ケンタッキー州、ミシシッピ州、ペンシルバニア州、ウェストバージニア州で赤毛（レッドヘッド）の女性ばかりが殺害される事件が起きた。遺体の多くは幹線道路沿いに遺棄されており、被害者はヒッチハイクをしたか、売春を行っていた可能性が高いとみられているが、犠牲者の数は6人～11人と曖昧で、事件が同一犯によるものか複数犯なのかもわかっていない。２０２４年１月現在、身元が判明しているのは次の5人である。

❖リザ・ニコルズ（遺体発見当時28歳）…１９８４年9月16日、アーカンソー州ウェストメンフィスの近くの州間高速道路40号線沿いで絞殺体として見つかり、指紋により１９８５年6月に身元特定。一時期、フロリダ州に住む夫婦のもとに滞在していたことがわかっており、幹線道路沿いのトラックサービスエリアから出発した後に殺害された可能性があることから、ヒッチハイクを試みた際に殺害されたものとみられている。

❖ティーナ・ファーマー（同21歳）…１９８５年1月1日、テネシー州キャンベル郡ジェリコの州間高速道路75号線沿いの草むらで発見。死後約72時間経過しており、死因は絞殺だった。遺体は毛布にくるまっており、後に毛布に精液が付着していることが判明。また、死亡時、妊娠10週間から12週間だった。指紋から身元が特定されたのは２０１８年9月。１９８４年に失踪する前に娘が１人おり、家族から失踪届が出ていた。

身元が判明した被害者。上段左からリザ・ニコルズ、ティーナ・ファーマー、ミシェル・インマン。下段左からエスパイ・ピルグリム、トレイシー・ウォーカー

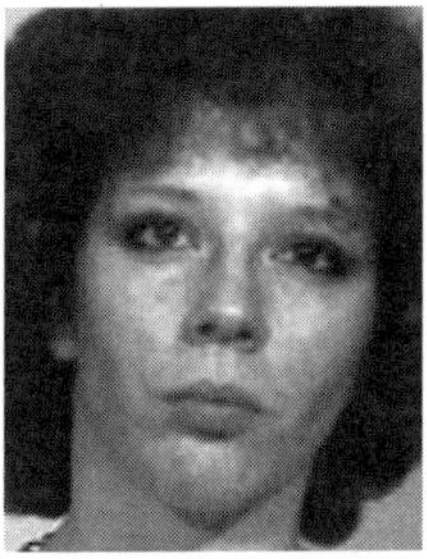
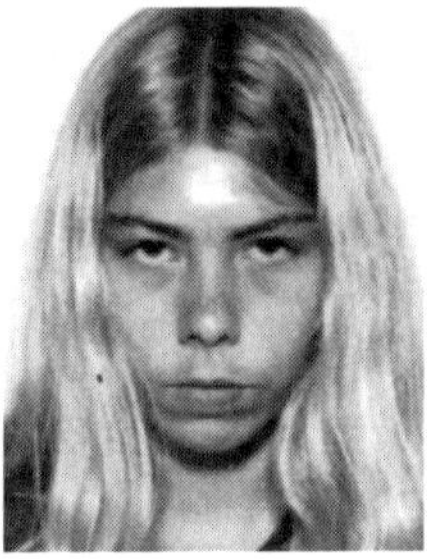

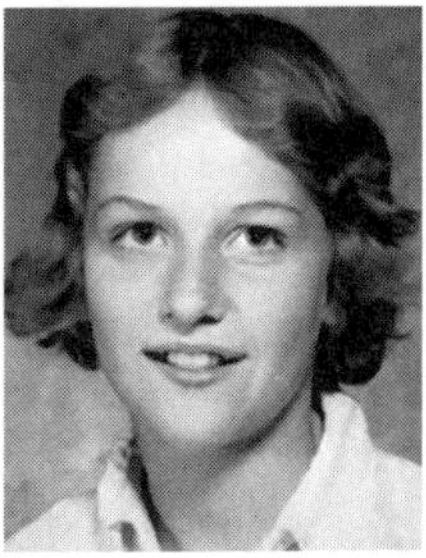

❖ミシェル・インマン（同23歳）…１９８５年３月31日、テネシー州チーザム郡プレザントビューの州間高速道路24号沿いで発見。死後３ヶ月から５ヶ月が経過していたが、死因はわかっていない。被害者の大半が全裸だったのに対し、発見時、衣服を身につけていた。２０２３年７月、テネシー州身分証明書局の法医学的な遺伝系図調査により、身元はテネシー州ナッシュビルに住んでいたミシェルと判明した。

❖エスパイ・ピルグリム（同28歳）…１９８５年４月１日、ケンタッキー州ノックス郡グレイの州間高速道路25号線沿いに遺棄された、大きな冷蔵庫の中から遺体発見。死後数日が経過しており、死因は窒息死だった。２０１８年10月に身元判明。ノースカロライナ州西部に住んでおり、５人目の子供を産んだ６週間後に失踪したことがわかっている。

❖トレイシー・ウォーカー（同15歳）…１９８５年４月３日、テネシー州キャンベル郡ジェリコの南西約６キロの地点で発見。死後１年〜４年が経過していた。死因は不明。２０２２年８月、民間の遺体鑑

定機関とテネシー州の捜査当局の情報分析官の連携により、1978年にインディアナ州ラファイエットでトレイシーに酷似した失踪届が親族から提出されていたことが判明、身元判明に至った。彼女はショッピングモールで友人と買い物をしている姿を目撃されたのを最後に行方不明になっていた。

被害者が全米にまたがっていることから捜査はFBI（連邦捜査局）に委ねられたが、殺害手段や遺体発見場所が異なっていたり、殺害前に性交の有無など特徴に違いがあるため、事件は現在も解決に至っていない。が、容疑者とみなされた人物もいる。1人は1985年ごろ、テネシー州クリーブランドでトラック運転手をしていた当時37歳のジェリー・レオン・ジョーンズ。彼は赤髪の女性を襲い、相手を絞殺したものと思い込み被害者を幹線道路の近くに置き去りにしていた。後にレッドヘッド・マーダーズの犯人の候

1985年、身元がわからない赤毛の女性の遺体が発見されたテネシー州の現場を検証する捜査官

補からは除外されたが、1987年に女性の誘拐で有罪となり、2015年に獄中にて67歳で死亡。その1年後、ジョーンズのDNAが、1985年1月に遺体で発見されたティーナ・ファーマー殺害事件の犯人のものと一致することが確認されたが、当局は彼が一連の事件の犯人であるとは明言していない。他にもペンシルバニア州の32歳のトラック運転手がインディアナ州で若い女性を誘拐、強姦し、テネシー州警察にレッドヘッド・マーダーズの犯人ではないかと疑われたものの、後に捜査の対象から外された。

2018年、テネシー州のエリザベストン高校で社会学の授業を受けた生徒たちが、講師の助力を受けつつレッドヘッド・マーダーズについて研究し、犯人を「バイブルベルト・ストラングラー」と命名した。彼らはFBIのプロファイラーからの情報を発展させ、犯人は1936年から1962年生まれ（1985年当時は23歳から49歳）の白人男性で、州間高速道路40号線を頻繁に利用するトラック運転手の仕事をしていた人物で、身長は175センチから188センチ、体重は82キロから122キロと推定した。

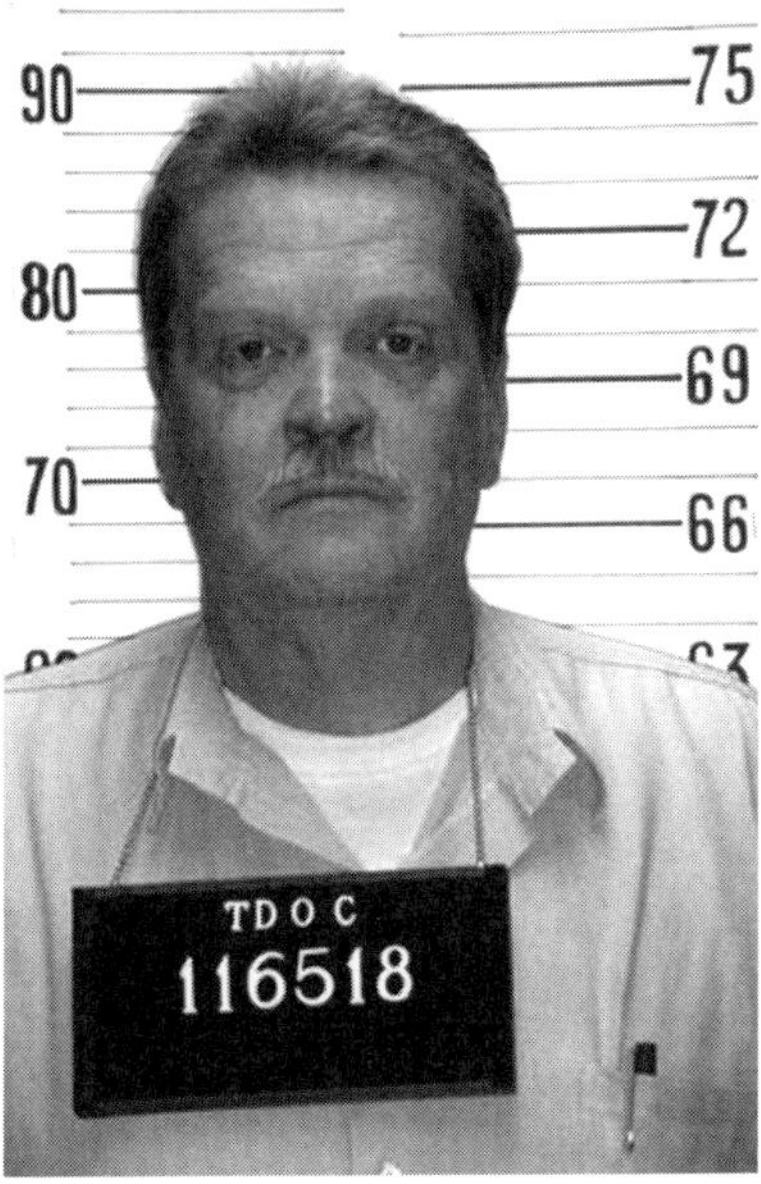

容疑者の1人とみなされたジェリー・レオン・ジョーンズ。死後、被害者の1人ティーナ・ファーマーが殺害された現場に残ったDNAと型が一致することが明らかとなっている

事件から27年後、被害者の隣人女性が犯人は自分の元夫と、その友人と告白
「キャビン28」シャープ一家惨殺事件

1981年4月12日、米カリフォルニア州プラマス郡ケディに住むシーナ・シャープ（当時14歳）が、教会の日曜礼拝に行くための着替えを取りに、前日に泊まった友人の家から朝方7時ごろ自宅に戻り、驚愕の場面に遭遇した。リビングの床に母グレナ（同36歳）、兄ジョニー（同15歳）、ジョニーの友人のダナ・ウィンゲート（同17歳）の3人が血まみれで倒れていたのだ。動転したシーナは急いで友人宅に引き返し、警察への通報を依頼する。

グレナはもともとコネチカット州に住んでいたが、暴力的な夫から逃れるため、1979年7月に5人の子供を連れて家を出た。その後、実弟が住む北カリフォルニアで1年4ヶ月を暮らし、1980年11月、3つのベッドルームを完備するケディの山小屋「キャビン28」を借りる。当時のケディはリゾート地としての顔を持つ一方、殺人犯や性犯罪者が隠れ住んでいるとの噂が絶えない場所だった。しかし、雄大な自然のもと、グレナは伸び伸びと、長男ジョニー、長女シーナ、次女ティナ（同12歳）、次男リック（同10歳）、三男グレッグ（同5歳）と田舎暮らしを満喫する。が、穏やかな暮らしはわずか半年で終わりを遂げる。

通報を受けた警察はすぐに現場に赴き、3人の死亡を確認するとともに、屋内から血のついたナイフ2本とハンマー1本を押収する。遺体は惨状の極みだった。ソファの近くで上半身裸で横たわり、医療用テー

犠牲者の4人。左上から時計回りに、母グレナ、長男ジョニー、ジョニーの友人ダナ、次女ティナ。左はシャープ家が住んでいた山小屋「キャビン28」（2004年に取り壊しとなった）

プと電気コードで体を縛られたうえ、自身の下着で猿ぐつわをされた状態で見つかったグレナは胸と喉を何度も刺されており、喉の傷は喉頭を貫通し背骨まで達していた。一方、ジョニーとダナはハンマーで頭部を何度も殴打されており折れた頭蓋骨がむき出しの状態。現場に荒らされた痕跡や盗まれた金品がなかったことから、よほど深い恨みを持つ者の犯行と推定された。

また、次男リックと三男グレッグ、前日からシャープ家に泊まっていた彼らの友達のジャスティン・スマート（同12歳）は寝室で無事だったものの、次女ティナの姿だけがどこにもなかった。警察は彼女が拉致された可能性もあるとみて、その行方を追うとともに、殺人事件として捜査を開始する。

ほどなく、ジャスティンから重要な目撃証言が得られる。夜中に物音がして寝ぼけ眼でリビングルームを覗いたところ、グレナが2人の男と口論しており、そこに入ってきたティナが男の１人に屋外に連れ去られたのだという。男の１人は長髪、もう１人は短髪で、両者とも身長１８０センチ前後、20代後半から30代前半で金のフレームのメガネをかけていたそうだ。

犯人逮捕は時間の問題と思われた。が、ジャスティンの目撃情報から似顔絵を作成し広範囲に配布しても芳しい反応はなく、グレナやシャープ家に恨みを持つ者を探すも該当者はいない。そのうち警察内部でも、犯行は怨恨ではなく、被害者らと何ら接点がない行きずりの変質者によるものとの見方が広がっていく。

事件の迷宮入りが囁かれ始めた1984年4月22日、ケディから100マイル（約160キロ）離れたカリフォルニア州ビュート郡のキャンプ場で、人間の頭蓋骨の一部が発見された。鑑定の結果、骨は行方がわからなくなっていたティナのものと判明。さらに骨が発見される直前、警察に「(今度発見される)骨はティナのものだよ」と匿名の電話がかかってきたことがわかった。これにより、改めて多くの不審者が捜査対象になったが、真犯人にたどりつくことはできなかった。

それから24年が経過した2008年、未解決の殺人事件を扱うテレビのドキュメンタリー番組の中で、目撃証言を行ったジャスティンの母親で、シャープ家の2つ隣に住んでいたマリリン・スマートが驚きの証言を行う。4人を殺害したのは、元夫のマーティン・スマートと、当時家に下宿していたマーティンの友人で刑務所を出たばかりのジョン・ブーベードだというのだ。

彼女によれば、グレナとマーティンは一時期不倫関係にあったのだが、マーティンが暴力で支配する男だ

3人の遺体が見つかったシャープ家のリビング

ったことから、グレナはマリリンにマーティンとの離婚を強く勧めていたという（実際、２人はほどなく離婚）。4月11日、マリリンはマーティンとジョンの３人で街で酒を飲み23時頃に1人で帰宅。マーティンとジョンは4月12日の午前2時ごろに戻ってきて、薪ストーブで何かを燃やしていたという。さらに、その後、離婚したマーティンから手紙が届き、そこに4人の命を奪ったことを示唆する内容が記されていたらしい。こうした事実は当時、警察に報告しており、警察もマーティンとジョンを重要容疑者として取り調べたものの、マーティンは手紙は自分が出したものではないと否定、ポリグラフ検査でも2人ともシロだったため、捜査線から外されたそうだ。

マーティンとジョンが事件に関与していた可能性は決して低くないが、確たる証拠が得られないまま、ジョンは１９８８年、マーティンは２０００年に死亡。事件は現在も未解決である。

目撃証言により作成された犯人の似顔絵

嫌疑がかけられたマーティン・スマート（左）とジョン・ブーベード。ジョンはシカゴのマフィアとも関係のあった前科者だった

米ベアブルック州立公園殺人事件

容疑者は判明しているものの、すでに獄中死

1985年11月10日、米ニューハンプシャー州のベアブルック州立公園に隣接する森で狩りをしていた男性が、55ガロン（約210リットル）の大型ドラム缶を見つけ中を確認したところ、プラスチックに包まれた大人の女性と女児の白骨体を発見した。司法解剖の結果、2人とも1977年～1981年に撲殺・遺棄されたことが判明。女性は遺体の特徴からネイティブ・アメリカンの血が入った可能性のある白人と断定され、死亡時の年齢は23～33歳。髪は茶髪で、身長は157～170センチ。生前に大幅な歯科治療を受けていて3回の抜歯や複数の詰め物などが確認された。女児もネイティブ・アメリカンの血を引いていたとみられ、年齢は5～11歳。身長130～137センチ、生前に肺炎を患っていることがわかった。

警察は殺人事件として捜査を開始したが、犯人逮捕どころか被害者の身元も特定できず、いたずらに時間だけが経過していく。それから15年後の2000年5月9日、最初の現場にほど近い場所から女児2人の腐乱死体が見つかった。1985年発見の遺体と同じく2人ともネイティブ・アメリカンの血を引いており、1人は1～3歳、もう1人は2～4歳。殺害手口はやはり撲殺で、最初の2体と同時期に殺されたものと思われたが、遺体の投棄場所に少し距離があったため、1985年時点では発見できなかったようだ。

2014年、警察はDNA型鑑定の結果、4人のうち死亡時2～3歳と推定された女児を除く3人に血縁

被害者4人の似顔絵。左からマリー・エリザベス・ヴォーン（ハニーチャーチの長女）、身元不明の女児、マリリース・エリザベス・ハニーチャーチ、サラ・リン・マクウォーターズ（ハニーチャーチの次女）

関係があり、大人の女性と女児2人は母子である可能性が高いことを発表した。同時に被害者4人が少なくとも殺される2週間から3ヶ月前の間、一緒にアメリカ北東部にて生活し、遺体発見直前はベアブルック州立公園内で暮らしていたことを公表。ただ、依然として被害者の身元は特定されなかった。

事態が動くのは2017年1月。捜査当局は、2002年にカリフォルニアで妻を殺害し遺体をバラバラにした罪で服役し2010年12月に獄中死したボブ・エヴァンス（当時67歳）と、他の被害者と血縁関係のなかった2番目の女児が父子であることをDNA型鑑定により突き止める。その後の調査により、エヴァンスの本名はテリー・ペーダー・ラスムッセンで、最初の妻との間に4人の子供をもうけたものの、家族への虐待により1975年に逮捕。1981年に別の女性と交際を始め、後に彼女と生後6ヶ月の娘を連れ失踪していたことがわかった。女性はラスムッセンに殺害されたものと推察されるが、現在に至るまで遺体は発見されていない。2番目の妻と知り合うのは1999年。2001年に入籍を果たしたものの、原因は不明ながら彼女の頭部を殴打し殺害、遺体を解体した罪で懲役15年から無期懲役の判決を受けていた。

2019年6月6日、ニューハンプシャー州の捜査当局は本事件に関する記者会見で、ラスムッセンの娘以外の3人の身元が判明したことを発表した。全員がロサンゼルス近郊のラプエンテに住んでいたマリリース・エリザベス・ハニーチャーチ（1954年生）、マリー・エリザベス・ヴォーン（1971年生。ハニーチャーチの最初の夫との娘）、サラ・リン・マクウォーターズ（1977年生。同、再婚相手の娘）で、1978年の感謝祭（11月の第一木曜日）にハニーチャーチが母親と喧嘩別れしたのを最後に3人とも姿を消していた。なおハニーチ

1985年、2人の遺体が見つかったベアブルック州立公園敷地内のドラム缶

ャーチは当時ラスムッセンと交際していたとされ、失踪時はラスムッセンも行動を共にしていたとみられている。

以上のような状況から、ラスムッセンがベアブルック州立公園で見つかった4人を殺害、死体を遺棄した可能性は極めて高い。が、彼が生きていた時期に疑惑の目が向けられることはなく、死後も確たる証拠が得られていないこともまた事実である。

真犯人と目されるテリー・ペーダー・ラスムッセン。写真は2002年の逮捕時

2019年11月、ニューハンプシャー州アレンズタウンのハニーチャーチとヴォーンの葬儀が執り行われ、身元が判明している3人の名前を記した新しい墓石が設置された。葬儀にはハニーチャーチの家族とラスムッセンの前妻の娘が参列。一方、マクウォーターズは父方の家族が住むコネティカット州にて埋葬された。なお、4体目の遺体はラスムッセンの娘であることが判明しているものの、その身元は2024年1月現在も不明。彼女の実の母親が誰なのかもわかっていない。

顔見知りによる犯行が疑われたが、警察の捜査ミスも手伝い時効成立

金沢市女性スイミングコーチ絞殺事件

1992年10月1日午前0時50分ごろ、石川県金沢市三十苅町《さんじゅうがりまち》の「金沢スイミングクラブ」の駐車場に停められた車の助手席から、同クラブのコーチをしていた安實千穂《あんじっちほ》さん（当時20歳）の絞殺体が発見された。千穂さん所有の車は駐車スペースを区切る白い線を跨ぐ形で停められており、車のエンジンは切れていたがキーは差し込まれたまま。千穂さんが着ていたデニムのオーバーオールが泥だらけの状態だったことから、殺害前に野外で引きずり回された可能性がうかがえた。また、オーバーオールと下着は刃物で切り裂かれていたものの、乱暴された痕跡はなかった。

千穂さんは事件前日の9月30日、普段どおり職場で勤務し、18時45分に退社。だが、19時20分ごろ、彼女の運転する車が自宅とは逆方向に走っていくのを同僚が見ている。その後、22時になっても千穂さんが帰ってこないのを心配した家族が探し、駐車場で千穂さんの遺体を発見するに至った。死亡推定時刻は同日20時ごろとみられ、千穂さんの車は隣の駐車枠を使用していたスイミングスクールの同僚が21時ごろに帰宅する際、すでに停まっていたのを目撃しているそうだ。

警察の捜査により、死因は細いひもで首を絞められたことによる窒息死と判明。ひもの跡はあごにもあり、皮下出血を起こしていた。このことから犯人は最初、ひもがあごに引っかかって失敗し、首を絞め直したも

遺体発見現場となったスイミングスクールの駐車場。
捜査員らの隣に停まっているのが、
千穂さん所有の三菱ミラージュ・ファビオ黒色

殺害された安實千穂さん

のと思われた。さらに、千穂さんの髪の毛に〝生きた化石〟とも呼ばれるメタセコイアの葉が絡まっていたことが判明している。メタセコイアは、国内では自生せず、金沢市周辺では教育関連の施設でしか見られない。そこで、警察は遺体発見場所から約7キロ離れた白山《はくさん》市矢頃《しゃごろ》島町《じまち》の県農業総合研究センターを捜索。同センターの敷地内で千穂さんの履いていた片方の靴と彼女の頭髪、男性の頭髪、ジュース缶、ナイロンシート、布きれ、ティッシュペーパーなどを発見したことから、犯人は20時ごろにここで彼女を殺害、遺体を助手席に乗せたままスイミングスクールの駐車場まで運転したものと推察された。

事件は早々に解決するものと思われた。が、これまでのべ6万人の捜査員を投入したものの犯人特定には至っていない。

元石川県警の特捜刑事で、定年退職後に事件捜査を振り返った著書『千穂ちゃんごめん！』を出版し、202

2年には事件を描いた映画「とら男」に本人役で出演した西村虎《にしむらとら》男《お》氏（1950年生）によれば、殺害後、千穂さんの車で遺体を駐車場に戻していることなどから、犯人は被害者と面識のある人物の可能性が高く、警察もこれまで6千人以上から事情を聞いたものの、その過程でミスを犯したのだという。西村氏は発生直後に本事件を担当した後、いったん捜査を離れ10年後に復帰したのだが、改めて捜査し、犯人が遺体を殺害現場から駐車場に移動させたのは、自身の住まいもその付近にあるなど自分が戻る必要があったことに加え、千穂さんの車を同僚に発見してほしかったからではないか。つまり、犯人は千穂さんの同僚がいつも21時ごろに車で帰宅するこ

顔見知りによる犯行の可能性を報じる中日新聞の紙面

犯人は親しい人物か
水泳コーチ殺し
自宅近くの果樹園 松任 に誘う
履物など発見
土や雑草も車付着と一致
土曜の果樹園 重苦しく捜索
拘置所から殺人自白
「長崎でも女子中学生を」

とを知っている人物で、わざと不自然な形で車を停めることで早く遺体を発見させ、その時間は自分は別の場所にいたとアリバイを作りたかったのではないかと推理する（同僚は千穂さんの車の中を確認していない）。

　さらに西村氏は、犯行は千穂さんのオーバーオールの肩吊りひもが使われたものと推定。それが証拠に、解剖鑑定書には、被害者の首にオーバーオールの金具の幅と寸分違わぬ4センチの痕跡が残されていたと記載されていたにもかかわらず、当時の鑑識課員が作成した実況見分調書には0・5センチ短い3・5センチと誤った情報が書かれていたらしい。また、オーバーオールが切り裂かれていたのは、変質者による犯行に見せかけるための偽装工作だという。

　実は、千穂さんの顔見知りで捜査線上に浮かんだ1人の男がいるそうだ。が、警察は、千穂さんの車を21時には停車させ、その時間には別の場所にいた男の稚拙なアリバイ工作を見抜けず、早い段階で容疑者から外したのだという。西村氏は改めてその男の再捜査を進めたが、犯人と特定するまでの証拠は得られず、２００７年9月30日、公訴時効が成立した。

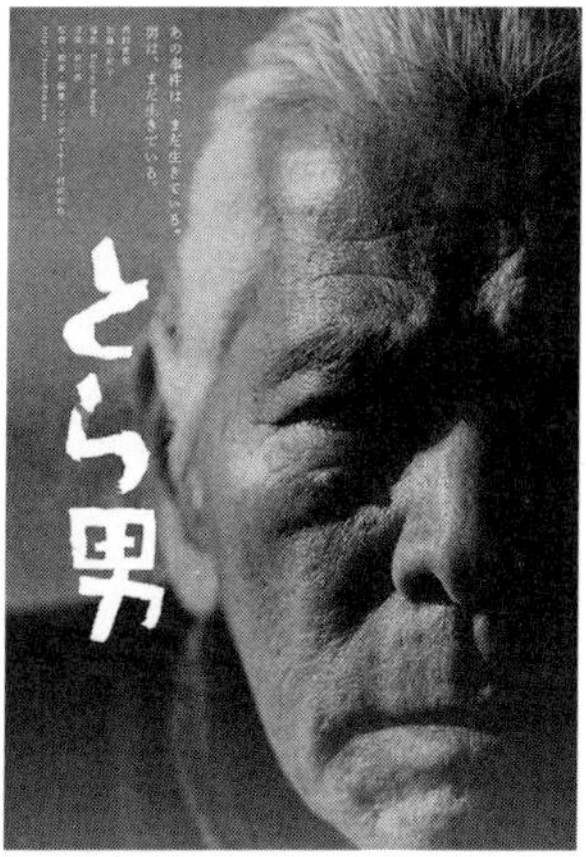

本事件を担当した元石川県警の特捜刑事、西村虎男氏。写真は同氏が本人役で出演、事件を振り返った映画「とら男」（2022年公開、村山和也監督作）

岡谷市看護助手・井内和子さん殺害事件

金品類は手つかずで争ったような形跡もなし。顔見知りの犯行の可能性大

1995年2月10日午前9時50分ごろ、長野県岡谷市《おかやし》に住む看護助手の井内和子《いうちかずこ》さん（当時51歳）が、勤務先の病院に出勤してこないのを不審に思った同僚らが自宅を訪ね、1階奥の8畳間押し入れ下段の荷物の上で仰向けに死んでいるのを発見した。死因は首を絞められたことによる窒息死だった。

井内さんは20代半ばに結婚し、娘を授かったものの、その後離婚。子供とともに両親の住む実家に戻り、岡谷市内の病院に看護助手として働き、事件の半年前に娘が結婚して以降は1人で暮らしていた。遺体発見前日の2月9日午後12時半ごろ、彼女は知人の葬儀に参列するため本人所有の車で病院を早退した。金融機関に立ち寄った後、いったん帰宅。近隣住民らの目撃証言によれば、13時50分には彼女の車が自宅そばの路地に停められていたものの、13時20分の時点では駐車されていなかったとの別の証言もあることから、その時間以降に自宅に戻ったものと推定された。葬儀会場までは車で5分ほど。14時30分から始まる葬儀のため、喪服に着替え外出の準備をする予定だったのだろう。しかし、井内さんが会場に現れることはなく、翌朝、変わり果てた姿で発見されることになる。このとき喪服は2階のタンスの中に吊るされたままで、キッチンのテーブルにはハンドバッグと香典袋が置かれていたそうだ。

現場からは凶器と思われるものは発見されなかったが、電気こたつのコードがなくなっていたことがわかっ

ている。寒さの厳しい冬の長野県で、電気こたつは必需品。そのコードだけがないのは不自然で、犯人がこれで彼女の首を締め殺害、コードを持ち去ったものと推定された。一方で自宅に保管されていた現金や通帳などは手つかずのまま残っており、部屋が荒らされたり、着衣の乱れ、外部から侵入したような跡や室内に指紋を拭き取った形跡もなかった。こうした状況から、警察では、何者かが強盗目的で井内さん宅に侵入したところに井内さんと鉢合わせになったことで殺害し何も盗らずに逃走したか、顔見知りの犯行と推測したものの、井内さんの交友関係がはっきりとせず、当初から捜査は行き詰まる。犯行時刻の絞り込みも困難だった。死亡推定時刻は死後硬直から割り出されるが、通常の室温で硬直が最高に達するのは死後15時間〜20時間、硬直が解け始めるのは冬で48時間〜72時間といわれる。しかし、真冬の長野で、井内さんは暖房もない押入れに入れられており、そこは冷蔵庫にも似た状態。通常の死亡推定時刻割り出しが通用しない環境だった。実際、警察の発表は9日の13時半〜夜までの犯行と時間に幅を持たせたものだった。

警察は捜査員延べ約2万人を投入、近親者や職場関係者、近隣住民約2千人に聞き込みをするも、有力な手がかりを得ることはできず、2010年2月9日に殺人罪の公訴時効成立。事件は迷宮入りした。

自宅押入れで絞殺体で発見された
井内和子さん

犯人はなぜ被害者の頭部を切断し、現場から持ち去ったのか？

倉敷市老夫婦殺人放火事件

1995年4月28日、岡山県倉敷市児島《こじま》にある民家が火災により全焼。焼け跡から、この家に住む角南《すなみ》春彦《はるひこ》さん（当時70歳）と妻の翠《みどり》さん（同66歳）の遺体が見つかった。現場に駆けつけた児島署の捜査員は最初、夫婦が火災により焼死したものと思ったが、遺体を確認し愕然とする。なんと、2人とも首から上を切断されていたのだ。警察は現場に灯油がまかれた痕跡があったことから、何者かが夫婦を殺害し頭部を切断、逃走の際に家に火をつけ頭部を持ち去った殺人放火事件と断定、捜査を開始する。

角南さん夫婦の遺体には無数の刺し傷が残されており、春彦さんに至っては、凶器に使われた包丁と登山に使うピッケルが腹部に刺さったままになっていた。司法解剖の結果、春彦さんの死因は心臓損傷、翠さんは腹部を刺されたことによる失血死であることが判明。死亡推定時刻は4月27日の17時〜21時ごろとされた。執拗に凶器で痛めつけたうえ、切断した頭部を持ち去るという残忍な犯行に、警察は被害者夫婦が犯人から強い恨みを買っていたのではないかと推測。聞き込み捜査の結果、春彦さんが所有する付近の山林や金銭を巡りトラブルを抱えていた事実を突き止める。住民の噂では、被害者宅の近くに住む暴力団関係者と土地の境界線を巡って争っていたという。が、警察がトラブルになっていた人物全員から事情を聞いても、犯人逮捕につながるような情報は得られなかった。

放火され全焼した角南さん夫婦の自宅

その後も、警察は懸命な捜査を続けたが、事件に動きはみられなかった。当時の法制度では、殺人事件は発生から15年経過した時点で公訴時効を迎えることになっており、本事件も２０１０年４月28日にて捜査が打ち切られる予定だった。しかし、刑事訴訟法の改正によって前日の4月27日に殺人罪の公訴時効が撤廃。捜査は継続される。が、年々寄せられる情報は少なくなり、２０１９年はわずか4件。管轄の児島署は現在も犯人逮捕に全力を注いでいる。

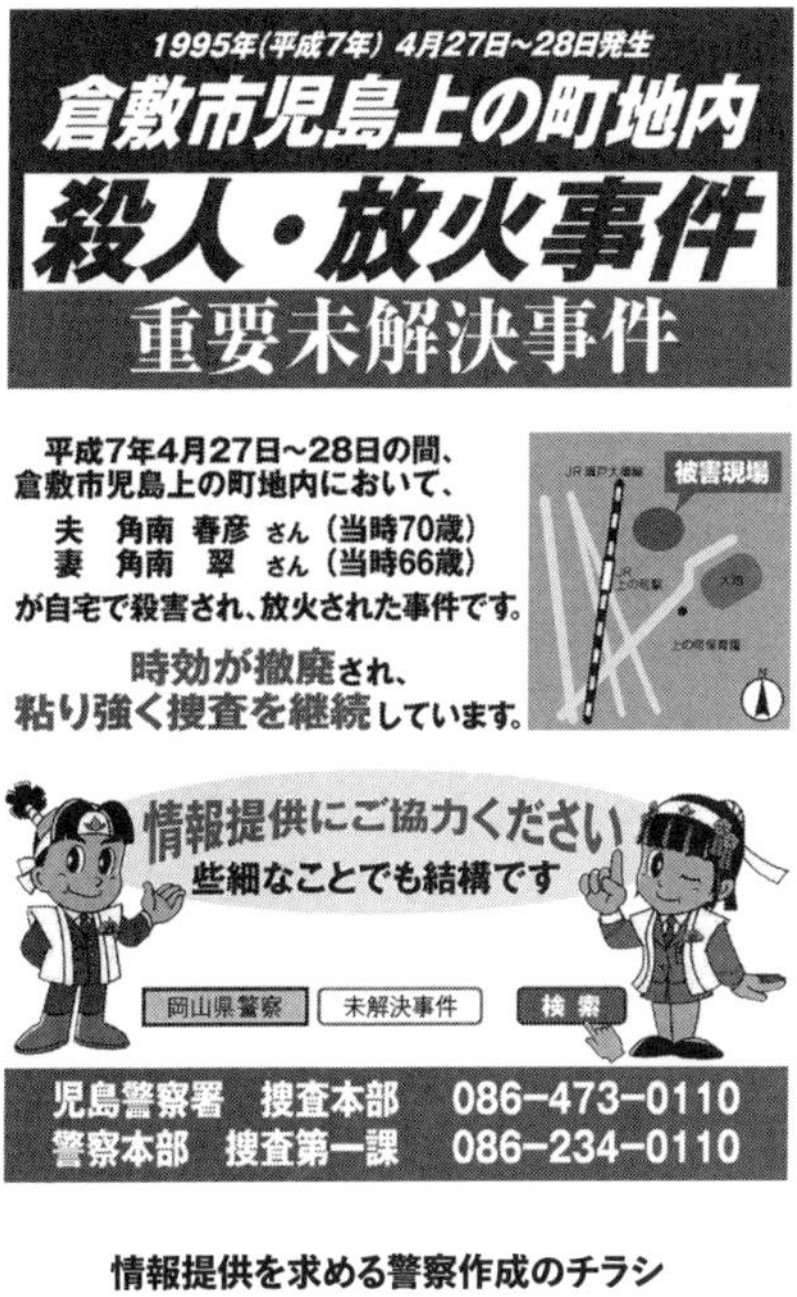
1995年(平成7年) 4月27日~28日発生
倉敷市児島上の町地内
殺人・放火事件
重要未解決事件
平成7年4月27日~28日の間、
倉敷市児島上の町地内において、
夫　角南　春彦 さん（当時70歳）
妻　角南　翠 さん（当時66歳）
が自宅で殺害され、放火された事件です。
時効が撤廃され、
粘り強く捜査を継続しています。
被害現場
情報提供にご協力ください
些細なことでも結構です
岡山県警察
未解決事件
検索
児島警察署　捜査本部　086-473-0110
警察本部　捜査第一課　086-234-0110

情報提供を求める警察作成のチラシ

さいたま市父娘放火殺人事件

「すいません」と言い残し現場から立ち去った白い帽子の男

2001年5月24日20時5分ごろ、現在のさいたま市桜区栄和《さかわ》5丁目で接骨院を経営していた岡部伝二郎《おかべでんじろう》さん（当時64歳）の自宅2階から出火、鉄骨3階建て店舗兼住宅のうち2、3階部分など100平方メートルを焼き、2階の焼け跡から岡部さんと長女で中学3年生の沙和佳《さわか》さん（同14歳）の遺体が見つかった。2人の死因は首や背中を切られたことによる失血死で、警察は殺人放火事件として捜査を開始する。現場検証により2人ともに同じ薄刃の包丁で切られ、岡部さんは首に数ヶ所、沙和佳さんは背中右側を1ヶ所刺され包丁の折れた刃先が残っていたほか、彼女の頭部に犯人が故意に刺した細い金属棒が残されていたことが判明。また父娘とも煙を吸っていないことから、殺害された後に放火されたものとみられた。

岡部さんは妻（同57歳）と沙和佳さんの3人暮らしで、24日は18時30分ごろに2階の居間で3人そろって夕食をとった後、妻が19時ごろに自身が経営する美容院から呼ばれて玄関の鍵をかけずに外出。19時半ごろ、1階にある沖縄料理店の店長や従業員が2階で争うような物音を耳にする。19時50分ごろ、中間テストを間近に控えた沙和佳さんに勉強を教えるため、女子大生の家庭教師が岡部さん宅を訪問。チャイムを鳴らしたが反応がなく、不審感を抱いた感じた家庭教師は岡部さんの妻が経営する美容院に向かった。20時ごろ、沖縄料理店の裏手でドスンという音が聞こえ店長が見に行ったところ、2階から1階の物置の上に飛び降りたとみられる白い帽子の男が立っており「すいません」と言って立ち去り、その直後に火災が起きた。この男は身長約175センチ程度でがっちり型の20代、長髪で前につばのある白い帽子をかぶり、白のトレーナーに紺色のジャンパーのような上着、薄い色のズボンを着用。火災発生前、岡部さん宅の裏にある通路で携帯電話を耳に当て辺りをうかがう姿も目撃されていた。

その後の調べで、事件前日の23日に沙和佳さんが、いつもと違うルートで下校していたことがわかった。彼女はさいたま市内の中学校から帰宅する際、通常JR北浦和駅から埼玉大学行きの路線バスを利用していたのだが、この日はJR大宮駅から埼京線に乗り、南与野駅で18時2分に下車。その後、徒歩で帰宅した。こうした状況から、警察は沙和佳さんがストーカーなどにつけられていた可能性も考えたそうだ。また、現場で目撃された不審な男が飛び降りたと思しき沖縄料理店の物置は、事件の前の年の夏に手狭になった店内を補うために設置したものだったことが判明。この物置がなければ侵入は難しく、男はあらかじめ物置の存在を知っていたものと考えられた。警察は男が事件に関与した可能性が高いとみて行方を追ったが、2024年1月現在も消息は不明、事件は未解決のまま宙吊りになっている。

犯人の疑いが強い「白い帽子の男」の外見図

事件5日後に「秘密基地」と呼ばれていた雑木林から現金が盗られた財布発見
神戸市須磨区・寺田和子さん殺害事件

2003年2月21日22時50分ごろ、兵庫県神戸市須磨区横尾6丁目の団地内の路上で主婦の寺田和子《てらだかずこ》さん（当時44歳）が何者かに刃物で左脚を刺され、失血死した。寺田さんは大学生のころ交際していた男性と結婚、長男と次男を授かった。家族仲は良く、皆で海水浴や六甲山へのドライブを楽しんでいたそうだ。子供たちが成長すると、学費を稼ぐために2001年からNTTの番号案内をするパートに従事。職場までは電車通勤で、事件当日も仕事を終え、最寄りの市営地下鉄妙法寺《みょうほうじ》駅で下車、徒歩で帰宅中だった。22時48分ごろ、付近の防犯カメラが捉えた映像では、右手で携帯電話を操作しており、左手にはバッグを持っていた。事件はこの直後に発生し、23時ごろ、現場を通りかかった通行人が血まみれになって仰向けで倒れている寺田さんを発見、すぐに119番通報し救急車で病院に搬送されたが、手当の甲斐なく息を引き取った。

一方、殺人事件として須磨警察署に捜査本部を置いた兵庫県警は、寺田さんに目立った防御創がなかったことから、深夜には人けがなくなる現場でいきなり襲われたものと推定。幅2センチ、深さ8センチの刺し傷から想定すると、凶器はバタフライナイフの可能性が高いと思われた。また、彼女が手にしていた携帯電話は真っ二つに折られ、バッグが消えていた。

殺された寺田和子さん。被害に遭うまで、
夫、高校1年&小学5年の息子2人と幸せに暮らしていた

5日後の2月26日、現場から北東に約３００メートル離れた「十一面山《じゅういちめんやま》」と呼ばれる雑木林で、寺田さんのバッグや財布が捨てられているのが見つかった。財布に現金は残っておらず、このとき彼女は約7万円を所持していたそうだ。十一面山は地元で「秘密基地」と呼ばれ、不良少年たちの溜まり場として知られていた。犯人は寺田さんを襲った後、すぐに盗んだバッグの中身を確認するため、ここを訪れたものとの思われ、普段から十一面山に出入りしているか、子供のころに遊びに来たことのある地元の人間との可能性が強まった。

捜査本部は団地内など約3千世帯に聞き込み、当時現場周辺にいた通行人ら数十人からも事情を聴いた。結果、事件発生の10分ほど前に、現場近くの公園の植え込みで不審な2人組を目撃したという情

殺害現場となった団地敷地内の道路と、寺田さんのバッグや財布が捨てられていた雑木林

報が得られる。1人は背が高くて目つきの鋭い男、もう1人は背の低い男。警察はその2人組が寺田さんを襲ったとするなら、1人が実行役で片方が見張り役だったと推定したそうだが、その後の進展はなかった。また、事件から10ヶ月が過ぎたころから、現場付近で不可解なことを口にする高齢男性が目撃されるようになった。なんでも、その男性は「申し訳ない。うちの孫が」と言い手を合わせていたという。この姿は複数人が見ており、警察も把握していたようだが、結局、そこからも犯人逮捕に至ることはなかった。

事件からすでに21年。警察によると、発生以降、2023年11月までに計183件の情報が寄せられてきたが、直近3年間は年間1件ずつしかないという。須磨署捜査本部は現在も事件解決につながる情報を広く求めている。

未解決として事件を報じるサンテレビのニュース映像（2022年6月12日放送）

情報の提供をお願い致します
この場所で女性が殺害される事件
事件に関する情報をお寄せ下さい
須磨警察署・須磨被害者支
電話 〇七八・

事件現場付近に立つ看板と、情報提供を求めるチラシ
（事件直前、防犯カメラが捉えた寺田さんの姿が掲載されている）

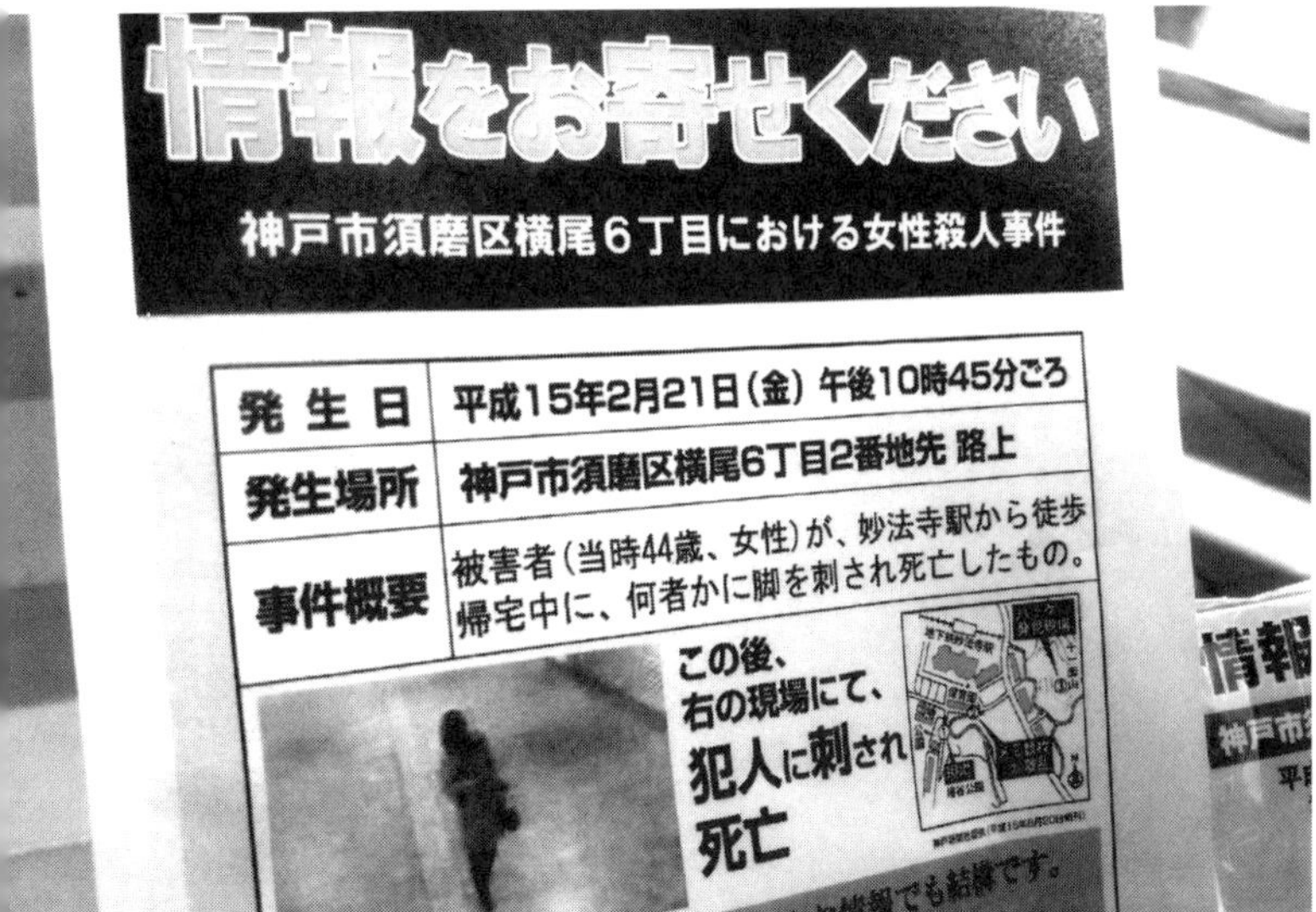
情報をお寄せください
神戸市須磨区横尾6丁目における女性殺人事件
発生日 平成15年2月21日（金）午後10時45分ごろ
発生場所 神戸市須磨区横尾6丁目2番地先 路上
事件概要 被害者（当時44歳、女性）が、妙法寺駅から徒歩帰宅中に、何者かに脚を刺され死亡したもの。
この後、右の現場にて、犯人に刺され死亡
どんな情報でも結構です。

大洲市長浜町女性放火殺人事件

「1階に誰かいる」深夜に娘にかかってきた電話と、現場から逃走した長身の男

2004年4月13日午前1時20分ごろ、愛媛県喜多郡長浜町《きたぐんながはまちょう》（現・大洲市《おおずし》長浜町）の民家から出火、木造2階建て約150平方メートルが全焼し、2階寝室の焼け跡から、この家に1人で住む会社員、鎌田美千子《かまだみちこ》さん（当時52歳）の遺体が見つかった。鎌田さんは事件の少し前から「最近、変な人に付きまとわれ、困っている」と家族に相談しており、火災当日も出火30分前の午前0時50分ごろ、同じ町内に住む長女に「1階に誰かいる」と電話をかけていた。15分ほど話した後、長女が警察に連絡。時を同じくして鎌田さんも110番通報し事情を話したものの、彼女の違和感だけで警察が動くことはなく、会話を10分ほど続けていた最中に突然、通話が途絶えてしまう。電話が切れる寸前、鎌田さんが口にしたのは「煙が上がってきた。怖い。早くパトカーを来させて」という言葉だった。

深夜の母親からの電話で、ただ事ではないと感じた長女が実家に駆けつけたのが午前1時半過ぎ。すでに火は燃え盛っており、2階から「熱い！」という母親の絶叫が聞こえてきたという。すぐに消防車が続々と到着。消火活動に回るも、あまりに火の勢いが強く、消防隊員が家の中に入れず、鎌田さんは帰らぬ人となる。死因は焼死だった。

現場検証により、1階に灯油がまかれた跡があり、玄関に灯油タンクが残されていたことから、何者かが

事件は捜査特別報奨金制度の対象となったが、現在は外されている

灯油をまき火をつけて鎌田さんを殺害したものとして、警察は本件を放火殺人事件と断定。捜査を開始したが、この時点で重要な目撃証言があった。実は長女が家に到着した直後、玄関前から背の高い男が走り去るのを見ていた。男が鎌田さん宅から北東にある沖浦公園方向に走って逃走したことはわかっているが、深夜とあって具体的な特徴までは把握できなかった。警察もこの男が犯人とみて行方を追ったものの、特定や確保には至らなかった。一方、事件当時、近所では侵入盗が多発しており、鎌田さん宅1階にも物色されたような形跡がみられたことから、警察は同一犯ではないかと疑ったが、犯行手口の違いから関連性はなく、本件は鎌田さんを狙って起きた事件と断定。彼女に恨みを買う要因がなかったか徹底した聞き込み調査が行われたが、有力な情報は得られず仕舞いだった。

鎌田さんが生前、付きまとわれていると言っていた「変な人」が、長女が見た男だったのか。鎌田さんと、その男は面識があったのか。事件当日、彼女が1階に人の気配を感じてから出火までに30分ほどの空白がある。この間に、犯人が盗み以外の目的で何かを物色していた形跡のあることが後の捜査でわかっている。もしかしたら、犯人の真の目的は鎌田さんが持っているであろう〝何か〟を入手することだったのではなかろうか。

2024年1月現在、事件は未解決である。

恋人の男性が第一級殺人罪で起訴されたが、下った判決は無罪
インゲ・ロッツ殺害事件

2005年3月16日、南アフリカのステレンボッシュ大学で数理統計学を学ぶインゲ・ロッツ（当時22歳）が自宅アパートで殺害されているのが見つかった。多くの容疑者が浮かぶなか、最も有力視されたのが彼女のボーイフレンドで、ケープタウンの大手保険会社に勤めるフレッド・ヴァンテルバイヤー（同25歳）。彼は殺人罪で起訴され9ヶ月に及ぶ審理にかけられたが、下った判決は無罪だった。

インゲとフレッドが知り合ったのは2004年11月。2人がケープタウンの大学の公開講義に参加したのがきっかけだった。美男美女の彼らは互いに惹かれ合いすぐに交際に発展。最初の数ヶ月は順調だったものの、しだいにフレッドがインゲに支配的となり、関係に暗雲が立ち込めるようになる。

事件当日の2005年3月16日22時過ぎ、フレッドはインゲに電話をかけた。が、応答はなく、メールにも返信がなかった。不安を感じたものの、ケープタウンからインゲの住むステレンボッシュまでは車で40分。そこで、フレッドは取り急ぎ2人の共通の友人である友人男性にインゲの様子を確認してくれるよう依頼する。インゲが住んでいたのは、高い塀と電気鉄線に囲まれ、敷地内に入るには電子ロックの解除が必要なセキュリティ強固なアパート。友人はオートロックのインターホンを鳴らすも返答がなかったため、隣人の部屋に連絡し事情を説明、ロックを解除してもらいインゲの部屋に向かう。鍵はかかっておらず、中に入った

ところ、インゲがソファに座り顔が血まみれの状態で死んでいた。手にはテレビのリモコンを握っており、テーブルにはレンタルされたＤＶＤのケースが。テレビのモニターには再生が終了したＤＶＤのメニュー画面が映し出されていた。

友人は隣人を介して警察に通報。すぐに捜査員が駆けつけ、現場を捜索する。洗面台に犯人が返り血を洗ったと思しき形跡、床に自分の体を拭いたであろう血に染まったタオル、その横には血でできた足跡が見つかった。遺体を確認すると、インゲはハンマーのような鈍器で顔の形が変形するほど執拗に殴打されたことが判明。後の検死で首周りを包丁で複数箇所刺されていたこともわかったことから、警察は犯行動機として怨恨を一番に疑う。

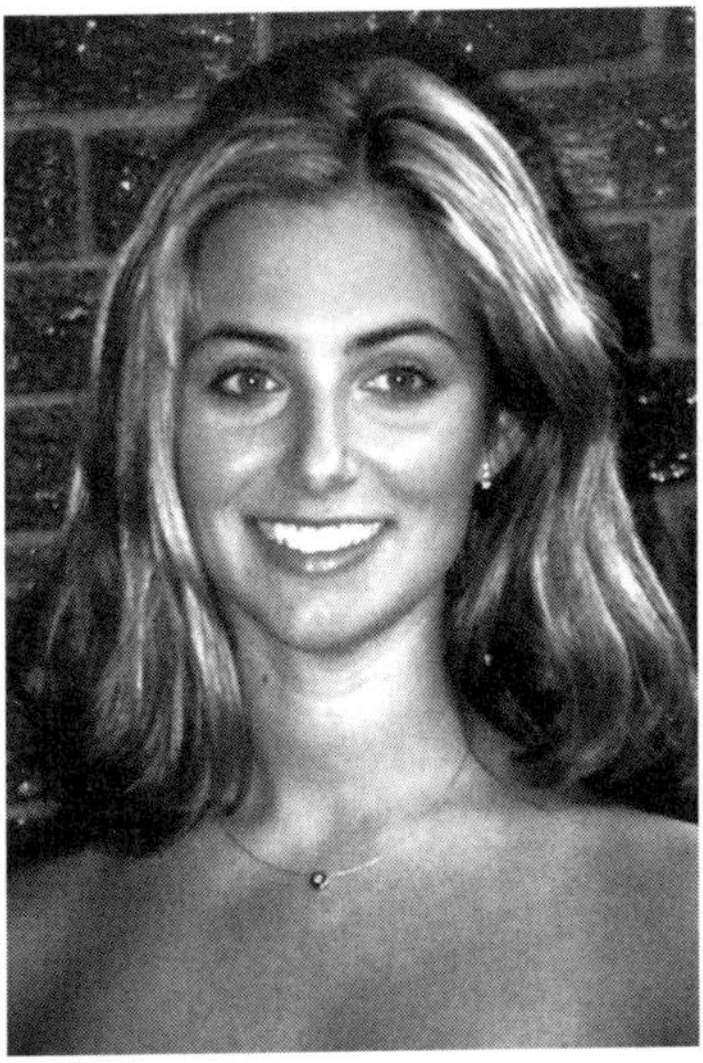
殺害されたインゲ・ロッツ

事件前日の3月15日、インゲは自分の部屋でフレッドと、互いの関係、将来について口論になっていた。翌朝、フレッドは彼女に今の気持ちを手紙に書き留めてほしいと言い残し、車でケープタウンへ。仕事の前に大学の公開講義を受講する。一方、インゲは朝10時までに便箋2枚の手紙を書き終えてから家を出て、受講終わりのフレッドに手渡す。その後、幼馴染の友人女性とランチを共にし、フレッドとの交際を終えるべきか悩んでいる旨、打ち明ける。13時ごろに自宅へ戻り母と電話した後、フレッドに友人と昼食を楽しんだとメールを送信。14時半ごろ外出し、アパートの近くでハンバーガーと飲み物を購入、レンタルショップでDVDを借りる。この際の姿は防犯カメラが捉えており、その後、16時ごろに帰宅し、部屋にいたところを殺害されたものと推定された。

警察は事件現場や遺体の状況から顔見知りの犯行とみて、最初に第一発見者である友人男性に嫌疑を向ける。この男性はインゲとフレッドが交際する前に彼女にアプローチをかけフラれており、動機があった。しかし、彼が事件と関連した証拠は出てこず、ほどなく捜査線から外れる。次に疑われたのが恋人フレッドだ。聞き込みにより、彼が自分の支配的行動でインゲの気持ちが離れていくことを恐れ犯行に及んだことは十分考えられた。しかし、フレッドは当日、仕事をしており何人もの同僚がその姿を目撃、

右／インゲ（左）と恋人のフレッド・ヴァンテルバイヤー。2人とも敬虔なカトリック教徒で婚前交渉はなかったとされる。左／インゲが住んでいたアパート。南アフリカの治安の悪さを考慮し、両親が用意したセキュリティ万全の住まいだった

職場のビルの監視カメラも彼が当日の11時ごろに出社し、18時ごろに帰宅する様子を映していた。

事態が進展するのは殺害から2週間後。当時17歳の少年ウェナー・カルロスが警察に出頭、犯行を自供したのだ。ウェナーは麻薬常習者で、クスリでハイになった状態でインゲの部屋に押し入りにソファで殺害したと供述。当時、彼女がソファで死んでいたことは公にされておらず、この証言は犯人しか知り得ない〝秘密の暴露〟と思われた。しかし、その後の取り調べで彼の話は二転三転し、最終的に「インゲが死んでいるのを発見しただけ」と口にし、インゲが住んでいた部屋の場所さえ把握していなかった。こうした状況から、警察は、ウェナーが事件が大きく報道されたことにより興味本位で自首したものと判断する。

警察の関心はフレッドにあり、ほどなく決定的な証拠を見つけ

上／殺害当日の昼間、レンタルDVD店の監視カメラが捉えたインゲの姿
下／犯行を自供したウェナー・カルロス。供述に矛盾があり、後に釈放された

る。インゲが当日レンタルし観ていたＤＶＤのケースから彼の指紋が採取されたのである。つまり、フレッドがその日、インゲの部屋にいたことは間違いない。さらに警察がフレッドの自宅を捜索すると、現場に残った足跡とサイズが合致するスニーカー、そして車の運転席の下から〝栓抜き用〟のハンマーを発見。また、彼のアリバイを洗い直したところ、午前11時ごろに出社した後、13時過ぎに手紙をくれたインゲに御礼のメールを送信したことは確認できたが、15時30分ごろから2時間ほど彼のパソコンも携帯電話も操作された形跡がないことが判明。この時間、フレッドが職場にいたことを証明できる者もいなかった。警察は、ビルへの出入りは監視カメラのない地下の駐車場からも可能であることを把握。フレッドへの疑いを強める。

対して、自分に嫌疑が向けられていることを知ったフレッドは弁護士のアドバイスをもとに２００５年７月に自ら警察に出頭。嘘発見器によるポリグラフテストを受け、シロの判定を受ける。しかし、警察は様々な状況証拠から彼を第一級殺人の容疑で起訴した。

２００７年1月に始まった裁判で、フレッドの両親は所有する農場を売却、国内最高峰の弁護士を雇い審理に臨んだ。検察側が有罪とする最重要ポイントは、事件当日にインゲが借りたＤＶＤのケースからフレッドの指紋が検出され、彼が現場にいたことは明白であるというものだった。しかし、フレッドの弁護士側証人として出廷した法科学の専門家は、その指紋はＤＶＤケースのような平らな表面ではなく、筒状の物体から採取されたものであると証言。さらに、最初に鑑識作業を行った警察は正確な採取場所などを記録に残しておらず、多くの指紋を採取した後に、どれがどこで採取したものか判別ができなくなった、つまり証拠として提出された指紋には正当性がないと述べる。ちなみに、警察はＤＶＤを調べた後にすぐにケースごと店に返却しており、改めて確認することは不可能だった。

　弁護側は、フレッドの家から見つかったスニーカーを調べた鑑識捜査官を尋問し、「完全に一致するとは言えない」という証言を引き出す。当日フレッドの姿が2時間確認されていないことについては認めたものの、彼の職場からインゲのアパートまでは車で片道40分以上かかり、2時間以内に移動の往復、殺害、血の洗い流し、身なりの整理を終えることは物理的に不可能と主張。夕方以降、フレッドに会った同僚たちも彼に不審な点はなかったと証言していると述べた。警察が凶器に認定したフレッド所有のハンマーは検査の結果、血液反応は出ず、遺体に残った傷跡のサイズとも異なった。フレッドがインゲからもらった手紙を彼女の両親にも見せなかったことも怪しまれたが、フレッドは、そこに彼女の父親の酒癖が悪く悩んでいることが記されていたため気を遣ったと証言。こうして検察側の主張はことごとく否定され、２００７年11月、フレッドに無罪判決が下る。結局、インゲ殺害事件は犯人不明、未解決のまま捜査が終了した。

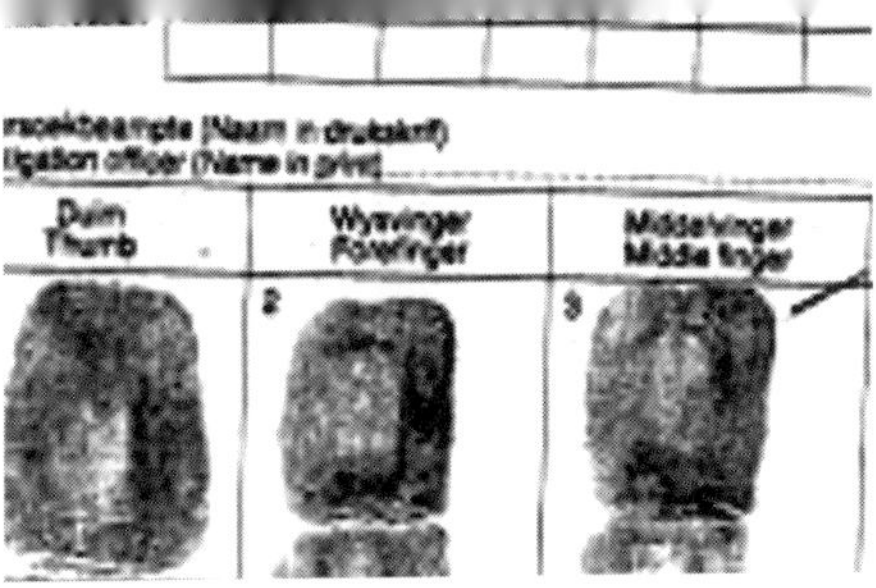

インゲの部屋にあったDVDケースから採取されたフレッドの指紋

無罪を勝ち取りメディアの取材に答えるフレッド（2007年11月）

堺市母娘殺傷事件

重傷を負った次女が犯人を目撃。20〜30歳の頬がこけた男の正体は？

２００６年1月10日14時ごろ、大阪府堺市西区神野町《こうのちょう》の弁理士、沢喜代治《さわきよじ》さん（当時58歳）方のインターホンが鳴り、妻の真喜子《まきこ》さん（同51歳）が応対に出た。このときトイレにいた次女のやす子さん（同22歳）は突然聞こえてきた母親の悲鳴を耳にし慌てて玄関に駆けつける。と、20〜30歳、身長１７０センチ程度、頬《ほほ》のこけた男が真喜子さんに刃物を振りかざしていた。男はやす子さんにも切りつけてきたため、彼女は再びトイレに逃げ込む。やがて物音がしなくなり、やす子さんがトイレから出たところ、玄関先で血だらけになって倒れている母親を発見。14時8分ごろに１１９番通報し、真喜子さんは病院に救急搬送されたものの、1時間後に出血多量で息を引き取る。首や顔などに7〜8ヶ所の刺し傷があり、傷は動脈まで達していた。

警察が現場を調べたところ、家の庭に犯行に使われた刃渡り約17センチの包丁が落ちていた。自分を傷つけないためか、刃と持ち手の間に粘着テープを何重にも巻かれており、やす子さんによれば、犯人はこの包丁を素手で持っていたそうだ。なお、粘着テープからは複数の指紋が採取されたが、指紋データベースに該当するものは見つからなかった。凶器の包丁は中国で大量生産され１００円ショップなどで販売されている代物と酷似《こくじ》していた。また、現場には、なぜか犯人のものと思われる短パンが残されており、細かい傷が複数付いていた。犯人はこの短パンに凶器を包み持参したものと思われる。警察は短パンに付着していたわずかな垢からＤＮＡを採取し犯人の血液型がＡＢ型だと割り出し、さらに被害者２人の体の右側に集中していることから、犯人が左利きである可能性が高いと判断する。

犯人は土足で室内に上がり執拗に真喜子さんを追いかけ殺害。玄関先から南東方向に十数メートルにわたり血痕が落ちており、返り血を浴びたまま逃走したものとみられた。いったい動機は何なのか。金品が盗まれていないことや、顔を隠していないことなどから強盗目的とは考えにくいが、怨恨と断定する根拠もなかった。真喜子さんの交友関係を調べても、トラブルは皆無。何より犯人を目撃し重傷を負わされた娘が「全く見たことのない男だった」と証言している。犯人の真の狙いが主人の喜代治さんにあったとの推測もなされたが、それなら喜代治さんの弁理士事務所をなぜ襲わなかったのか説明できない。では通り魔による犯行なのか。実は、現場周辺では事件が起きる以前から刃物を持った男が目撃されており、その話を聞いた真喜子さんの家族もおびえていたという。事件は２０２４年１月現在も未解決である。

次女の目撃証言をもとに作成された犯人の似顔絵と、現場に残されていた犯人のものと思われるCONVERSEの短パン

被害少女の両親が逮捕され一審は有罪・終身刑、二審で逆転無罪に
インド13歳少女&使用人男性殺害事件

2008年5月16日、インドのウッタル・プラデーシュ州イノダに住むアルシ・タルワル（当時13歳）が殺害された姿で見つかった。彼女は歯科医院を経営し大学の歯学部でも教鞭《きょうべん》を執《と》る父ラジェッシュ（年齢不明）と、同じく歯科医の母ヌーパー（年齢不明）の一人娘で、捜査当局は最終的に両親を犯人として逮捕、起訴することになる。

この日の午前6時過ぎ、数日前に雇われたばかりの新人の使用人がタルワル家のアパートを訪ね呼び鈴を鳴らした。いつもなら、住み込みの先輩使用人であるヘムラッジ（同45歳）が解錠してくれるはずが、ドアを開けたのはヌーパー。彼女はヘムラッジの姿がないことを不思議に思い彼の携帯に電話をかけるも、つながった途端に切れ、その後は電源が切れたのか不通になってしまう。新人の使用人が、タルワル夫妻の悲鳴を聞くのはその直後のこと。なんと、娘のアルシが自室のベッドで血を流し死亡していたのだ。両親は親戚に電話をかけ、新人使用人が隣人やアパートの警備員に連絡。通報を受けた警察が到着した午前6時50分ごろには親族ら約15人が家に集まっており、さらに午前8時ごろにはメディアの人間も複数駆けつけ、家の中は多くの人でごった返す。ほどなく警察は彼らを屋外に追い出すも、現場保存の鉄則は完全に破られていた。

警察が両親に事情を聞いたところ、今朝からヘムラッジの姿が見えず、彼がアルシに性的暴行をくわえ殺

犠牲者のアルシ・タルワル(左)とタルワル家の使用人ヘムラッジ

害したに違いないという。ヘムラッジはネパールからの出稼ぎで、故郷に子供2人がいたが、アルシのことを我が子のように溺愛、彼女もヘムラッジのことを「おじさん」と呼び慕っていたそうだ。しかし、両親が怪しいと睨んだヘムラッジは、翌日、アパートの屋上で遺体となって発見される。検死の結果、彼もアルシも5月16日午前0時～1時に鈍器のようなもので殴られ、死亡後に刃物で喉を切り裂かれていることが判明。アルシの遺体に性的暴行の痕跡は見つからなかった。

警察は現場に外部からの侵入の跡がないことを確認したうえで、嫌疑をアルシの両親に向ける。捜査当局の見立てによれば、5月15日の夜、父ラジェッシュがアルシの部屋のドアを開け、娘とヘムラッジが体を寄せ合っているのを目撃。その姿に怒り狂い、2人を殺害したのだという。そもそも両親の隣の部屋で寝ている娘が殺害されたのに、翌朝まで気づかないのはあまりに不自然というのも彼らの主張だった。アルシの遺体発見後、両親が真っ先にヘムラッジを犯人扱いしたのも警察の捜査を混乱させるためで、父ラジェッシュはヘムラッジを捕まえるためなら必要な経費は用意すると、警察に金銭の支払いまで提示していたそうだ。両親はアルシの遺体をその日のうちに火葬していたのだが、それも不都合な証拠を隠滅する目的だった可能性があるという。さらに、後の捜査でラジェッシュに愛人女性がいることが発覚。この事実をヘムラッジに知られたことで、口封じのため娘もろとも殺害し、妻ヌーパーに手伝わせヘムラッジの遺体だけを屋上に運んだ可能性にも言及した。

事件から1週間後の5月23日、警察はラジェッシュを殺人、ヌーパーを殺人幇助の容疑で逮捕した。メディアは、裕福な歯科医夫婦が娘と使用人の男を殺害したとしてスキャンダラスに事件を報道。夫婦は別の夫

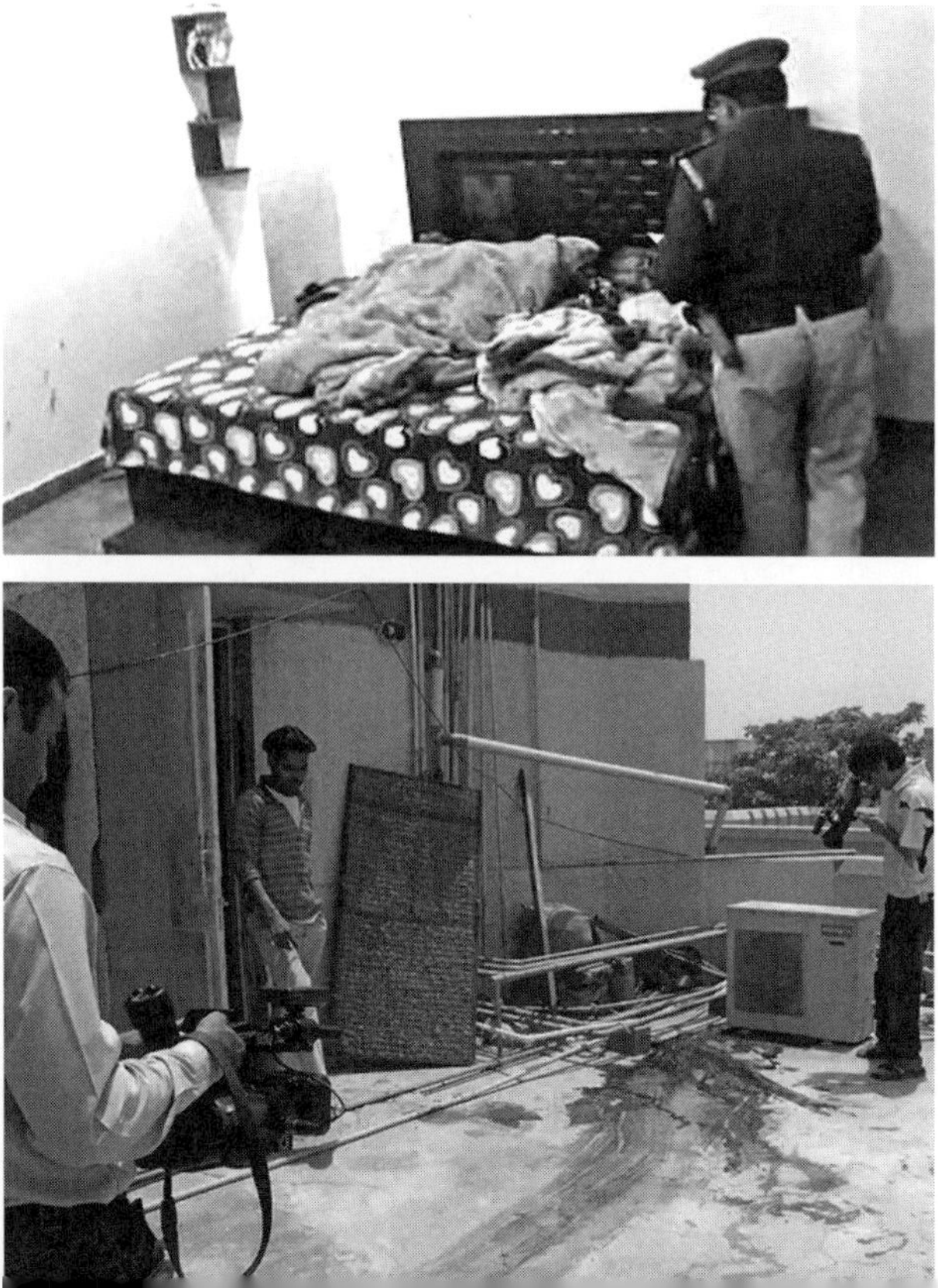

アルシが血まみれで死んでいた彼女の自室(上)と、ヘムラッジの遺体が見つかったアパートの屋上

事件後、記者会見に応じるウッタル・プラデーシュ州警察の捜査班長（右）。被害者アルシの名前を何度も間違え会場で怒号が飛んだ

婦とのスワッピングを趣味にしていた、アルシには複数の男性と交際していたばかりかヘムラッジとも性的関係にあったなど、根も葉もない噂を流しまくる。やがてインド国内で同事件の反響が異常なほど大きくなったことでインド中央捜査局（ＣＢＩ）が捜査を担当、事態は新たな局面を迎えることとなる。

ＣＢＩが最初に追及したのは地元警察の杜撰《ずさん》な捜査である。警察が事件後に開いた記者会見で何度も被害者アルシの名前を間違えたことが、彼らの捜査に対する無責任な姿勢を表していると非難。そのうえで、事件発覚当初、現場の立ち入りを制限しなかったことにより証拠の90％が喪失したこと。両親の部屋は確かに娘の隣だったが、壊れたエアコンが騒音を発しドアの閉まった状態ではほとんど何も聞こえないこと。ラジェッシュが事件前夜と当夜に同じ洋服を着ており、そこに血痕が付いていなかったこと。アルシの部屋から見つかった25個の指紋は杜撰な方法で採取されており裁判で使えるのは2つだけだが、それも夫婦の指紋ではなかったこと。夫婦に嘘発見器によるポリグラフテストを実施したところ結果がシロだったことなど明らかにし、彼らが犯人であるとする警察の見立てを否定した。

ＣＢＩは、事件の夜、被害者ヘムラッジの部屋に彼の友人であるネパール出身のクリシュマ、ビジャイ、ラジュクマールの３人が訪れていたことを突き止め、彼らが犯行に関与したのではないかと疑った。そこで、３人を嘘発見器にかけた後、麻酔薬を使って無意識下の状態で証言を引き出す「ナルコアナリシステスト」を実施。結果、３人は驚くべきことを話し出す。事件当日の深夜12時ごろ、ヘムラッジの部屋で酒を飲み酩《めい》酊《てい》、勢いのままアルシの部屋に侵入し乱暴を働こうとしたものの、ヘムラッジに止められ、さらにアルシが騒ぎ出したため、ネパールの伝統ナイフであるククリで刺殺。それを見て両親に知らせようとしたヘムラッジを屋上に連れて行き刺し殺したのだという。彼らのうち実際に誰が２人を殺害したのかは証言が異なったものの、話はおおよそ一致していた。しかし、家のどこを調べても３人のＤＮＡや指紋は見つからず、凶器と推定したククリをクリシュマの家から押収したものの被害者の血液やＤＮＡは検出されない。果たして、３人は証拠不十分で不起訴処分となった。

事件から約1年半後の２００９年9月、ＣＢＩは新たな捜査チームを発足。あろうことか、再びアルシの両親が捜査のターゲットとなる。新たな証拠は見つけられなかったものの、事件当夜に外部の人間がアルシの部屋に侵入した形跡がないことからタルワル夫婦だけが犯行を犯せる立場にあったとし、凶器は夫婦の寝室に置いてあったゴルフクラブと断定した。そこから被害者のＤＮＡが検出されなかったにもかかわらずだ。

ＣＢＩは夫婦を殺人罪で起訴。２０１３年11月26日、裁判所は２人に有罪判決を下し、終身刑を宣告する。

容疑者として逮捕されたものの証拠不十分で釈放されたヘムラッジの友人3人。左からクリシュマ、ラジュクマール、ビジャイ

控訴審で無罪を勝ち取ったアルシの父ラジェッシュ(左)と母ヌーパー(2017年11月)

が、夫婦は無罪を主張し控訴。２０１７年10月12日、高等裁判所は彼らを有罪とする証拠はないとして、逆転無罪を言い渡す。こうして夫婦は釈放されたものの、メディアや世間は2人に疑いの目を向け続け、現在も彼らを怪しむ声は少なくないという。

いったい、アルシとヘムラッジは誰に殺されたのか。インド最大の未解決事件とも言われる本件の真相は闇に包まれている。

現場の指紋と合致した元大工の男性が逮捕されるも、証拠不十分で無罪に

鹿児島高齢夫婦殺害事件

２００９年６月19日夜、鹿児島市下福元町《しもふくもとちょう》の民家で、住人の蔵ノ下忠《くらのしたただし》さん（当時91歳）と妻のハツエさん（同87歳）が血だらけで死んでいるのを訪ねてきた三男が発見、警察に通報した。窓ガラスが割られていたことから、鹿児島南警察署は外部からの侵入者による殺人事件と断定。司法解剖を行った結果、死因は被害者所有の金属製のスコップで頭や顔を数十回強打されたことによる脳障害と判明した。ほどなく、割られたガラス、整理ダンスなどに残っていた指紋と警察のデータベースにある指紋が合致、６月29日に元大工のＳ（同70歳）が逮捕される。Ｓは取り調べでＫさん夫婦とは一切面識がなく、家に行ったこともないと容疑を否認。指紋は警察の捏造と主張した。が、検察はＳを強盗殺人、住居侵入罪で起訴し、鹿児島地裁で審理が開かれることになる。

検察は現場に残っていた指紋およびＤＮＡがＳ被告と一致することやアリバイがないことから、金に困っていた同被告が資産家として知られる夫婦を殺害したのは間違いないと主張。対して、Ｓ被告の弁護側は室内にあった現金が手つかずだったことや、被害者への攻撃が執拗であることから強盗目的ではなく怨恨が動機で、被害者と接点のないＳ被告に犯行を働く理由はないと反論。真っ向対決の構図となった。裁判員裁判による審理は39日間におよび、２０１０年12月10日に判決公判。裁判長は、現場から発見された指紋やＤＮ

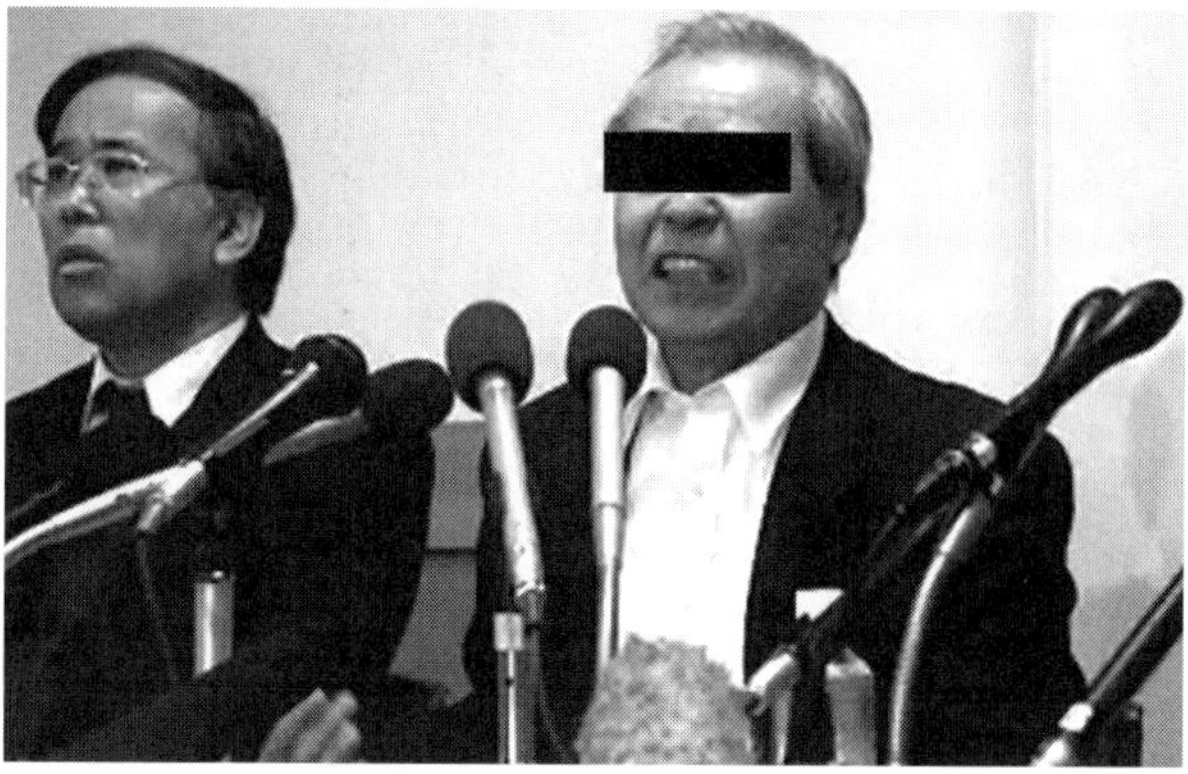

無罪判決を受け
笑顔で記者会見に応じるS元被告（右）

Ａ採取時の写真が一切ないことなど検察側の立証の甘さを指摘したうえで、Ｓ被告が被害者宅に行ったことがあるのは事実だが、凶器とみられるスコップからは指紋が検出されなかったこと、金品や貴重品が盗まれていないこと、事件当時70歳の被告に何十回もスコップを振り下ろせるのか疑問が残ることなどを理由に無罪を宣告した。ちなみに、本件は裁判員裁判としては初の死刑求刑事件での無罪判決で、最高裁に記録の残る１９５８年以降、検察が死刑を求刑した事件で一審判決で無罪となったのは本件を加えても過去に９件しかない。

釈放されたＳ元被告は記者会見に応じ「濡れ衣を晴らすことができて嬉しい。ずっと無罪を確信していた」と笑顔で語った。しかし、判決に納得できない検察側は２０１１年12月に控訴。福岡高裁宮崎支部で改めて審理されることになったが、事件は思わぬ形で幕が下りる。審理の途中だった２０１２年３月10日、Ｓ元被告が鹿児島市内の自宅の布団の中で心肺停止状態で発見されたのだ。その後、病院で死亡が確認されたことで、同年３月27日に刑事訴訟法に基づき検察側の控訴は棄却となり、事件は未解決のまま闇に葬られた。

トランクから遺体発見。売上金を奪い車に火を放った〝最後の乗客〟

平塚市タクシー運転手強盗殺人事件

2010年5月20日午前2時45分ごろ、神奈川県平塚市のタクシー運転手、荒井庄次郎《あらいしょうじろう》さん（当時62歳）の車から所属する相模中央交通の無線へ不自然な音が入った。不審に思った同社は無線や携帯電話で接触を試みるも一向に連絡がつかない。そこで、GPSで彼の運転するタクシーの現在位置を確認したところ、同市横内《よこうち》の東海道新幹線高架下に停車していることが判明、連絡を受けた同僚ドライバーが現地に向かう。タクシーは指定どおりの場所に停まっていたが、荒井さんの姿が車内になかったばかりか車に火が放たれていた。慌てた同僚は営業所を介して110番通報。3時45分ごろ警察が現場に駆けつけ、車のトランクから荒井さんを発見する。刃物で首を切り裂かれ大量出血ですでに絶命。衣服には砂が付着しており、料金メーターは「支払い状態」で2千240円を示していた。走行距離から換算すると当日の売上金は数万円あったと思われるが、釣り銭箱からその大半が消えていた。

荒井さんは5月19日の朝から勤務、日付が変わった午前2時20分ごろJR平塚駅北口で乗客を乗せたことがわかっている。遺体発見現場までは5キロ。その手前約100メートルの路上で新井さんの携帯電話が発見されたものの、血痕や凶器の類は見つかっていない。警察はこの乗客が荒井さんを殺害、現金を奪った後、トランクに遺体を押し込んだうえ車に火をつけ逃走した可能性が高いとみて目撃者を探したが、当日は雨だ

タクシーが発見された現場
平塚市横内 2010年5月
事件を報じる
テレビ神奈川のニュース

殺害された荒井庄次郎さん

ったこともあり、有力な情報は得られなかった。また、タクシーには防犯カメラは搭載されていなかった。

荒井さんは妻、長男、次男の4人暮らし。無口で優しく、真面目な人物だった。長年勤めた製紙会社が倒産、車の運転が好きだったこともあり、2007年3月に相模中央交通に入社。平塚市と周辺の有名店や建物を綿密に調べ、日々の仕事の記録をこまめにメモするなど、人柄そのままの仕事ぶりだったという。神奈川県警はこれまで延べ1万3千人の捜査員を動員。懸命な捜査を続けてきたが、未だ犯人逮捕には至っていない。

長髪のかつらをかぶり「マネーマネー」と金を要求する犯人の姿が防犯カメラに
ローソン加賀桑原町店強盗殺人事件

２０１０年11月3日午前2時57分ごろ、石川県加賀《かが》市の国道8号沿いにあるローソン加賀桑原町《くわばらまち》店（現在は閉店）のレジカウンターに男が押し入り、店長の山崎外茂治《やまさきともじ》さん（当時68歳）を刺し殺す事件が発生した。店内の防犯カメラには、フード付きの緑色カッパの上から青色カッパを着込み、頭は長髪のかつら、口にマスク、左手に白い袋と包丁らしきものを持った犯人が「マネーマネー」と金を要求し、山崎さんが「ドロボー！」と大声を出す姿と音声が映っており、もみあいの結果、犯人は何も盗らずに逃走。レジの金目当てに強盗に入ったものの、店長の抵抗に遭ったため、あえなく退散したとみられる。犯人が入店してから出ていくまでわずか1分だった。山崎さんは１９９８年から同店（ローソン本部のフランチャイズ店）に店長兼経営者を務めており、妻と長女、パート従業員の女性と店を切り盛りしていたが、夜間は山崎さんが１人で働くことが多く、この日も21時45分から勤務に就いていたという。

強盗殺人事件として大聖寺《だいしょうじ》警察署に捜査本部を置いた石川県警は、防犯カメラに映っていた、店を出た後に男が乗り込んだ青色の2トントラックを現場から北に約4キロの小松市内の工事現場近くのあぜ道で発見。また、犯人が着用していたかつらを、現場から北北東約２・３キロの加賀市中島町の道路脇で発見した。場所はセンターラインのない市道で、周辺に田んぼがある住宅街。かつらは付近の住民が事件発覚から約4時間半後の午前7時半ごろ見つけたもので、県警は犯人が逃走中に捨てたとみている。かつらは1987年〜1995年、主に美容室で販売されていたタイプだという。さらに、後の調べで犯人は現場を下見していたらしきことが判明。事件直前の午前2時40〜50分ごろ、移動に使った青色のトラックがコンビニの北約200メートルの農道にライトをつけたまま止まっていたとの目撃情報が複数あった。午前2時51分ごろに、コンビニ駐車場に入って店舗裏手でUターンし、再び店舗前の国道8号へ。その後再び農道に戻ったらしく、6分後には農道から駐車場に入り、犯行に及んだという。かつらの発見場所にも、トラックが乗り捨てられていた農道にも街灯がなかったことから、警察は犯人が土地勘のある人物とみて行方を追ったが、その消息は未だつかめていない。石川県警は40人態勢で現在も捜査を継続中。事件解決につながる情報提供者には上限300万円の公的懸賞金が支払われることになっている。

強盗殺人犯逃走中！
犯人の特徴
●男（身長165cm〜175cm位）
●カツラを着用
●長靴を着用（GOLD WAVEと記載）
●洋包丁を所持（犯行現場に遺留）
●小松市月津町地内の工事現場からトラックを盗み、犯行に使用。
平成22年11月3日 午前3時頃
ローソン加賀桑原町店にて発生
情報提供！報奨金上限額
300万円
あなたからの情報が事件検挙等に繋がれば、報奨金300万円（上限額）が検挙への寄与の度合いに応じて支払われますので、ご協力ください。
捜査特別報奨金制度に関する詳細についてはホームページをご確認下さい。期間：令和4年12月7日から令和5年12月6日まで。（応募期間を延長、短縮する場合があります。）匿名の方等にはお支払いいたしません。また、該当する方が複数となった場合は、上限額の範囲内で分割して支払われます。
石川県大聖寺警察署
0761-72-0110
石川県警HP▶http://www2.police.pref.ishikawa.lg.jp/

情報提供を呼びかけるチラシ。石川県警のHPには犯人の肉声が入った動画が公開されている

スポーツバッグの中からバラバラに切断された遺体が
カリーナ・サウンダース殺害事件

２０１１年10月13日、米オクラホマ州ベサニーの食料品店裏の敷地で、２つのスポーツバッグの中からバラバラに切断された遺体が発見された。警察が身元を確認したところ、数日前から行方不明になっている女性カリーナ・サウンダース（当時19歳）と判明。いったい、彼女の身に何が起きたのか。

同州マスタング出身のカリーナは高校時代、英単語の綴りの正確さを競うスペリング大会で3年連続優勝、地域の数学コンテストでも上位に名を連ねる優秀な女性だった。が、高校卒業後、一人暮らしを始めてから道を踏み外し違法薬物の依存症に。その後、家族の助けとリハビリセンター通いでドラッグ中毒からの脱却に成功したかに思われたが、２０１１年9月28日、突如彼女は行方不明になってしまう。

この日の昼間、カリーナは従姉妹とレストランでランチを共にした。食事が終わり従姉妹は店を出たものの、カリーナは知り合いの44歳の男性に会うと言い店に留まる。２人の正確な関係はわかっていないが、後の周囲の証言によれば、男性はカリーナを売春婦、もしくはアダルトビデオの女優として売り出そうとしていたマネージャー的な役割だったのではないかという。同日夜、カリーナはＳＮＳに「みんな、今夜は何をしてるの？」と投稿、これを最後に失踪する。

翌29日、従姉妹がカリーナの友人男性から「おまえをカリーナの隣に埋めてやる」という不気味なメール

無惨な姿で発見されたカリーナ・サウンダース

を受け取った。この時点でカリーナと連絡が取れなくなっていた従姉妹はカリーナの両親に事情を話し、両親が警察に事情を打ち明ける。警察がメールの送り主に問いただしたところ、彼はメールは別の人に出そうとしていたものを誤って送信したと説明。いかにも怪しい言い訳に聞こえるが、その男性とカリーナを結びつける証拠は何もなかった。

10月10日、カリーナの母親が警察に娘の失踪届を提出。警察はまず、9月28日に彼女が会う予定だったという44歳男性のもとへ向かう。男性によれば、この日の夜、カリーナと一緒に時間を過ごした後、オクラホマシティのとあるアパートに彼女を送り、そこで別れたという。警察は彼の身辺を徹底的に洗うも、カリーナの失踪につながるような情報は出てこず、やがてカリーナは変わり果てた姿で見つかることになる。

司法解剖の結果、遺体は死後3日～4日が経過していることが判明。遺体には拘束されていた痕跡と、体内から大量の薬物が検出された。さらに、検死官はカリーナが生きたまま体を切り刻まれた可能性があることも言及。それが単なる可能性ではなく事実であると証言する女性まで現れた。その女性が警察に証言したところによれば、知り合いのスマートフォンに残された動画で、生きているカリーナが切り刻まれる様子を見たという。スマホの持ち主はルイス・ルイーズ（同37歳）。過去に犯罪歴があり、違法薬物の販売以外に、他人に売春をさせて金を搾取する人身売買に関与、複数の殺人事件にも関係していると疑われていた男だった。

2012年7月22日、警察はルイスをカリーナ殺害容疑で逮捕する。そしてもう1人、同じくカリーナの殺害に関与したとして逮捕されたのが、以前ルイスと同じ人身売買組織に属していたジミー・マッシー（同33歳）。このときすでに別の罪で刑務所に収監されていたが、同じ房にいた受刑者2人が、カリーナを殺したのは自分だと自慢げに話しているジミーのことを密告したのが逮捕のきっかけだった。

警察の見立てはこうだ。ルイスとジミーは人身売買による違法な売春グループを組織、女性たちに1日に何度も客を取ることを強制していた。その中にカリーナもいたが、彼女はそんな生活に耐えきれず組織から逃亡。しかし、ほどなく見つかり、自分たちの言うことを聞かないとこんな目に遭うと他の女性への見せしめのため残虐な方法で殺害した——。確かに辻褄の合う組み立てではあるが、カリーナが生き

遺体が見つかった食料品店裏の敷地

情報提供を求めるチラシ

殺人容疑で逮捕された
ルイス・ルイーズ(左)とジミー・マッシー

たまま切断されるところを撮影したとされる動画はすでに削除されているのか、ルイスのスマホやパソコンに残っておらず、2013年、警察は事件に結びつける確実な証拠が見つからないとして全ての容疑を取り下げる。釈放されたルイスは不当に逮捕され、拘束中にも人権を侵害するような取り調べを受けたとして警察当局を提訴、5万ドル（当時の日本円で約500万円）の保証金を受け取った。

その後、警察は1万ドルの懸賞金を設け情報の提供を呼びかけ、さらに2018年には匿名の寄贈者により懸賞金は5万ドルまで引き上げられたが、犯人逮捕につながる有力な情報は寄せられず、2024年1月現在も事件は未解決のまま宙吊りになっている。

現場から自転車で逃走した犯人の姿が防犯カメラの映像にはっきりと
大阪西成うどん屋店主殺害事件

2012年4月23日午前5時45分ごろ、大阪市西成《にしなり》区《く》萩之茶屋《はぎのちゃや》3丁目のうどん店「うどん・蕎麦 大国屋《だいこくや》」で、1人で店を切り盛りする店主の奥川信一《おくがわしんいち》さん（当時51歳）が調理台にもたれかかるような格好で血を流し仰向けに倒れているのを、食材を配達に来た業者の男性が発見した。奥川さんは胸や背中を数ヶ所刺され、搬送先の病院で死亡。凶器は見つかっていないものの、殺人事件と断定した大阪府警は西成署に捜査本部を設置する。

聞き込みにより、事件当日の午前4時50分ごろ、散歩中の近隣住民が奥川さんと中年男性が話している姿を目撃、別の住民が午前5時ごろに大黒屋店内で大きな物音と悲鳴を聞き、現場から男が自転車で走り去るのを確認していることがわかった。この不審な男は付近の防犯カメラにも映っており、午前4時20分ごろ自転車でうどん店を訪れた後にいったん離れ、41分ごろ再び店の近くに戻って十字路で待機、47分ごろに阿倍《あべ》野《の》区《く》阪南町《はんなんちょう》の自宅から出勤してきた奥川さんと言葉を交わし、奥川さんの後を追うように店に入っていったという。

大黒屋は西成区の〝あいりん地区〟と呼ばれる日雇い労働者が集まる街のほぼ中心に位置していた。付近には安宿も多く、そこに定住する人たちは身元を明らかにしない脛に傷のある者も珍しくなかった。こうし

大阪府警が公開した犯人の姿

た地域の特殊性から、警察は西成を根城にする何者かが金品目的で店に押し入り殺害したものと推定したが、捜査は早々に行き詰まる。金は盗られておらず、何より奥川さんの左手親指が切断されているのが説明がつかなかった。強盗なら、そのような残虐な行為を働かなくても良いはずだ。実は、不審な男は事件前日の夕方にも防犯カメラに、その姿を捉えられていた。これがもし下見だとすれば、何かしら奥川さんとの間にトラブルや怨恨などがあり、計画的に殺害した可能性も考えられる。しかし、奥川さんの交友関係を当たっても目ぼしい情報は得られなかった。

防犯カメラに映った男は年齢は30〜50歳。身長は165〜170センチの中肉中背で、黒のフード付き上着とニッカボッカ、ニット帽、白いマスクを身につけていた。他にも白い靴に黒のリュックサック、自転車は黒の折りたたみ式（20インチ程度）と確認されている。事件から3ヶ月後、警察は映像を一般に公開。ここまで明確に犯人らしき男の姿が映っていれば、有力な情報が寄せられるものと期待したが、ほとんど協力は得られなかった。〝他人は売らない〟という当時の西成では当たり前だった暗黙のルールが作用したのかもしれない。２０２４年1月現在、事件は未解決である。

実家を訪ねた長女が2階の寝室で血まみれで倒れている父親を発見
岡崎市会社役員・大岡幸正さん殺人事件

2013年8月13日21時20分ごろ、愛知県岡崎市新堀町《にいぼりちょう》の一軒家に住む大手自動車部品会社デンソーのグループ会社常務、大岡幸正《おおおかゆきまさ》さん（当時61歳）が自宅で血を流し死亡しているのが見つかった。大岡さんは同月10日〜18日まで夏季休暇を取っており、10日昼には九州の実家に帰省する妻を名鉄新安城《めいてつしんあんじょう》駅まで車で送っていた。翌日11日の14時ごろまでは妻とメールでやり取りしていたが、その後、連絡が途絶えたため不審に感じた妻が13日夜に同県高浜《たかはま》市に住む長女に様子を見に行くよう依頼、娘が実家を訪ね事件が発覚した。

発見時、大岡さんは2階の寝室で胸部、腹部を複数刺され大量に出血、死亡していた。殺人事件とみた警察は、別の部屋の引き出しやクローゼットが開けられ、現金約6万5千円が盗まれていたことから強盗目的とみて捜査を開始。現場検証により、犯人が1階窓ガラスを割ろうとして失敗、鍵のかかっていなかった風呂場から屋内に侵入し、犯行後、正面玄関から逃走したことを突き止めた（長女が訪ねた際、玄関は施錠されていなかった）。また、寝室のベッドに血痕が付着していなかったことから、就寝中だった大岡さんが不審な物音か気配に気づき2階の別の部屋を確認している最中に犯人と遭遇、刺殺され、寝室に逃げ込んだところで息絶えたものと推定。さらに、1階の床にも大岡さんの血痕が落ちていたことにより、犯人が殺害後も返り血を浴びた状態で1階で金品を物色していた可能性が高いこともわかった。

殺害された大岡幸正さんと、犯行現場となった岡崎市内の自宅

その後の捜査で、妻とのメールが途絶えた11日14時以降、大岡さんは岡崎市内のパチンコ屋におり、夕方に店を出てスーパーに寄ってから帰宅し、2階でパソコンを操作していたことが判明。翌12日20時ごろに近所の住民が大岡さん宅に回覧板を届けた際、家の中が真っ暗だったため郵便受けに入れたと証言していることや、前日に購入した朝ごはんが手つかずのまま残っていたこと、12日の朝刊が回収されていなかったことなどから、犯行時刻は11日夜から12日未明と絞り込まれる。が、周辺に聞き込み捜査を行っても犯人につながる目撃情報は皆無。事件現場からは犯人が履いていたと思われるサンダルの足跡が見つかったものの、全国でも1万足が出荷されているマレーシア製品で、そこから犯人にたどりつくことはできなかった。

事件からすでに10年半。管轄の愛知県警岡崎警察署は現在も解決につながる情報の提供を求めている。

呉市しらゆり寮准看護師殺害事件

警察の事情聴取を受けていた交際相手の男性が突然自殺

2013年12月31日午前6時ごろ、広島県呉市朝日町《あさひまち》の「呉市医師会しらゆり寮」で、この寮に住む准看護師の風呂光沙夜香《ふろみつさやか》さん（当時23歳）が首にタオルを巻かれた状態で倒れているのを、同じ寮の住人が発見。病院に運ばれたが、死亡が確認された。司法解剖の結果、風呂光さんの首に絞められたような痕があり死因は窒息死と判明、タオルからは風呂光さんとは別のDNAも検出された。しらゆり寮は呉市医師会が運営する5階建ての女性用独身寮で、市医師会病院の看護師らが入寮。1階が駐車場、2階が入り口で、風呂光さんはオートロック式のドアから外に出たところの階段部分で発見された。着衣である上下スウェットに乱れはなく、抵抗した痕跡もなし。そばに本人所有のバッグが落ちていたが財布や携帯電話など所持品は残されており、寮の自分の部屋も施錠されていた。

風呂光さんは准看護師として病院に勤務しながら、併設する定時制の専門学校に通い、翌年春に卒業予定だった。30日夜は交際相手である30代の准看護師の男性と東広島市内の親戚宅に行き会食。いったん2人で呉市に戻った後、1人で東広島市の実家に向かい23時ごろまで母親とカラオケ店で過ごし、車で母親を送ってから寮へ戻ったとみられる。しかし、日付が変わった31日午前2時ごろ、幹線道路のNシステムに彼女が運転する軽乗用車が記録されていることや、親戚宅や実家での服装と遺体発見時のそれが異なっていること

ANN
NEWS
広島 23歳准看護師絞殺
外出時に寮の階段で殺害か

事件を報じるANNニュース

から、寮に戻った後、何らかの事情で外出し、命を奪われたものとみられる。なお、翌31日は夕方からの勤務シフトに入っていた。

容疑者はすぐに浮上した。首に巻かれていたタオルから交際相手の男性のＤＮＡが検出されたのだ。警察は事件後、連日のように男性から任意で事情を聞いた。が、男性が正看護師の試験を控えていたため、これを配慮し２０１４年１月中旬ごろから１ヶ月間取り調べを保留に。調べが再開して数日が経過した同年２月20日も13時から事情を聞く予定で広島県江田島市内の自宅を捜査員が訪れたところ、屋内で首をつり息絶えている男性を発見した。警察は男性の供述内容を明らかにしていないが、逮捕するまでの証拠がつかめていなかったことは明らか。事件は現在も未解決の扱いである。

1階で父親を殺害後、2階で寝ていた長女に「おまえは何歳だ？」

越谷市トラック運転手宅強盗殺人事件

台風26号が埼玉県内に接近し激しい嵐が吹き荒れていた２０１３年10月16日未明、同県越谷《こしがや》市《し》川柳町《かわやなぎちょう》4丁目の民家に住むトラック運転手の速水謙一《はやみずけんいち》さん（当時54）の長女（同13歳）が何かの気配を感じ目を覚ました。なんと、20代くらいの細身で黒い上着を着た見知らぬ男が2段ベッドの梯子を上り、自分が寝ている上段に近づいていた。長女が悲鳴を上げると、男は「静かにしろ」と凄み、彼女の手足を粘着テープを縛ったうえで「おまえは何歳だ？」と尋ねてきた。長女が正直に年齢を答えたところ、男は「おまえに用はない」と言い、悲鳴を上げ続ける彼女の頬を殴り部屋から出て行ってしまう。

このとき長女がいたのは家の2階。隣の部屋には母親（同35歳）と妹が寝ており、長女はなんとかテープを取り除き2人のもとに駆け込む。母と妹は何も気づいていない様子で眠っていたが、心配なのは父親の謙一さん。この日、謙一さんは片付けの用があり1階リビングで寝ていた。彼女は母親を起こし、一緒に階下へ。と、そこに信じられない光景が広がっていた。謙一さんが血だらけで倒れ死亡していたのだ。

母親が警察に通報したのが午前3時半ごろ。現場検証の結果、謙一さんは刃物で右胸を深さ10センチ以上刺されており、死因は出血性ショック死と判明。腕などに防御創があり、目を覚ましたところに男と鉢合わせになりもみ合ったとみられ、現場からは謙一さんの財布が消えていた。また、1階南側に面する和室窓ガラスが50センチ四方にわたって割られ、和室内に数個の土足痕があったことなどから、犯人が窓ガラスを割って開錠し謙一さんが寝ていた隣室のリビングに侵入、殺害後に2階に上がった後、玄関から逃走した可能性が高いことなどもわかった。

警察は、和室の窓ガラスが〝焼き破り〟というベテランの窃盗犯が使う手口で破られていたことからプロの犯行と推定。周辺など290世帯に聞き込みを行ったが、嵐の夜の犯行とあって目ぼしい情報は皆無。唯一、近隣住民から事件当日の午前2時半ごろに、速水家から少し離れた場所に黒いカッパを着た不審な男を見たとの証言が得られたものの、この男が事件に関連しているかどうかは不明のままだった。

犯人は何が目的で、謙一さんを殺害後、2階に上がり長女に年齢を尋ねたのか。これは、謙一さんの財布では満足できず、他の金品類の在処《ありか》を確認するためだったとも思われるが、ではなぜ隣の部屋にいた母親のもとに足を運ばなかったのだろうか。事件は謎を残したまま現在も未解決である。

寝静まった夜に…男性刺殺
娘が目撃!「不審な人物」
きょう午前3時半すぎ
埼玉・越谷市の住宅で、速水謙一さん(54)の妻から
「夫が血まみれで倒れている」と110番通報

殺害された速水謙一さん

湯河原町女性宅放火殺人事件

出火6時間前、犠牲者とは別の男性宅に「おまえを殺しに来た」と現れた若い男

2015年の4月20日から21日に日付が変わる午前0時ごろ、温泉地として名高い神奈川県湯河原町土肥《ゆがわらまちどい》に暮らす当時61歳の男性が自宅への道のりを歩いていた。まもなく家に着こうかとしたそのとき、男性は電信柱に20代くらいの不審な男が隠れているのを発見する。姿を見られたことに気づいたのか、男は一目散に逃走。男性がそのまま自宅アパートに戻り、まだ鍵をかけ終わる前、先ほどの男が玄関から中に侵入してきた。男は土足で両手に靴下を着け長さ50～60センチの水道管のようなパイプを持ちながら「おまえを殺しに来た。あんたから何も盗れそうにないな。金は殺して奪えばいい」と告げる。男性が「地元の人間か？」と聞くと、「そうだ、親は俺を産んですぐに捨てた」と返答。その後、2人は取っ組み合いとなり、男性はパイプで頭を2度殴打される。幸い軽傷で済み、男はその直後に家を出ていく。

それから約6時間後の午前6時ごろ、同町宮下《みやした》にある平屋住宅から火災が発生、焼け跡から、この家に1人で住む平井美江《ひらいみえ》さん（当時66歳）の遺体が見つかった。遺体はベッドに仰向けの状態で額に包丁が刺さっており、死亡推定時刻は出火1時間前の午前5時ごろ。顔が変形するほど殴打されていたが、室内に物色した形跡はなく、彼女の現金入りのポーチが手つかずのまま残されていた。また、煙を吸った形跡がなかったことから、何者かが平井さんを殺害した後、放火したものと推定された。この他、玄関の鍵が盗まれており、

防犯カメラが捉えた犯人らしき男と、その特徴

玄関ドア、全ての窓が施錠されていたこともわかっている。

殺人放火事件とみて捜査に乗り出した警察が平井さんの自宅付近の防犯カメラを確認したところ、出火する直前、不審な男が道路を横切り、JR湯河原駅方面に向かう姿が捉えられていた。さらに同駅の防犯カメラを確認すると、この男によく似た人物が映っていたことが判明。身長170センチ程度の痩せ型、髪は耳に被るほど長く、服装は黒っぽい長袖の上着、長ズボン、白いマスク、肩に黒いリュックサック、手に青のチェック柄の手提げ袋を持っており、その外見は前出の男性のアパートに現れた男にも似ていた。ちなみに、男が券売機でなぜか子供用の切符を買ったこと、駅の防犯カメラが男を捉えた時間帯はまだ熱海方面行きの始発は動いていなかったため、東京方面に向かう上り電車に乗車した可能性が高いことも判明しているそうだ。が、情報と呼べるものはこの程度。現場や周辺に犯人を特定するものはなく、目撃情報も皆無。何が犯行動機だったのか、2つの事件が同一犯によるものかも判明しないまま現在に至っている。

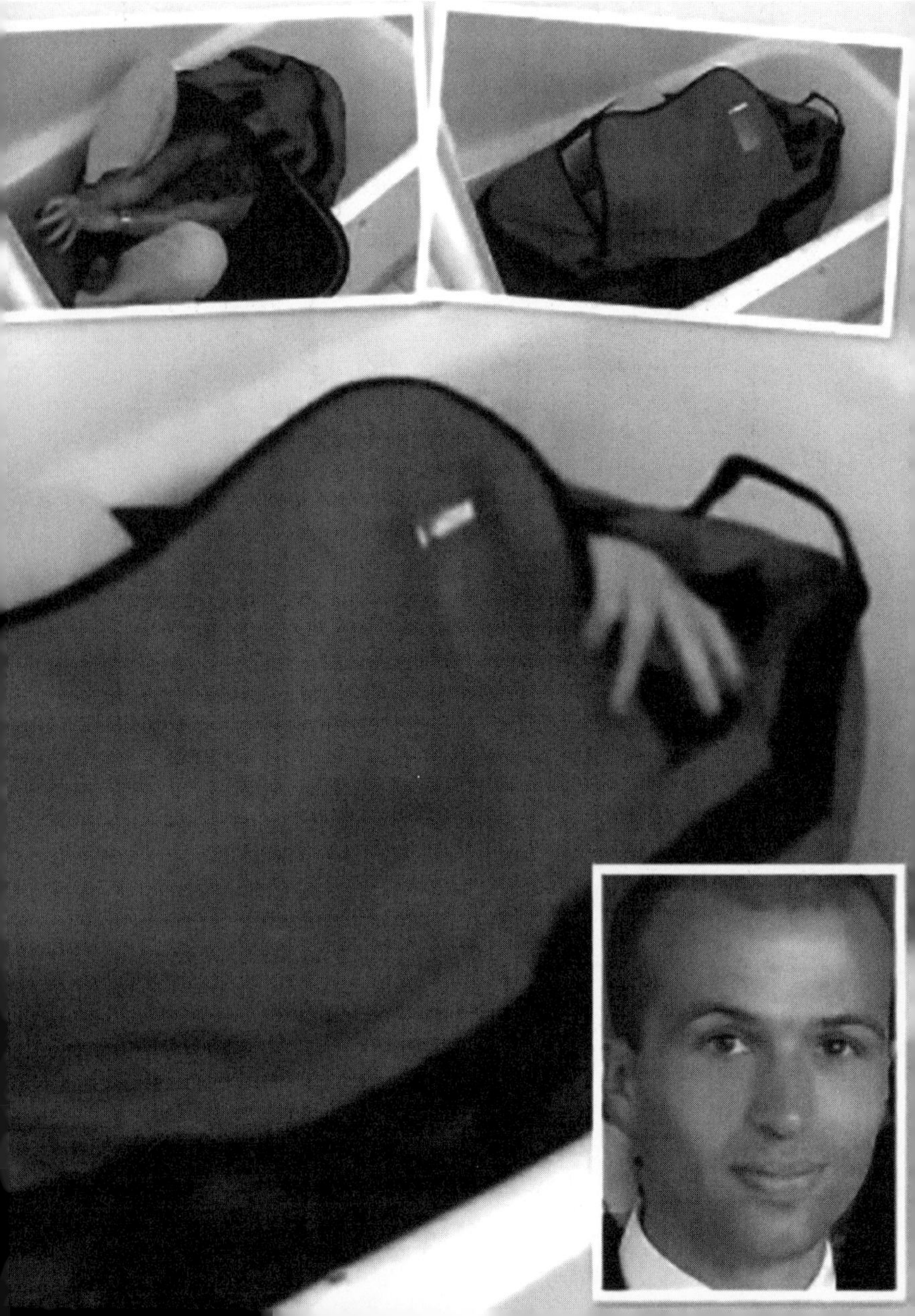

第3章 謎と闇

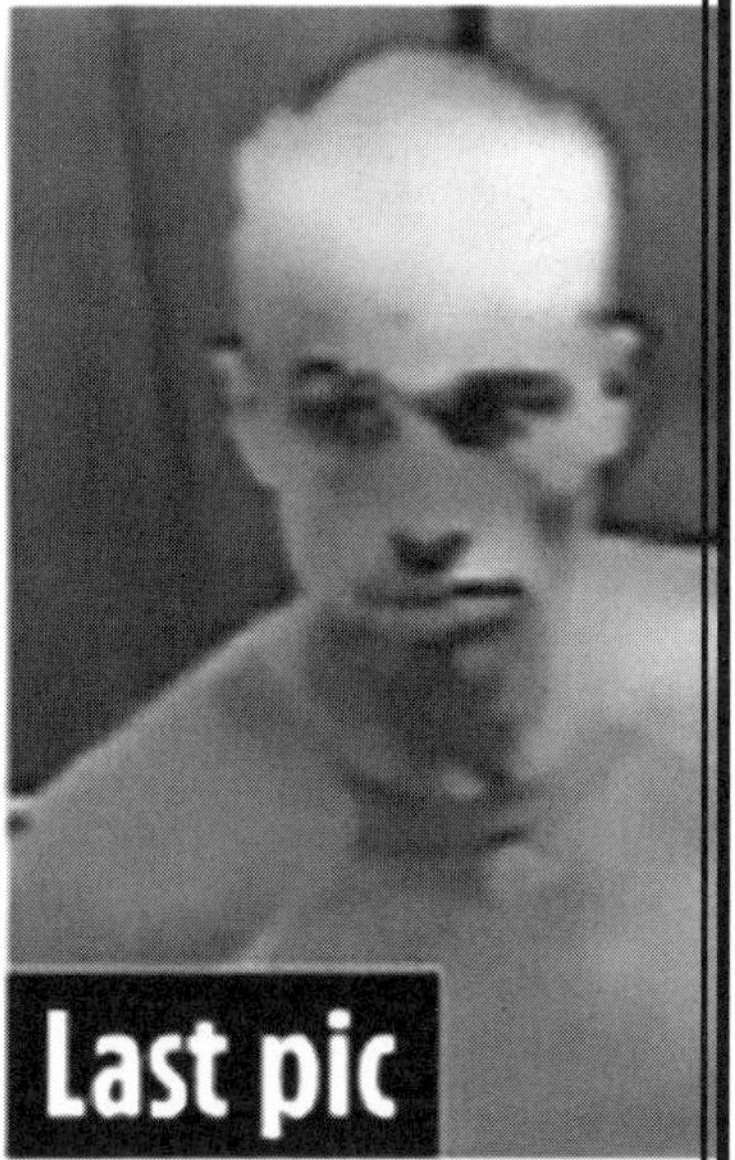

遺体解剖用に殺された被害者17人を悼むために埋葬された!?
バークとヘアの殺人人形

1836年7月、うさぎの穴探しに出かけた3人の少年がスコットランドの首都エディンバラにある「アーサー王（5世紀後半から6世紀初めのブリトン人の君主）の玉座《ぎょくざ》」と呼ばれる丘で、17体の奇妙な人形を発見した。人形はそれぞれ長さ10センチほどの木製の棺《ひつぎ》に収められ、葬式用の装身具を身につけていた。少年たちは人形を見つけたとき、その価値に気づかず、互いにふざけて投げつけあい約半数を壊してしまう。破壊を免れた8体は個人の収集家に所有された後、1901年にエディンバラのスコットランド国立博物館に寄贈された。

人形は「リリプティアンの棺」と呼ばれ、いったい何のために作られたのか、長い間、専門家たちを悩ませてきた。それからおよそ160年後の1994年、スコットランド王立技芸協会の元会長とアメリカの学者が、人形の謎を解明すべく一つの仮説を立てる。彼らによれば、17という人形の数が過去に起きた、ある殺人事件に関連しているという。1827年から1828年にかけて、エディンバラでウイリアム・バーク（1792年生）とウイリアム・ヘア（生年不明）が起こした連続殺人。この被害者の数が発見された人形と同じ17人だったのだ。リリプティアンの棺はいつしか、この凄惨な事件と結びつけられ「バークとヘアの殺人人形」と呼ばれるようになる。

1836年、スコットランドで見つかった奇妙な人形。破損を免れた8体が現在、スコットランド国立博物館に展示されている

1815年、イギリスの王立学校は医学課程で解剖試験の拡大を義務づけた。授業では学生1人につき死体1体が必要となったが、当時、イギリス国内で解剖が許可されていたのは、殺人などを犯し死刑に処された犯罪者の遺体のみ。そこで暗躍したのが〝死体調達人〟と呼ばれた連中である。彼らは主に貧困者や浮浪者の死体を金銭目的で解剖用に供給していたのだが、その常連客が、エディンバラで自ら解剖学校を運営していたロバート・ノックス（1791年生）というイギリス人医師だった。

彼が、バークとヘアと初めて接点を持ったのは1827年11月。棺桶から盗んだ1人の退役軍人の遺体を7ポンドで博士に売り払ったのがきっかけである。そこで3人の間にどんな密談が交わされたのかは定かではないが、以降、バークとヘアは、バークの愛人ヘレンとヘアの妻マーガレットを共犯に、老人や身体障害者、娼婦など16人を殺害（退役軍人を含め17人）。その全ての死体をノックスに提供する。

事件は1828年11月に発覚し、バーク、ヘア、ヘレン、マーガレットの4人が逮捕された。検察は証拠が乏しかったため、ヘアに司法取引を持ちかけ犯行を自白させ、その結果、バークだけが死刑に。同年12月に絞首刑に処され、遺体は彼が殺した被害者同様、医学生の解剖に提供されたそうだ。ヘアは起訴を免れ1829年2月に釈放、ヘレンとマーガレットは証拠不十分で罪に問われず、ノックスは事件について沈黙を貫き通したまま1862年に死亡した。

人形が見つかるのは、事件から9年後。前出の王立技芸協会元会長によれば、人形は連続殺人の被害者を象徴するために埋葬したもので、それを行ったのがヘレンとマーガレットなのだという。彼女たちは、まともな葬儀を受けられなかった被害者に罪悪感を抱いていたそうだ。しかし、人形や棺に使われた鉄の装飾、釘などの材料は、その製法から靴職人によって作られた可能性があることを示している。靴職人をしていたバークなら様々な道具を駆使して、こうした複雑な人形を作ることは難しくなかったのかもしれない。バークが自らの罪を償うため人形を作り、後に女性たちが埋葬したのだろうか。だが、一部の専門家はこの説に否定的である。事件発覚から逮捕まであまりに短期間だったため、バークが17体の人形を作成するのは物理的に不可能で、さらに被害者17人のうち12人が女性だったにもかかわらず、人形が全て男性用の服を着ていたことも説明がつかないというのだ。

人形と連続殺人とは全く無関係とする主張のなかで、現在最も有力とされているのが「呪いの人形説」だ。昔からスコットランドの一部地域では、呪いの人形を作る風習があった。人形には魔女の魔力を込めるほかに、呪いをかけたい人の爪、髪、血液などを人形に組み込み、衣服は呪いたい人から盗んだものを装着する方法がよく使われた。この人形を、呪いをかけたい人が歩いた場所に埋葬することで、その相手に不幸が訪れるという。ということは、何者かが復讐のために17体の人形を、神秘的な力が宿ると信じられてきたアーサー王の玉座に埋めたのだろうか。真相は今もわかっていない。

連続殺人鬼のウイリアム・バーク(上)とウイリアム・ヘア

ヒマラヤ高地ループクンド湖大量人骨発見事件

年代、年齢、人種、性別が異なる800体が一箇所に遺棄

ループクンド湖は、インド・ウッタラーカンド州のヒマラヤ山中、標高5千29メートルの場所に位置する湖だ。ほぼ1年中、氷で閉ざされ、湖面が見えるのは8月と9月のみ。直径約40メートル、深さは3メートル程度で、季節や天候に応じて膨張や縮小を繰り返している。

1942年夏、ナンダ・デヴィ国立公園の自然保護官が高山植物を探索中にループクンド湖に立ち寄り、驚愕の光景に遭遇する。湖畔一面に無数の人骨が浮いていたのだ。恐る恐る骨を手に取ってみると、ところどころ凍った髪の毛や肉片がこびりついていた。この発見はすぐに当時インドを統治していたイギリスに伝えられる。時は第二次世界大戦の真っ只中。イギリスは、骨が日本軍のものではないかと慌てふためき、すぐに調査団を派遣する。が、現地で人骨を調べてみると、それははるかに古い年代の骨であることが判明。一部の骨に肉片や髪の毛が付着していたのは、長い間、氷の中に閉じ込められ保存状態が良かったためであることもわかった。いったい、この人骨はいつの時代のものなのか。年代を特定するには、さらなる科学的調査が必要だったが、戦時中ということもあり、本格的な調査が行われることはなかった。

13年後の1955年、科学者を伴った調査団がループクンド湖に派遣される。結果、湖には推定600〜800の人骨が存在することが判明。人骨の年齢が35〜40歳の男性が大半だったことから、調査団はこれら

右／ループクンド湖。地元では「神秘と骨の湖」と呼ばれている。
左／遺棄された人骨は600〜800体、雪が溶ける8月、9月に湖底に現れる

が1841年にチベット侵攻を試みたインド兵のものではないかと推測する。実際、当時70人以上のインド兵がヒマラヤ山脈を超え帰路につくことを余儀なくされ、途中で死亡していた。しかし、この説はすぐに否定される。湖から剣や槍などの武器は発見されず、人骨の中には女性や子供のものも混じっていたからだ。

その後、2000年代になって遠征した調査団が、激しい大雪に襲われ亡くなった商人のものではないかとの説を示す。が、これも説得力に欠けた。なぜなら、ループクンド湖は主要な交易ルート上にないからだ。2004年の調査では伝染病で死亡した人の骨ではないかとの説が浮上したものの、2018年に行われたDNA鑑定で、細菌に感染した証拠はどの人骨からも見られず、犠牲者の健康状態は良好だったことが判明している。ただ、このとき持ち帰った100個のサンプルに対して科学的調査が行われた結果、ループクンド湖に沈む人骨が2グループに分けられ、30%を占めた1グループは南アジアに関連する背が低い人々のグループ（地元のポーターである可能性大）、残る70%は背が高く、地中海の東部地方と遺伝的親和性のある人で構成されていることがわかった。さらに、ループクン

ド湖に沈む人骨はみな、上から落ちてきたクリケットのボール程の大きさの丸い物体により、後頭部を強打していることも判明する。

実は、この地域の言い伝えでは、カナウジ（古代から中世にかけて繁栄した北インドの古都）の王ラージャ・ジャスザヴァルが身重《みおも》の妃《きさき》ラーニ・バランパと、従者や舞踊劇団その他大勢を引き連れて、ナンダ・デヴィ寺院に巡礼に向かったところ、ひどい暴風雨に巻き込まれ、ループクンド湖ちかくで全員亡くなったという伝説があり、その様子を歌った民謡も存在する。単なる伝説と思われていたが、２０１８年の調査結果により、これが真実ではないかと言われ始める。それを裏づけるように、人骨の中には頭蓋骨が折れたものがあるものの、治療した痕跡がなかった。つまり、大きな雹《ひょう》が頭部を直撃し死亡したのではないかというわけだ。

しかし、この説もまた信憑性が薄れる。２０１９年の再調査で38体の骨が分析されたのだが、それぞれ

ループクンド湖はインド北部、チベット自治区に隣接するウッタラーカンド州の標高約5千メートルに位置する

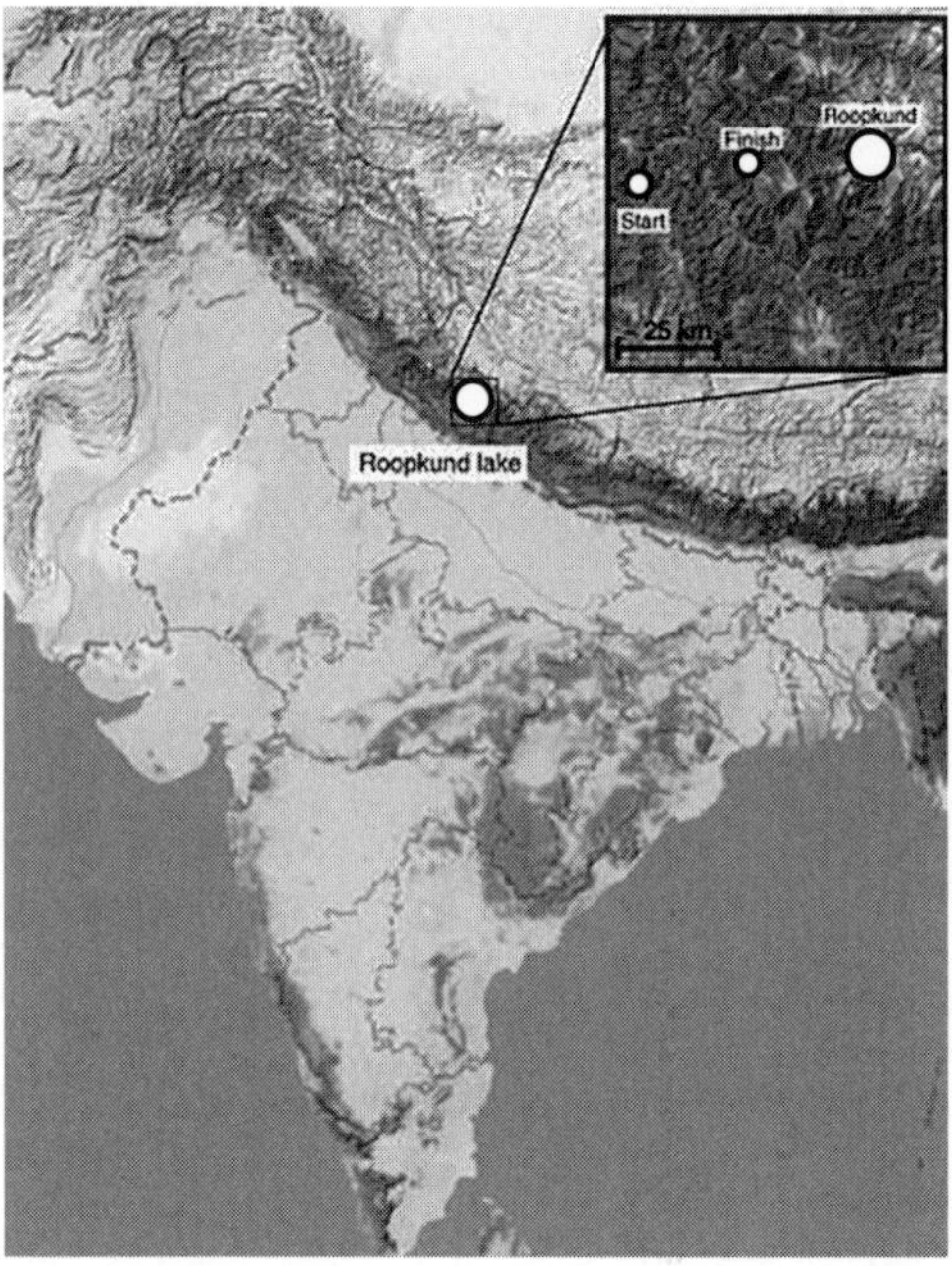

雪が溶け、人骨が現れる夏には観光客が訪れる

の遺骨の時期がまるで違い、最も新しい骨と古い骨との間が1千年以上も離れていることが判明。放射性炭素年代測定により、南アジア系の遺体が西暦800年ごろ、その他の遺体が1800年ごろと推定された。いったい、なぜ年代も人種も性別も違う人骨がループクンド湖に捨てられたのか。謎は未だ解明されていない。

米オハイオ州「サークルビル・ライター」事件

不倫を非難する手紙を送り続けたのは誰？

イギリスの日刊タブロイド紙『デイリー・スター』ウェブ版が2023年8月25日、半世紀近く前アメリカで起きた奇妙な事件を配信した。記事によると、詳細は以下のとおりである。

オハイオ州サークルビルに住むバスの女性運転手メアリー・ギリスピーが、「サークルビル・ライター」を名乗る謎の人物から、地域の学校長であるゴードン・マッシーとの不倫を非難する手紙を受け取ったのは1977年3月のこと。手紙には「マッシーに近づくな。彼に会ったことを質問されても嘘をつかないこと。あなたがどこに住んでいるか知っている。子供がいることも知っている。これは冗談ではない。真剣に受け止めろ」と書かれていた。一方、メアリーの夫ロン・ギリスピーにも「あなたの奥さんはゴードン・マッシーと付き合っている。ふたりとも殺すべきだ。彼は生きるに値しない」と記された手紙が届く。全く身に覚えがなかったものの、以降も送り続けられる手紙には、メアリーの幼なじみの恋人が乗っていた車や、子供たちが通っていた学校も記されており、単なるいたずらとは思えなかった。

ギリスピー夫妻の相談を受けた警察は、一家の電話を盗聴したり自宅を監視するとともに、郵便局と協力し、オハイオ州コロンバスの消印が押された手紙の送り主を突き止めようとしたものの、特定には至らない。そのまま5ヶ月が過ぎた同年8月、メアリーが親戚と休暇を過ごしていたとき、夫ロンは子供たちに「手紙

不倫を疑われたメアリー・ギリスピー(左)と
ゴードン・マッシー。後に2人は本当の恋人同士になった

を書いた人物と対決する」と言って銃を持参し、トラックに乗り込んで家を出た。が、彼が家に戻ることはなかった。その日、車同士の衝突事故で木に激突し、帰らぬ人となったのだ。遺体のそばには一度だけ発砲されたリボルバーが落ちていたが、司法解剖の結果、体内から法定濃度の二倍のアルコールが検出されたことで、警察は酒酔い運転による事故と断定する。が、彼の知人の多くは「ロンは酒を飲んで車を運転するような人間ではない」と証言。さらに、後の調べで、ロンが出かける直前、自宅に匿名の電話がかかってきていたことから、彼らはその相手こそ手紙の送り主で、事故当日、ロンはその人物に呼び出され銃を撃ったものの、返り討ちにあって殺害されたものと再捜査を依頼したが、警察が動くことはなかった。

事態が思わぬ方向に転がるのはロンが死んだ後。なんと、メアリーが手紙で不倫をほのめかされたマッシーと交際を始めたのだ。やはり噂は本当だったのか？　しかし、2人が知りあったのは手紙が届いてからで、疑惑をぶつけられた被害者同士が共感し、やがて惹かれ合ったのが本当のところらしい。もっとも、このころ、新聞社や地元の政治家、地域の人々にも手紙が送りつけられ

るようになり、ある手紙には「あなた（メアリー）がしたことの代償を払うのは、あなたの娘です」と書かれていたそうだ。

時は流れ1983年2月、仕事でバスを運転していたメアリーは、道のフェンスに手紙と同様の内容が書かれた張り紙を見つけた。車を停め、張り紙を引き剥がそうとしたところ、さらに恐ろしいものを目にする。張り紙のあったフェンスの裏側に弾の入った拳銃が装着されていたのだ。警察当局はこの銃を、死んだロンの義理の兄でポール・フレッシュアーが同僚から買ったものだと突き止める。さらに、フレッシュアーの元妻カレン・スーが、メアリーに密かに恋心を抱いていたフレッシュアーがマッシーとメアリーの関係で激怒し、手紙を送り続けていたと証言。フレッシュアーは頑なに容疑を否定したが、結局メアリーの殺人未遂で逮捕され裁

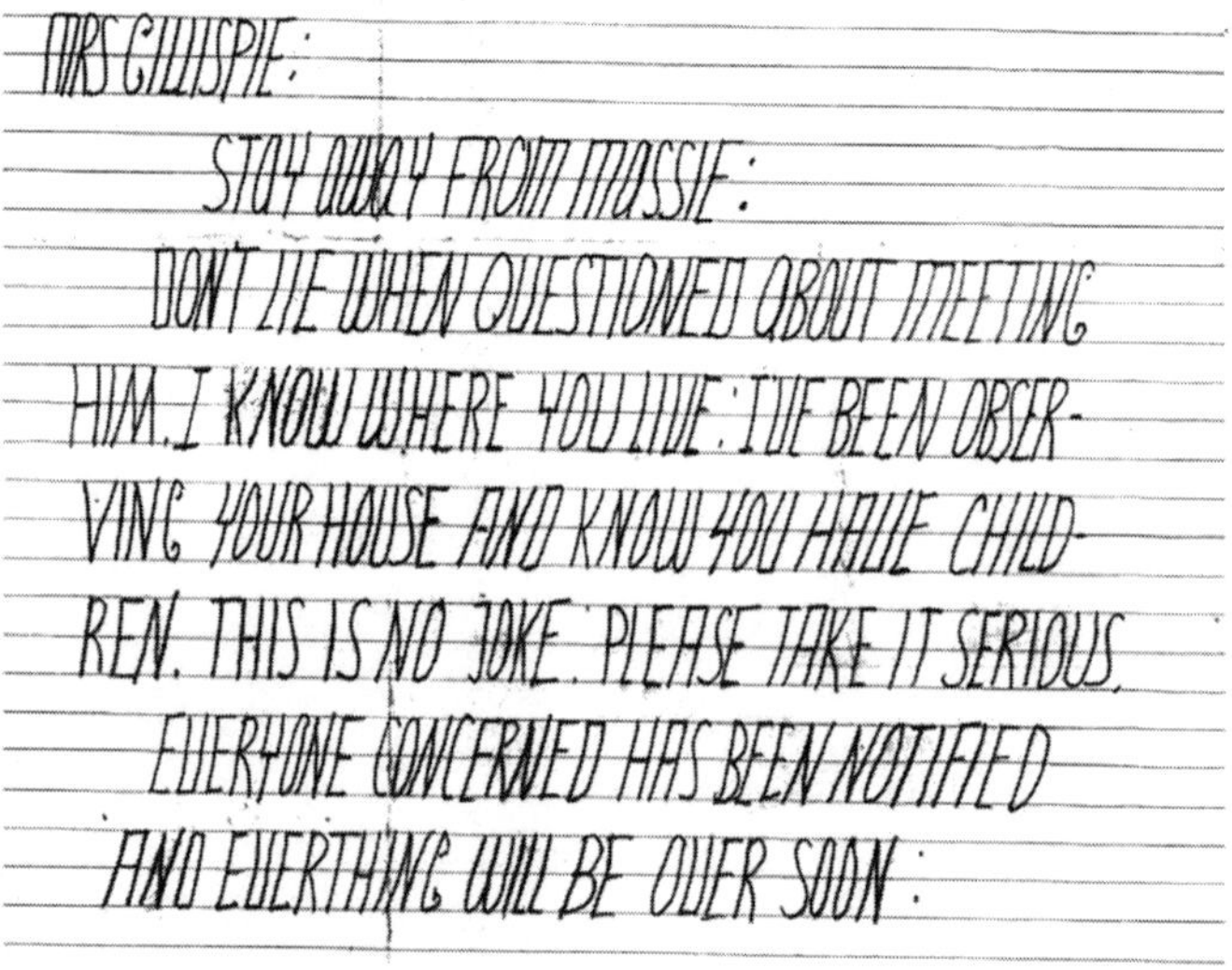
MRS GILLISPIE:
STAY AWAY FROM MASSIE:
DONT LIE WHEN QUESTIONED ABOUT MEETING
HIM. I KNOW WHERE YOU LIVE: IVE BEEN OBSER-
VING YOUR HOUSE AND KNOW YOU HAVE CHILD-
REN. THIS IS NO JOKE: PLEASE TAKE IT SERIOUS.
EVERYONE CONCERNED HAS BEEN NOTIFIED
AND EVERTHING WILL BE OVER SOON:

「サークルビル・ライター」を名乗る手紙は、
1977年から1994年まで20年間にわたり送り続けられた

メアリーの夫、ロンの事故現場。彼の死も事件性を疑う声は少なくない

メアリーへの殺人未遂容疑で逮捕、投獄されたロンの義弟ポール・フレッシュアー

判で懲役10年が下る。これで一件落着かに思われた。しかし、彼が投獄された後も手紙は届き続ける。フレッシュアーの自宅にも犯罪を自慢するような手紙が届いたため、今度は彼の元妻カレンが黒幕ではないかと疑われたが、彼女が立件されることはなかった。

1994年、フレッシュアーが出所すると、手紙はぴたりと途絶えた。その後、彼は無実を主張し続け2012年に死亡。地元では今もフレッシュアーが真犯人であると思う人が多いそうだが、手紙を分析した元FBI捜査官によれば、メッセージに誤字が多いことから、書いたのはあまり教育を受けられなかった女性である可能性もあるという。真相は藪の中だ。

行方不明から20年後に突然世の中に。彼女は本人なのか？
メアリー・デイ事件

1994年4月、米カリフォルニア州の警察署に、シェリー・カルガノ（当時23歳）という女性が失踪届を提出した。なんでも3つ年上の姉メアリー・デイが13年前の1981年、同州シーサイドの自宅から突然行方不明になったのだという。なぜ今ごろになって？　警察の問いかけに、シェリーは「大人になってから自宅の裏庭に姉の失踪の手がかりが隠されているのではないかと思い始めた」のだという。取り留めのない話に警察はまともに相手をせず、それから8年の月日が流れる。

2002年、同州シーサイド警察署の刑事がメアリーの失踪に関心を寄せ調査したところ、なぜか彼女の「社会保障の記録」「運転免許証の取得歴」「クレジットカードの使用歴」などが一切見つからない。さらには、シーサイド周辺の学校を調べても、メアリーが通っていた記録が残っていない。いったい、どういうことなのか。刑事は改めて妹のシェリーに連絡を取り、メアリーについて詳しい話を聞くことにした。

彼女の話によれば、メアリーは1968年2月19日にニューヨーク州で誕生。父チャールズと母シャーロットの長女で、その後、次女シェリー、三女キャシーが生まれたのだという。しかし、母親は子供らの面倒をみず、ほどなく三姉妹は里親に引き取られる。1976年、両親離婚。その直後、シャーロットは軍人のウィリアム・フーレという男性と再婚する。このとき次女のシェリーは里親のもとで養子となり、メアリー

10歳のころのメアリー・デイ本人

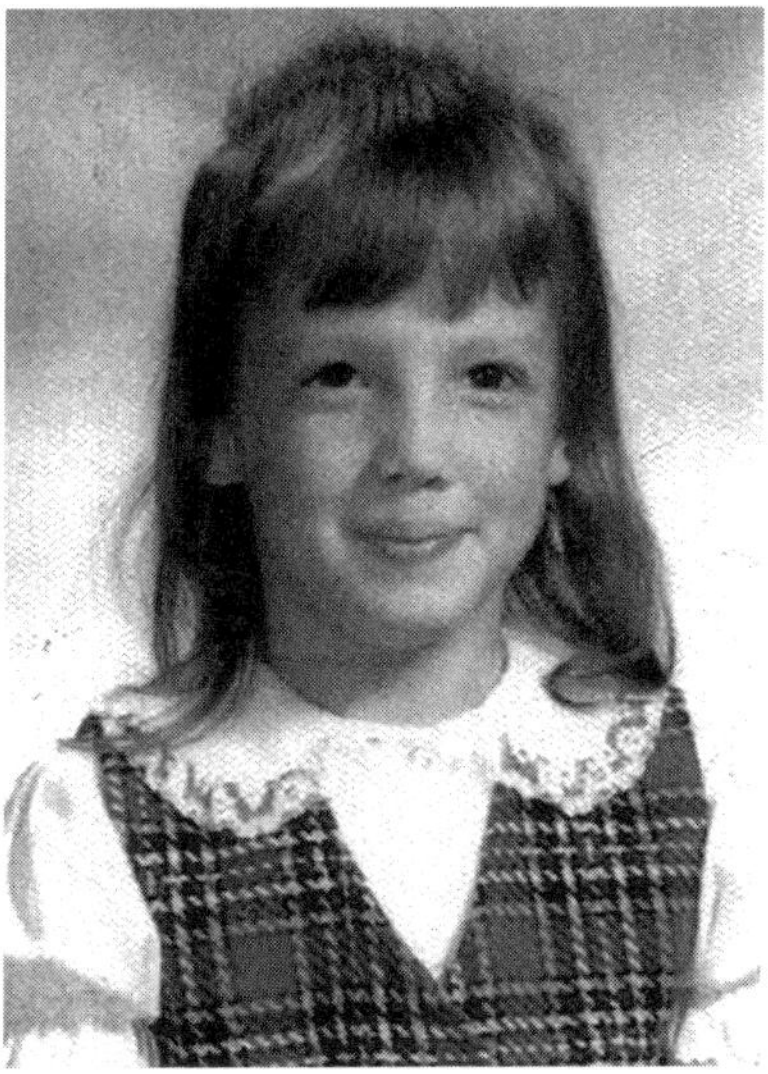

とキャシーは実母に引き取られた（このためシェリーだけ姓が異なる）。

ほどなく、継父ウィリアムによるメアリーへの虐待が発覚したことで、彼女は児童保護局に保護される。1978年、一家がカリフォルニア州シーサイドに移転したタイミングで、メアリーも家族のもとへ。それから3年後の1981年7月下旬、里親に育てられていた次女シェリーが、久しぶりに母や姉妹に会うためシーサイドの家を訪れ、異変に気づく。姉メアリーの姿がどこにもないのだ。妹に聞いても「何も言わないで。メアリーのことは何も話してはいけないの」と返されるだけ。母親シャーロットは「メアリーは逃げ出しただけ」と言うばかりだった。当時、シェリーは10歳。母親の言葉を信じるよりなかった。

刑事は三女キャシーにも話を聞き、メアリーが失踪する前日の様子を確認した。キャシーの証言は以下のとおりである。1981年7月14日はメアリーと家で留守番していた。夜になり両親が帰宅すると、継父ウィリアムが突然、「俺の犬がキッチンで死んでいる。おまえが毒を盛ったんだろ！」とメアリーに怒鳴り始めた。メアリーは犬が死んだことも知らず、ウィリアムの問いかけに否定したが、継父の怒りは収まらず、否定したが、ついには手をあげる。キャシーが覚えているのは、メアリーの悲痛な絶叫と、彼女が口から血を流し倒れている姿だけ。翌日、姉は家から消えていたという。両親はメアリーがいなくなったにもかかわらず、全く気にする様子がないばかりか、「裏庭には絶対近づくな」とキャシーに厳命。その理由を聞くことさえ怖く、以降、彼女は両親の言いつけに従ってきたそうだ。

話を聞き終えた刑事は事件性を感じ、シーサイドの自宅を捜索する。そこは、すでに空き家になっていたが、建物は当時のまま。警察は裏庭にメアリーの遺体が埋まっている疑いがあるとみて、警察犬を引き連れていた。と、犬がある木の根本に反応。さっそくその場所を掘り返したところ、子供用の靴が出てきた。刑事は確信を深め、さらに掘り進める。が、何も出てこない。このとき現場で捜索していた警察犬は人の遺体にのみ反応するよう訓練された犬。必ず、遺体が見つかるはずなのに、結局、靴以外は発見できず仕舞いだった。

不可解な状況に、警察は、メアリーの遺体が埋められていたのは事実だが、その後、別の場所に移動させられたものと推定。容疑者を両親のシャーロットとウィリアムに絞り込み、当時カンザス州に住んでいた彼らを取り調べる。2人は曖昧な供述を繰り返した。母親のシャーロットは、メアリーが家出をすることは珍しくなかったため気に留めなかったという。一方、継父ウィリアムはその日、メアリーに暴力をふるったことは認めたものの、自分の犬を毒殺したため思わず手が出ただけと主張。殺人に関しても一切を否定したが、疑惑は深まるばかりだった。

ところが、事態は思わぬ方向に転がる。2003年11月、アリゾナ州フェニックス警察署から驚愕の電話がかかってきた。なんでも、交通違反をした車を止め運転手のＩＤを調べたところ、メアリー・デイの記録

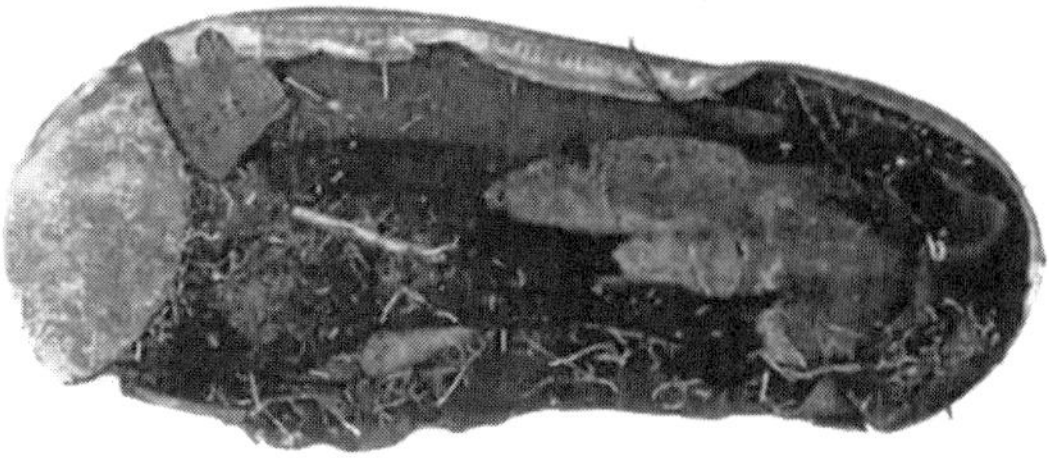

カリフォルニア州シーサイドの自宅と、裏庭から見つかった運動靴

と一致したのだという。信じられない思いで捜査員がフェニックス警察署に出向いたところ、そこにメアリー本人であれを名乗る女性がいた。メアリー本人であれば、このとき彼女は35歳。確かに年相応に見えるが、子供のころのメアリーとはあまり似ておらず、警察が作成していた30代になった彼女のイメージ図とも違っている。別人の可能性も十分あるとみて、ひとまず警察は彼女から話を聞くことにした。

自称メアリー・デイは、13歳だったその日、継父から頭を殴られバスタブに叩き続けられたという。痛かったことは覚えているが、犬が死んだことなどは記憶にないと語る。翌日に家から逃げ出し、その後は人目を避けるように辺境地帯を転々とする生活を送り、警察に捕まって自宅に連れ戻されたくないという思いからモニカ・デヴェーロという偽名を使っていたそうだ。

話を聞き終え、警察が念のため、彼女のＩＤを調べたところ、わずか3週間前にアリゾナ州で発行されたものであることが判明した。それはシャーロットとウィリアムが取り調べを受けていた時期と重なる。つまり、両親に嫌疑がかけられた直後にメアリーはＩＤを取得し、交通違反で20年ぶりに姿を現したことになる。こんな偶然があるだろうか。しかし、ＤＮＡ鑑定の結果、シャーロットとメアリー・デイを名乗る女性は間違いなく親子であると証明され、ほどなく彼女はシェリーとキャシーに再会。姉妹は一緒に暮らし始めた。

姉妹が同じ家で生活して数ヶ月、妹たちは姉メアリーに違和感を覚えるようになる。話し方にアメリカ南部の訛りがあることもさることながら、昔の記憶が極めて曖昧だった。極めつけは、子供のころ毎日のように口にしていたキーワードを覚えてないことだった。メアリーが失踪する直前、実の父親であるチャールズが交通事故で死亡し、子供たちは18歳になったら遺産を受け取れることになっていた。そのため、キャシーは18歳まで暴力的な継父の家で我慢し、そのときが来れば遺産を手に家を出ようとメアリーと約束を交わしていた。合言葉は「モホーク」。その言葉は時々会うだけだったシェリーの脳裏にもしっかり刻まれていた。そんな大事なキーワードが思い出せないなんてことがあるだろうか。

何かしっくりこないまま捜査開始から6年が経過した２００８年、また新たな情報がもたらされる。シーサイド警察署に電話をかけてきたカリフォルニア州陸軍基地の捜査官によると、別の事件でいくつかの民家

失踪前、継父ウィリアム(右)とカメラに収まるメアリー

の捜査をしていたところ、ある一軒の空き家で遺体捜索犬が反応。その家の過去の持ち主を調べると、シャーロットとウィリアムであることが判明したというのだ。ということは、シーサイドの自宅裏庭で見つからなかった遺体が、この空き家に移されていたのではなかろうか。警察はさっそく空き家の敷地を掘り返した。ところが、またも遺体は発見されない。ただ、その場所の土を研究施設で分析したところ、確かに遺体が埋まっていたとされる痕跡が見つかった。両親は、さらに別の場所へ遺体を移動させたのだろうか。

　警察は、メアリーの正体についても疑いを持っていた。彼女がシャーロットの娘であることは証明された。が、シャーロットは最初の夫チャールズとの結婚生活の中で、不倫相手との間に妊娠、娘を出産していたことがわかった。その子供が出生届《しゅっしょうとどけ》も出されずどこかで生き延びている可能性はないだろうか。警察から嫌疑がかかった後、娘に密かに連絡を取りメアリー・デイに仕立て上げたと考えられなくもない。その娘がメアリーになりすまし、チャールズの遺産を受け取る気なら、動機は十分ありうる。しかし、この仮説も否定される。チャールズとメアリー・デイを名乗る女性のＤＮＡ鑑定を実施したところ完全に一致。親子であることが証明されたのだ。

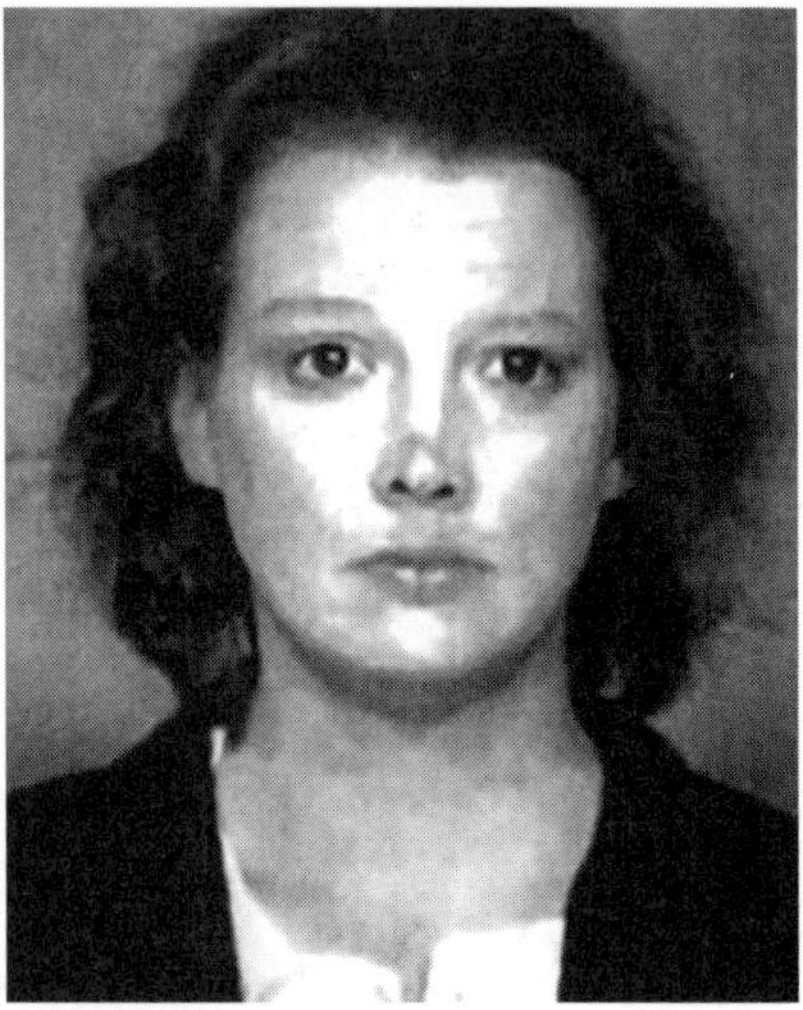

失踪から20年後の2003年11月、交通違反で拘束された際に撮影された当時35歳のメアリー（上）。下は警察が作成していた30代のイメージ図

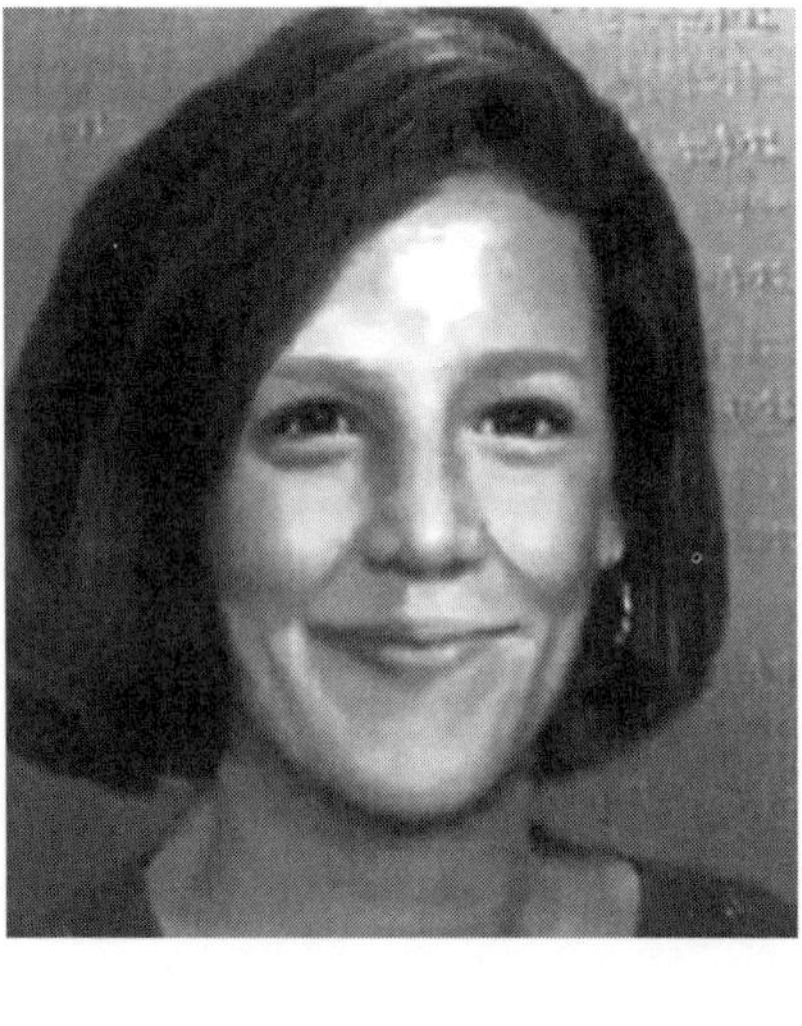

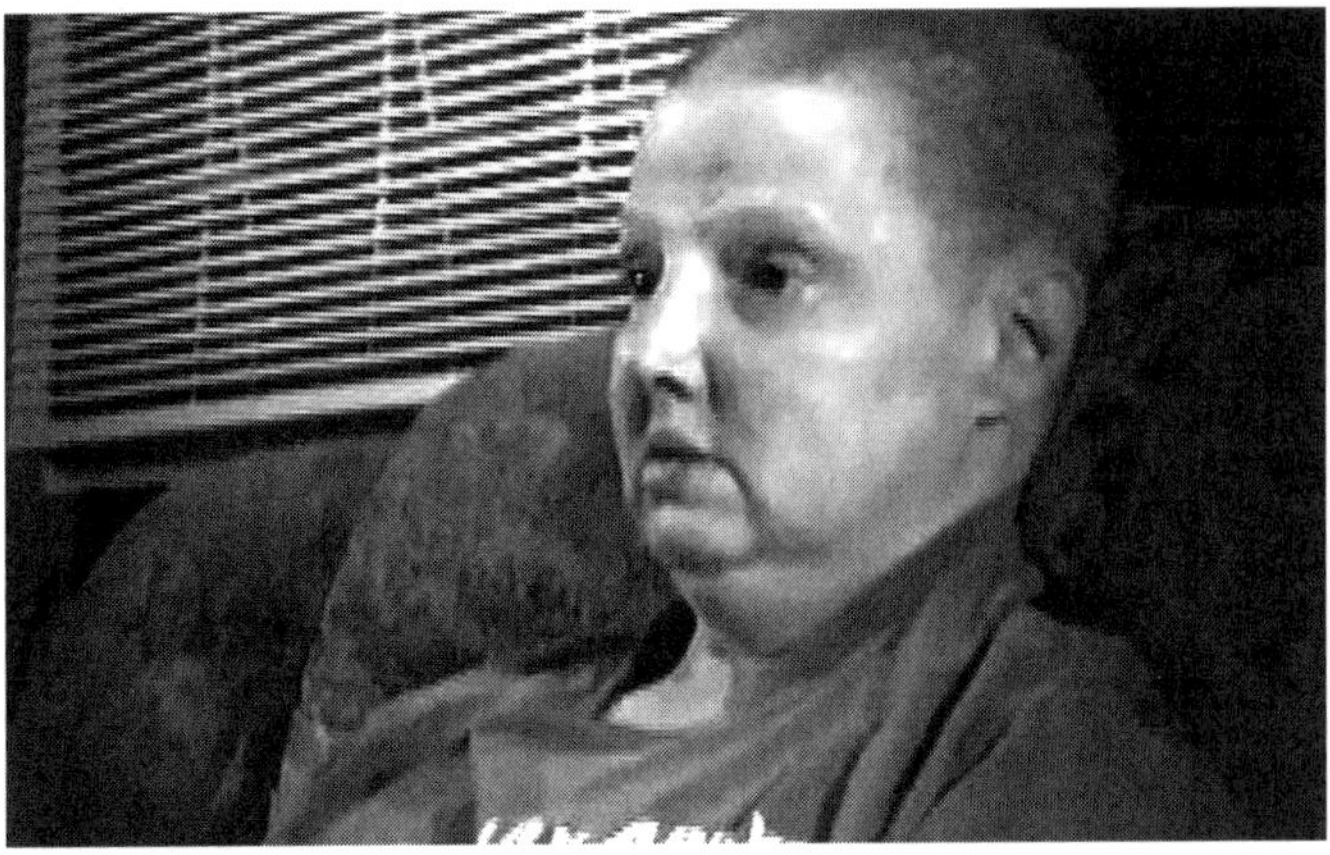

亡くなる直前に撮影されたメアリー

２０１７年、シーサイド警察は事件を結論づけた。曰く、メアリー・デイを名乗る女性は間違いなく本人である。彼女は継父の暴力に耐えかね13歳で家出。その後、深刻なアルコール依存症となり、幼いころのトラウマもあいまって昔の記憶が曖昧となった。突然ＩＤを取得したのは、当時病気を患い、その手術費用を州から支援してもらうため身元を証明できるものが必要だったから。また、裏庭で見つかった子供用の靴を改めて調査したところ、５～６歳のものとみられ、高身長だったメアリーの靴にしては小さすぎる――。

こうして、警察が当初、考えていたメアリーが殺害されたとする主張は崩れた。では、空き家の遺体は誰だったのか。真相は現在もわかっていない。なお、メアリーは妹たちと暮らした後、ミズーリ州で結婚したものの夫に虐待を受け、警察が結論に達したのと同じ２０１７年、がんにより49年間の数奇な人生を終えた。

遺体から検出されたメタノールを自ら飲んだか、誰かに飲まされたか

南極大陸基地天体物理学者、ロドニー・マークス死亡事件

2000年5月11日、南極点のアムンゼン・スコット基地でオーストラリアの天体物理学者ロドニー・マークス（当時32歳）が、研究棟から基地に向かい歩いていた途中、突然、吐き気と息苦しさに襲われた。寝れば症状も治まるだろうと早めに床についたものの、体調は良くなるどころか、ますます悪化。翌12日午前5時、血を吐きながら目を覚ます。あまりの異常事態に、基地在住の医師に診てもらったが、原因は不明。診察時、マークスは胃や関節の痛みを訴えたほか、光を極度に眩しがり、サングラスをかけなければならないほど敏感になっていた。

その後も体調は回復せず、3回目に医師のもとを訪れた際には過呼吸状態に。医師はストレスが原因ではないかと推測し、マークスを落ち着かせるために向精神薬を注射、様子をみることにした。ところが、注射を受けた直後から脈拍が徐々に弱くなり、やがて心停止に陥ってしまう。45分間の蘇生処置も虚しく、18時45分に死亡。医師は心臓発作か脳卒中で亡くなったのではないかと周囲に話したが、正確な死因を特定するには基地から一番近いニュージーランドまで遺体を輸送し司法解剖を行わなければならない。ただ、このとき、南極は冬の季節で悪天候と極夜が続き、飛行機が基地へ近づくことは不可能だった。そこで、マークスの遺体は6ヶ月間にわたり観測所の冷凍庫の中で保管された後、夏の季節となった同年10月30日にニュージ

ーランドのクライストチャーチに運ばれた。

検死の結果、驚くべき事実が判明する。マークスの死因は病死ではなく、150ミリリットル以上のメタノールを摂取したことによる中毒死。つまり、自殺か他殺の可能性が高まったのだ。ちなみに、メタノールはアルコールの一種で、30ミリ以上摂取すると、吐き気、めまい、視力の低下などを引き起こす、日本では劇薬に指定される猛毒である。

もっとも、マークスには自殺する原因がかけらもなかった。仕事は充実し、同僚女性と結婚の約束まで交わしていた。それに彼は3度も医師のもとを訪れている。生きる意思があったのは明白だ。では、マークスは基地の職員の誰かにメタノールを飲まされ殺されたのか。基地内でメタノールは機材を洗浄するため使われており、誰でも入手は可能。実際、酒に混ぜて毒殺する事件が世界中で起きていた。

マークスの死をめぐり様々な憶測が飛び交うなか、捜査を担当することになったニュージーランドの警察が、自殺や他殺のほか、マークスが誤ったか、気分を高揚させるためメタノールを飲んだ可能性を指摘する。実は、マークスは普段から大酒飲みで知られ、事件当

ロドニー・マークス。
明るい性格で、同僚からの人望も厚かった

時、深刻なアルコール依存症に陥っていた疑いがあった。また、彼は持病のトゥレット症候群（重度なチック症）を紛らわすため、飲酒することもあったという。こうした状況から、マークスは基地内のメタノールを自ら摂取したものと推察された。しかし、後にこの仮説は否定される。基地内には多くの酒類が保存されており、その気になればいくらでも手に入れることができた。わざわざメタノールを摂取する理由はどこにもなかったのである。もちろん、マークスがメタノールの危険性を知っていたことは言うまでもない。

そこで浮上してきたのが、彼がメタノールではなくエタノールを飲もうとしていた疑いである。石炭や天然ガスから作られるため人体に有害なメタノールに比べ、エタノールは糖やデンプンから作られており人体への悪影響は少ない。そのことを知ったうえでマークスはエタノールを飲もうとしたが、間違えてメタノールを摂取してしまったのではないかと考えられたのだ。

事件の舞台となった南極大陸アムンゼン・スコット基地（1956年、アメリカが建設）

自ら開発した天体望遠鏡とカメラに収まるマークス

エタノールとメタノールは見た目や味、匂いが似ており、薄めて飲めば区別するのは困難。基地内での保存方法が曖昧なこともあって、判断を誤った可能性は十分にありうる。

一方、事件を捜査していたニュージーランド警察当局は殺人の線も捨てきれないとして、マークスの死亡時、基地に滞在していた職員49人に聞き取り調査の協力を求める。が、これに応じたのは13人のみ。事件解決に結びつく証言は得られなかった。警察は2006年、マークスの人間性を考えると、自殺は考えられず、間違えてメタノールを摂取した可能性が高いと発表。さらに、遺体の検視官が2008年、マークスの死因は自殺か毒殺かどちらとも言えないという報告書を提出したことにより捜査は打ち切られ、そのまま真相は闇に葬られた。

遺体発見2ヶ月前にネット掲示板に投稿された「死体の処理方法」との関連は？

日原街道脇崖下・女性死体遺棄事件

２００３年3月11日午前10時20分ごろ、東京都奥多摩町氷川《ひかわ》の日原街道《にっぱらかいどう》沿いにあるがけの斜面に、人間の右手首が落ちているのを釣りに来た男性が見つけ、パトロールで通り掛かった東京都建設局の職員を通じて１１０番通報した。警視庁青梅署が現場に駆けつけたところ、すぐ近くで左手首と左足首が発見され、翌日には右前腕部と頭髪の一部も見つかった。右前腕部には雪が積もっていたことから、付近で降雪があった３月６日以前に遺棄されたとみられた。司法解剖の結果、遺体はのこぎりのような刃物で切断されていたことが判明。20代後半から30代の女性で、体型は小太りで血液型はA型。足の爪に赤色のペディキュアが塗られ、小指外側に大きなタコがあったという。同署は死体損壊、死体遺棄事件として捜査を始め、遺体の身元特定を急いだが、頭部や胴体は見つからず、失踪届にヒットするような人物もいない。さらに犯人側の情報も、現場から手がかりにつながる証拠品も発見されることはなく、２０２４年1月現在も事件は未解決のままだ。

今ではほとんど話題に上ることのない本事件だが、発覚当初、一部でネット掲示板の書き込みと関連が噂された。その書き込みは「死体の処理方法」という内容で、事件2ヶ月前の２００３年1月30日に投稿されたものだ。投稿主は自称「男子大学生」で、遺体は「小柄な女」と明言。他の掲示板利用者からの冗談めいたアドバイスに対して「ミキサーは無理ですよ」「歯は抜いてもＤＮＡとかで特定されませんか？」「脂

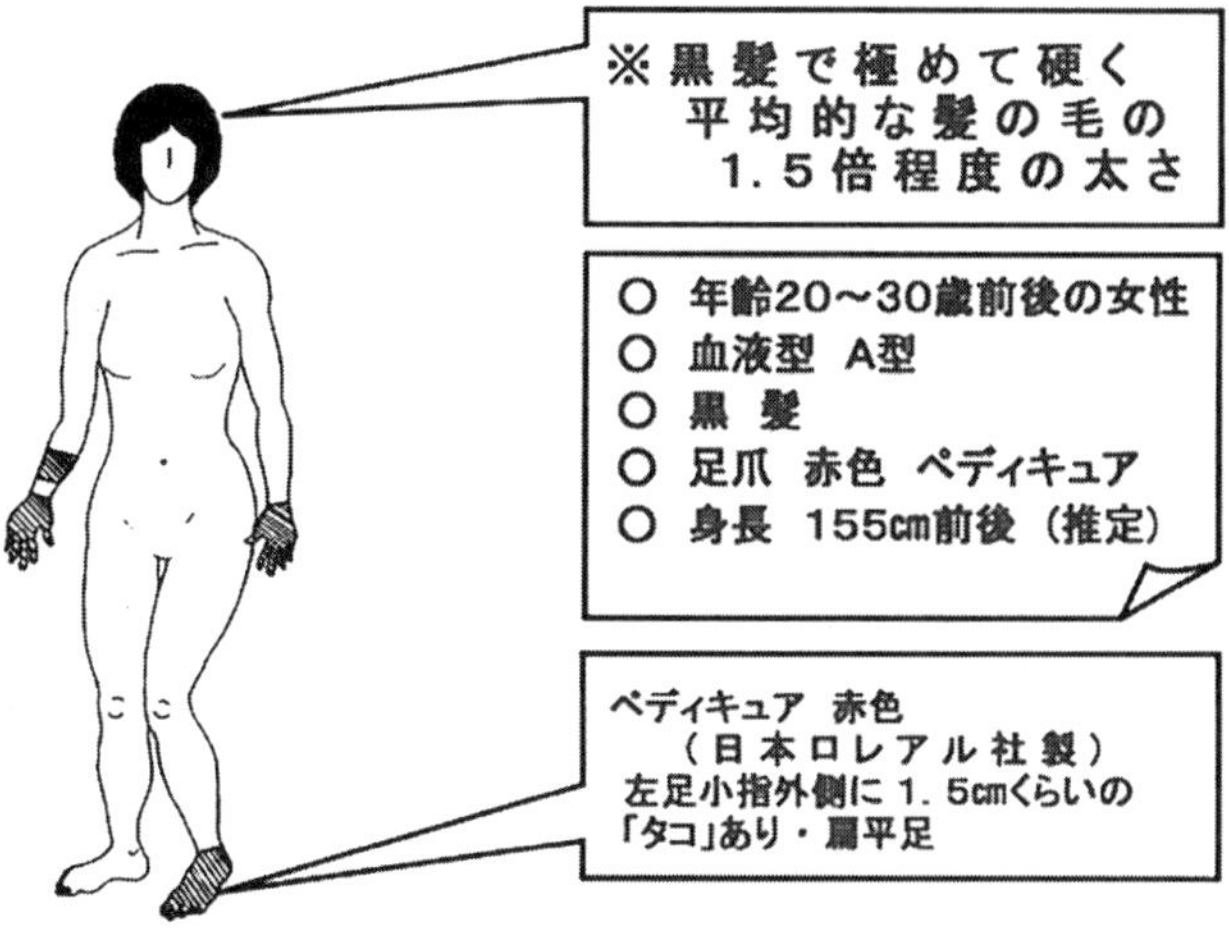

警視庁が公開している被害者の特徴

肪で刃が駄目になってしまう」と淡々と答えていた。そして、胴体、手首、足首をバラバラにしたうえで山の中などに分けて捨てると発言、「県が違えば捜査のかく乱が狙える」などと話し、薬品を使用して溶かした遺体を海にまき、全て処理を終えたと書き込んだ。被害者との関係については「被害者側の親族は捜索願を出さないので、死体が見つからなければばれない」と返答。殺害した理由は「欲求です。性交したいのと同じ感覚で殺したかった」と述べ、それ以降、書き込みは途絶えてしまった。

その後、バラバラ遺体が発見される事件がいくつか発生したため、犯人が捕まった事件も含めて関連が疑われていた。しかし、当時はネットの書き込みに関する法規制がなく、捜査が行われることもほとんどなかった。もちろん、事件とは何の関連もない愉快犯の書き込みという可能性は高いが、投稿のタイミングが女性の遺体発見と合致し、かつ内容が生々しく具体的。単なる偶然と捨て去れない何かがあるのも事実だ。

追突した衝撃で男性と息子が後続車にひかれ死亡。後部座席に妻の絞殺体が

佐原市・東関道親子3人死亡事故

2005年6月26日午前2時5分ごろ、千葉県佐原《さわら》市（現・香取《かとり》市）下小野《しもおの》付近の東関東自動車道上り線で、埼玉県川口市に住む内装業の男性（当時32歳）の運転する乗用車が道路左側のコンクリート壁に接触した。その弾みで反対側に飛ばされ中央分離帯のガードレールに衝突。2度にわたる衝突で助手席側のドアが開き、同乗していた3歳の男児が車外に放出された。男性は車から降り息子が倒れている場所に向かい、救助しようとしたが、この際に後続の2台の車に相次いではねられる。男性と男児は全身を強く打って間もなく死亡。千葉県警高速隊、同佐原署は2人を最初にはねた乗用車を運転していた66歳の男を業務上過失致死の現行犯で逮捕した。

まさに痛ましい事故だが、不可解なのはここから。警察が現場検証すべくガードレールに衝突したまま立ち往生していた車を調べたところ、後部座席から毛布にくるまれた女性の遺体を発見。この女性は男性の妻（同29歳）で、後の司法解剖により、24日午前から25日夕の間に絞殺されていたことが判明したのである。

警察は男性が妻を殺害し、その遺体を乗せたまま車を走らせていたものとみて捜査を開始。事故が起きるまでの行動を調べ上げる。自動車ナンバー自動読み取り装置（Nシステム）の記録から、男性が自宅近くのガソリンスタンドで最後に目撃された24日午前以降、川口市のほか、千葉県君津市方面や茨城県鹿嶋市周辺、

事故が起きた東関東自動車道（佐原香取IC〜潮来IC間）

東京23区内などを走行していたことが確認された。１ヶ所に長時間とどまったり、特定の目的地を目指したりした形跡はなく、事故の約２時間30分前の午前０時35分ごろには、現場から約10キロ東にある潮来《いたこ》インターチェンジ（ＩＣ）から同道に入り、現場手前の佐原パーキングエリア（ＰＡ）で約２時間停車していたことも明らかとなった。さらに、妻とは金銭トラブルを抱えていたことが判明。このことから感情的に手にかけたものの、将来に悩んで無理心中を図った可能性も浮上。となれば、男性が最初に事故を起こしたのも意図的だったか、パニック状態に陥っての悲劇だったとの見方もできる。警察は後に男性を被疑者死亡のまま、殺人容疑で書類送検したが、当事者が死亡した今、実際何が起きたのかは不明のままである。

念願の美容室オープン当日、結婚寸前に隣家の敷地で死亡
日立市ネイリスト変死事件

2007年5月24日、茨城県日立市でネイリスト（つけ爪の施術を行う専門家）の阿部香織《あべかおり》さん（当時29歳）が念願の美容室をオープンさせた当日、不可解な死を遂げた。当時、香織さんは10歳年上の男性美容師Sさん（同39歳）との入籍を9日後に控え、まさに幸せの絶頂期。なぜ、彼女は死ななければならなかったのか。

香織さんとSさんが美容室を開業すべく、総額6千万円の店舗兼住宅を同市鹿島町《かしまちょう》に建てたのは2007年春。ここには当時68歳のSさんの母親も同居することになったようで、1階は美容室と香織さんが従事するネイルアートスペース、2階は従業員の会議室、リビング、その奥に香織さんとSさんの寝室、Sさんの母親の部屋があったという。

開店初日の24日、香織さんは2階の自室でネイルサロンの準備中で、Sさんは1階で複数の従業員と客のカットなどを行っていた。18時40分、Sさんが店を訪ねてきた友人2人と2階へ上がり、香織さんを含め談笑した後、19時ごろ1階へ戻った。19時10分ごろ、香織さんが友人2人を見送り、夕食の準備のため再び2階へ。彼女の姿が確認されたのはこれが最後である。

不審死を遂げた阿部香織さん

1階でSさんを交えたスタッフミーティングが終わった20時過ぎ（19時30分ごろとする報道もあり）、2階から「ドーン」と物が落ちるような音が聞こえた。従業員の数人がこれを耳にしたが、特に気にかけるものはなかったそうだ。21時ごろ閉店。Sさんは21時20分ごろ2階へ上がる。が、なぜか香織さんの姿がリビングにも寝室にもない。母親は寝ていたようで何も知らないという。改めて寝室を確認したSさんは部屋の出窓が開き、そこから1本のコードが家の外壁に垂れているのに気づいた。寝室にあったフットマッサージ機が接続されているはずの電源コードだ。Sさんは携帯で香織さんに電話をかけるも留守電。自分が気づかぬうちに外出したのかとスタッフに確認してみたが、彼女が外に出る様子を見た者はいなかった。実際、1階と2階に通じる通路は店内の階段だけで、誰にも気づかれず外に出るのは不可能だった。

21時20分、不審を感じたSさんは美容室を出て、隣家の敷地で信じられない光景を目にする。香織さんが首に何重にもコードが巻きついた状態で仰向けに倒れていたのだ。慌てて119番通報し、香織さんに心臓マッサージを施し意識を取り戻そうとするSさん。やがて救急車が到着し、香織さんが病院へ搬送される。このとき、Sさんは救急隊員に同乗を求められたが、「同居する母が心配なので残ります。連絡をください」と、これを断ったそうだ。彼が病院から香織さんが死亡したとの連絡を受けるのは、22時45分ごろのことだ。

司法解剖の結果、死因はひも状のもので首を絞められた窒息死と判明する。ただ、香織さんに抵抗した形跡はないこともわかった。いったい、どういうことなのか。不可解な事件に警察が捜査に乗り出し、寝室にちぎれたネックレスが落ちており、布団は乱れ、壁には血痕、ベッドと壁の間に結婚指輪が落ちていたことを突き止めた。外部から何者かが侵入した形跡はない。加えて、彼女が発見時に裸足で、付近から靴などが見つかっていないことから、香織さんは外出したのではなく、2階の出窓から落ちたか、落とされた可能性が強まった。

前者とすれば、自ら飛び降りたのだろうか。が、彼女には自殺する動機がない。夢だった美容院とネイリスト開業の初日で、結婚間近。台所のテーブルには作りたての料理もあった。そもそも死因は窒息死であり、さらに顔には、誰かに殴られたような大きな打撲痕も残っていた。部屋に落ちていたちぎれたネックレスや結婚指輪も、自殺だと納得のいく説明が難しい。

では、他殺なのか。実はこの事件は当初から、メディアや世間から、第一発見者であり婚約者のSさんが殺害したのでないかと囁かれていた。なぜ、救急車に同乗しなかったのか。母親が心配だったとしても、婚約者の生死がかかっている状況で同乗を拒否するのは不自然ではなかろうか。証拠を隠滅する時間が必要だったのでないか。また、美容室の開店資金6千万円のうち4千万円を香織さんの両親が出していたことがわ

香織さんと婚約者のSさんが開業した美容室「サムシングブルー」

かり、これが2人の間でトラブルになっていたのではないかとも噂された。さらに、Sさんには離婚歴があったのだが、事件後、すぐに元妻とよりを戻し再婚したことも疑惑を深めた。しかし、前述のとおり、殺されたとすれば香織さんに抵抗した痕がないことはあまりに不自然。また、具体的な内容は不明ながら、香織さんが生前メールや電話で頻繁に友人に悩みを相談していたとの情報もあり、自殺の線も完全には捨てきれない。ちなみに、これまで警察がSさんを容疑者として取り調べたとの報道は一切出ていない。何より、彼には完全なアリバイがあるのだ。

いったい、香織さんはどんな状況で死亡したのか。2008年7月、彼女の父親は茨城県警日立署に真相究明を求める上申書を提出したが、その後、警察から捜査に関する公表はなされていない。

MI6職員バッグ詰め変死事件

性的嗜好による事故死か、諜報活動関連の暗殺か

ガレス・ウィリアムズは1978年、ウェールズで生まれた。幼少のころから数学に関して驚異的な能力を発揮し、マンチェスター大学で計算幾何学の博士号を取得。2001年にイギリス政府通信本部（GCHQ）に就職する。ここでは主に暗号解読を専門とし、やがてその功績が認められ、2009年に通称MI6（イギリス秘密情報部。SIS）のロンドン本部に出向。アメリカ国家安全保障局（NSA）と協力し、マフィアの国際的なマネーロンダリングのルートを追跡する任務に就いていた。

2010年夏、休暇を取得し数週間アメリカで過ごした後、8月11日に帰国。同月16日深夜、ノートパソコンを使い、趣味だったサイクリングのウェブサイトをチェックしたが、これがウィリアムズが残した最後の痕跡となった。8月23日、ウィリアムズが仕事に復帰せず5日間連絡が取れなかったことを不審に思った同僚の通報を受けた警察が彼の自宅アパートを訪れスペアキーで室内に侵入、空のバスタブで1つのボストンバッグを発見した。バッグは南京錠で閉じられ、底からは赤い液体が滲み出ている。警察が中を確認したところ、胎児のような体勢で収まった裸の遺体が出現。かなり腐敗が進行していたが、それは紛れもなくウィリアムズ本人だった。

MI5（イギリス保安局）とロンドン警視庁による現場検証の結果、不可解な事実が発覚する。浴室やバ

ガレス・ウィリアムズ（死亡当時31歳）と、彼のアパートを警察が捜索した際に撮影した1枚。バスタブのバッグに遺体が入っていた

スタブからウィリアムズの指紋が検出されなかったのだ。彼はこのアパートに暮らし始めて1年以上。その間、一度もバスタブを触らなかったとは考えにくい。さらに、バッグや南京錠からも指紋は出てこなかった。この状況から当然のように他殺が疑われるも、遺体に外傷はなく争った形跡もない。仮にウィリアムズが自らバッグに入り鍵をかけたとしたら、必ず指紋が付着しているはず。しかし、現実にはそれがない。ウィリアムズはバッグや南京錠を触らずに、いったいどうやって鍵を閉めたのか。そもそもバッグの内側から南京錠を閉めることは可能なのか。

この奇妙な事件を担当した検死官チームは、ウィリアムズと同じ身長170センチの成人男性と、彼が遺体となって入っていた横81センチ&高さ48センチのバッグを用意し、実験を試みた。そもそも自らバッグの中に入り南京錠を閉めることは可能なのか。検証の結果、400回以上チャレンジし、ようやくバッグに入りチャックを閉めることに成功。しかし、チャックのわずかな隙間から外にある南京錠をかけるのはできなかった。この検証結果と、バスタブや南京錠にウィリアムズの指紋がないことから、検視官らは第三者が二酸化炭素、もしくは短時間で作用する毒物をウィリアムズに投与したうえで、バッグに入れ込み施錠したものと結論づける。

対し、ロンドン警視庁は具体的な方法こそ説明できなかったものの、ウィリアムズが自らの意思でバッグに入り鍵をかけたと主張した。実は、彼のインターネットの検索履歴を調べたところ、死の直前に緊縛のウェブサイトを閲覧していたことがわかっていた。また、3年前にはベッドで縛られ助けを求めているところをアパートの大家に発見され「自分が自由になれるかどうか試した」と述べたという。他にもウィリアムズの部屋からは複数の女性服が発見されており、彼が女装家であったことを指摘。つまり、警視庁はウィリアムズが自身の性的嗜好からバッグに入ったものと考えたのである。

ロンドン警視庁がウィリアムズの死を事故死と発表して2年後の2015年9月、ロシアから亡命した元

遺体発見の数日前、ロンドン市内のショップの防犯カメラに映ったウィリアムズ

ＫＧＢ（旧ソ連の国家保安委員会）職員が驚くべき証言を行った。なんでも、事件の黒幕はロシア海外情報庁（ＳＶＲ）で、同機関がウィリアムズを脅迫し二重スパイにしようとしたが失敗、彼が特殊な性癖の持ち主とみなされるよう偽装工作したうえでバッグに押し込み、検出不可能な毒物を耳に入れて殺害したのだという。実は、ロンドン警視庁も捜査を進めるにつれＳＶＲの存在に気づいたが、国際問題に発展しかねないことを危惧し追及を断念したとの噂もある。一方、このような主張は単なる陰謀論にすぎないとする声も少なくない。ガレス・ウィリアムズの身に何が起こったのか。その真相はわからないままである。

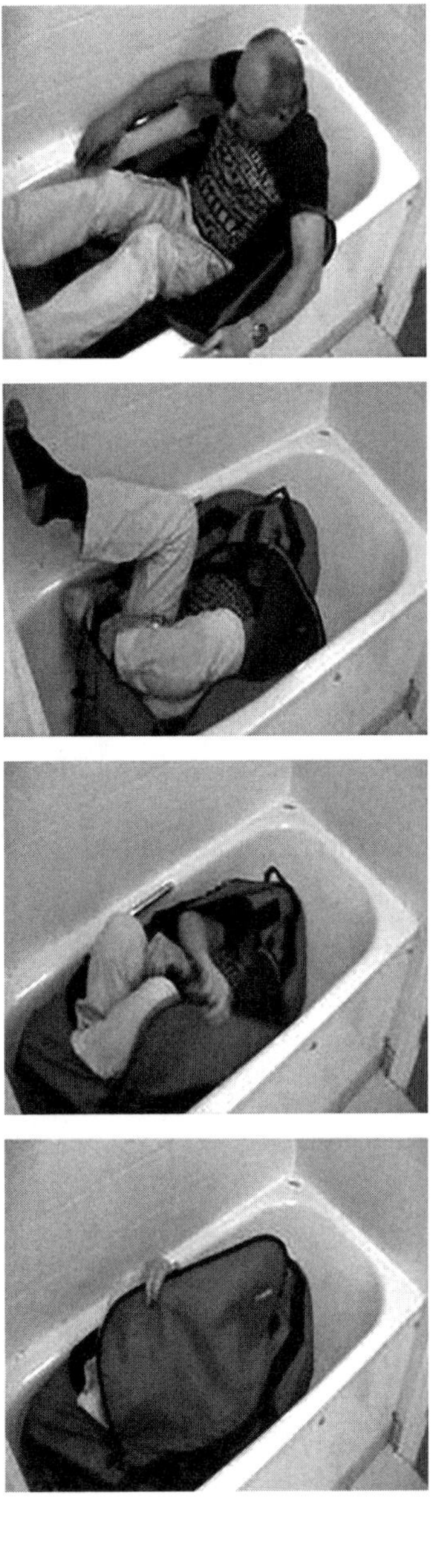

ウィリアムズはいかにしてバッグに入り施錠したのか？　検証実験の様子

出生証明書を盗み別人になりすまし夫婦生活を送っていた女性の謎
ロリ・エリカ・ラフ自殺事件

2010年12月24日、クリスマスイブのこの日、米テキサス州ロングビューで当時42歳の主婦ロリ・エリカ・ラフが、停車してあった車の中で拳銃で頭部を撃ち抜き自殺しているところを発見された。夫ブレイクの動揺は激しかった。当時2人は離婚手続き中。そのせいで妻が命を絶ったことは十分ありうるが、一方で溺愛した娘を残し自殺したことに不可解さも覚えた。

その後、ブレイクがエリカの遺品を整理していると、クローゼットの奥から鍵のかけられた箱が見つかった。中を確認したところ、なぜか知らない人物の出生証明書や身分証が何枚も保管されている。不審に感じたブレイクは警察に連絡、調査が始まると、信じられない事実が発覚する。なんと、エリカが他人の戸籍を盗み、別人になりすまし生活していたことが明らかになったのだ。彼女が隠し持っていた出生証明書はベッキー・スー・ターナーという女性のもので、調査の結果、かつてワシントン州シアトルの郊外で暮らしていた家族の娘で、1971年に2歳で死亡していたことが判明。

ベッキーの産まれた州と死亡した州が異なっていたため出生証明書の不正利用がバレなかったこともあり、エリカは何らかの手段でこれを入手、1988年ごろからベッキーになりすましていたようだ。

その後、彼女はベッキーの出生証明書を使いアイダホ州で運転免許証を取得。数ヶ月後には合法的にロ

ロリ・エリカ・ラフとして暮らしていた女性

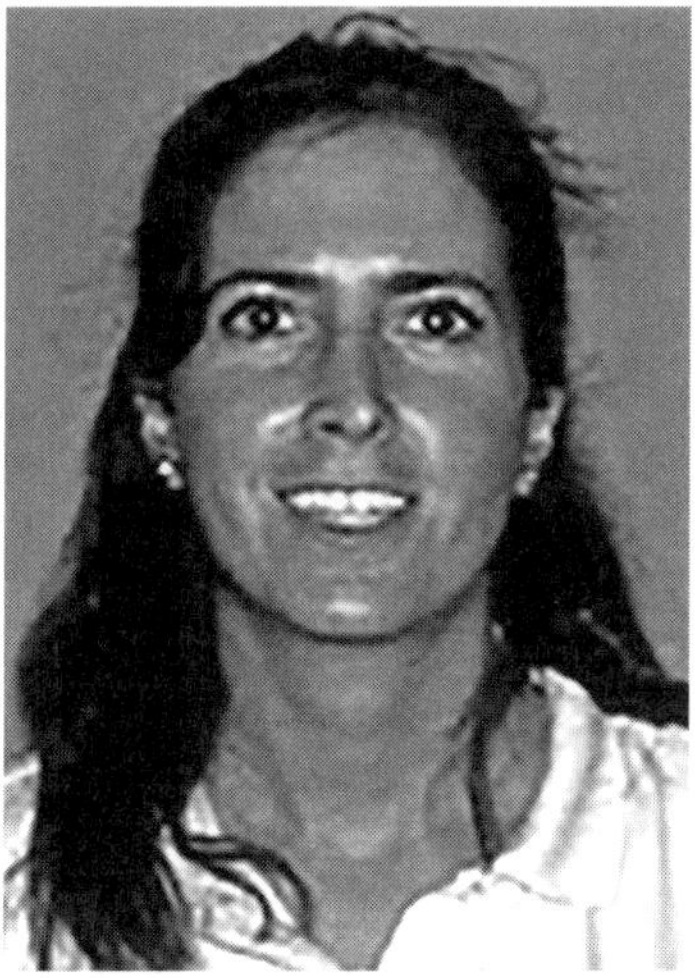

リ・エリカ・ケネディと改名して戸籍を洗浄し、2004年にブレイク・ラフと出会い結婚する。が、ブレイクの両親は2人が交際期間中から、エリカに不信感を抱いていた。家族や過去の思い出について質問しても、「両親はすでに他界しているし、兄弟もおらず天涯孤独の身」と、多くを語らない。しかも、結婚式には彼女の友人知人は誰一人参列せず、立ち会ったのは牧師だけ。不信感は拭えなかったものの、夫婦仲は良好で、そのまま4年の月日が流れる。

2008年、待望の娘が誕生。その直後からエリカは精神的に不安定になり、不可解な言動を見せ始める。異常なほど娘に執着し、他人に娘を抱かせなかったばかりか、指1本触れることまで頑なに拒否。ブレイクの両親に対しても同様で、抱っこさせないどころか、孫の顔が見たいという祖父母の訪問も拒否するようになり、夫婦の間に微妙な空気が流れ始めた。その後もエリカは些細なことでもブレイクの両親に対する不満を口にし、やがて夫婦関係は破綻。ブレイクが離婚を前提に自宅を出て実家へ戻ると、エリカはブレイクや両親に脅迫メールを送りつけ、実家への不法侵入も試みた。さすがに、これに耐えかねたブレイクが裁判所にエリカの接近禁止令を訴える。エリカが自殺したのは、その矢先のことだった。

エリカは車の中に2通の遺書を残していた。1通は夫のブレイク、もう1通は幼い自分の娘に宛てたもの。ただ、そこに書かれていたのは自分たちの生活を邪魔しようとしたブレイクの両親に対する恨みつらみが大半で、己の過去についての告白などは一切含まれていなかった。その後、エリカはアメリカの身元不明者データベースに登録されたが、彼女が何者だったのかはわからず仕舞いだった。

　事態が動くのは2016年9月。エリカのDNAを解析して親族をたどっていくと、ペンシルベニア州に住む実の両親の存在が判明。彼らに話を聞いたところ、エリカの本名はキンバリー・マクレーンだと明らかになった。彼女は母親の再婚相手と折り合いが悪かったらしく、1986年、17歳のとき家を出て、そのまま

死後、彼女のクローゼットから見つかった複数の身分証明書と、別人の出生証明書

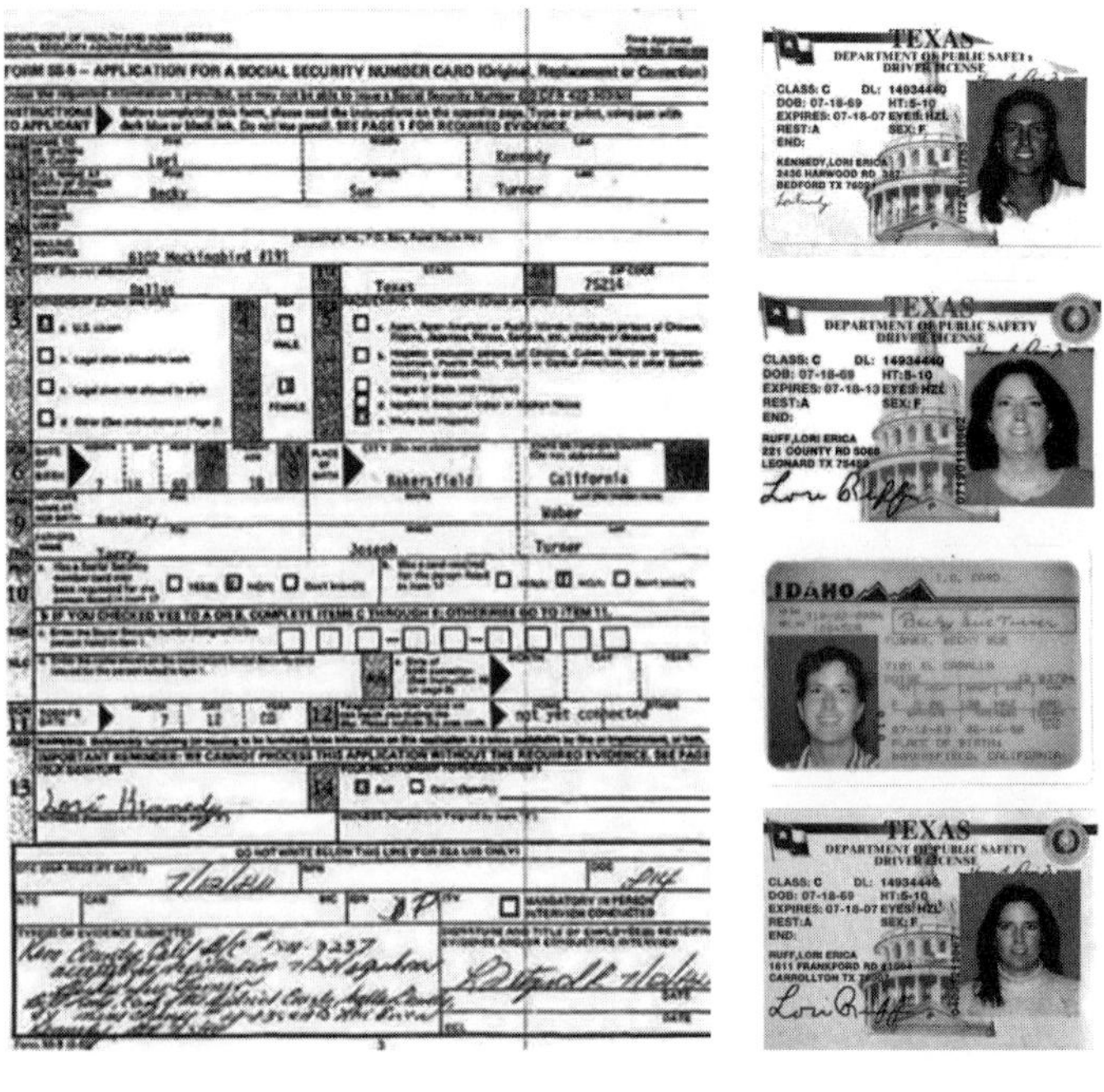

夫のブレイクとの仲は当初、良好だったが…

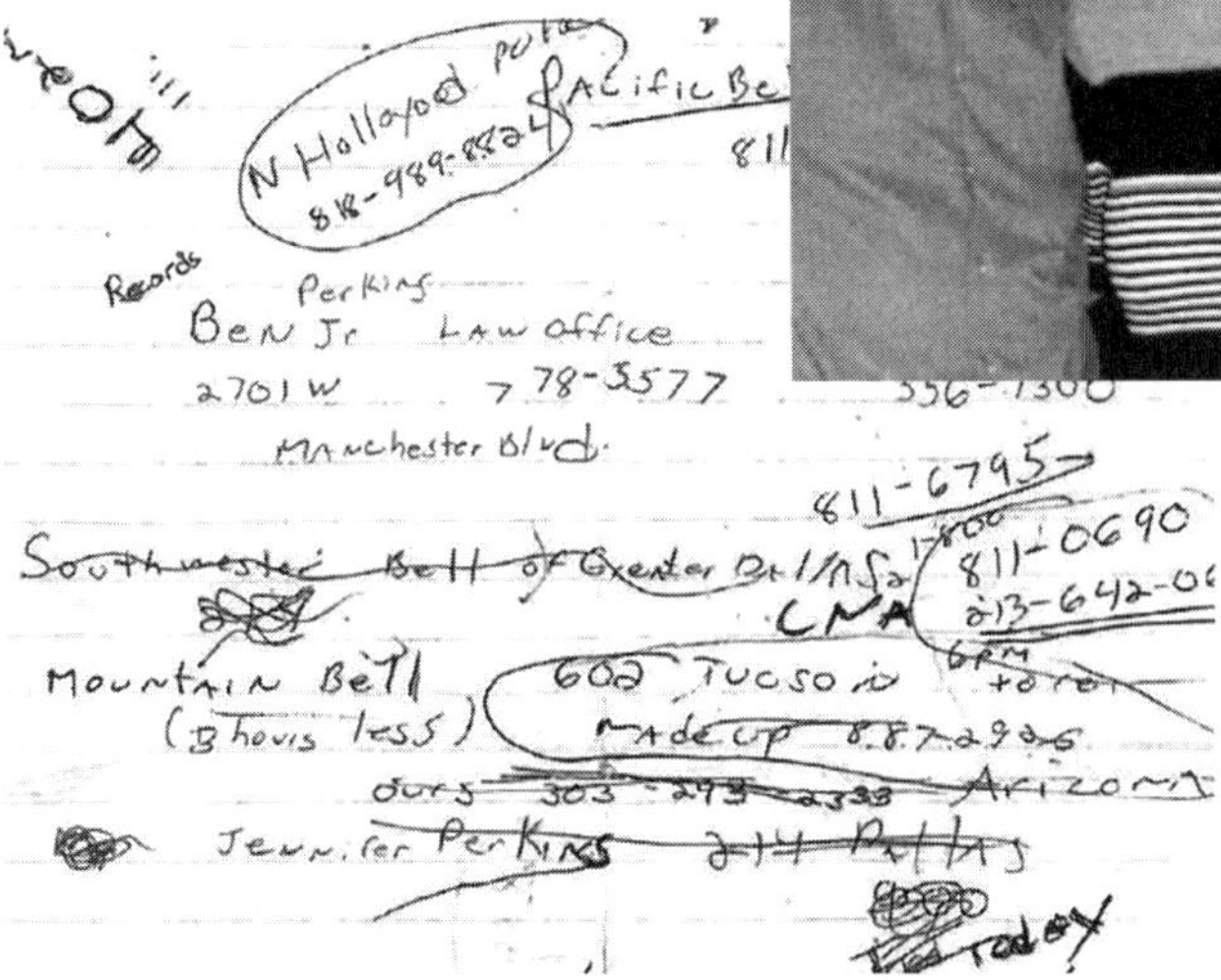
N Hollywood police
818-989-8824
Pacific Bell
Records
Perkins
Ben Jr Law Office
2701 W 778-3577
Manchester Blvd.
811-6795
811-0690
213-642-06
Southwestern Bell of Greater Dallas
CNA
Mountain Bell
(3 hours less)
602 Tucson
made up
Jennifer Perkins
today

上／車の中から見つかった自筆の遺書
下／1986年、両親のもとから消息を絶った17歳のころのエリカ

全く連絡を寄越さず現在に至っているのだという。異常なほど娘に執着したのも、彼女の若いころの家庭環境やトラウマが原因だったのかもしれない。ただ、なぜ他人になりすまそうとまで考えたのか、出生証明書をどのように入手したのか、そして溺愛した娘を残しなぜ自殺したのか。エリカの人生と死は今も多くの謎に包まれている。

恋人の製薬会社社長宅で首を吊り死亡。民事訴訟で犯人が明らかに
レベッカ・ザハウ事件

2011年7月13日、米カリフォルニア州サンディエゴの高級リゾート地コロラドの邸宅で、当時32歳のレベッカ・ザハウの遺体が発見された。この家の持ち主で製薬会社の社長、ジョナ・シャクナイ（同54歳）の恋人だった。

レベッカはミャンマー出身で、故郷での貧しい生活から抜け出すために姉のメアリーら家族と共に2001年にアメリカに移住。アリゾナ州フェニックスの病院で眼科技師として働き、2002年に当時36歳の看護学生と結婚した。が、夫婦生活は上手くいかず、ほどなく別居。籍は入れたままだった2008年、患者として通院していたジョナと知り合い親密な仲となる。2011年2月に離婚した後は、ジョナの自宅で、彼の前妻の息子マックス（同6歳）と3人で暮らすようになり、結婚に向けての準備も進めていた。

その日の朝6時45分ごろ、ジョナの弟で船乗りのアダム・シャクナイは兄の自宅で、寝室のバルコニーから全裸で首を吊っているレベッカの姿を発見した。このとき、レベッカは両手両足を赤いロープで縛られ、口には青いTシャツが入れられていたという。アダムはベッドの脚にくくりつけられたロープをナイフで切断、レベッカを庭におろし必死に心臓マッサージを施しながら警察に通報する。ほどなく現場に到着した警察は、レベッカの寝室でキッチンナイフやペンキの付いた筆を発見するとともに、部屋の扉に不可解なメッ

レベッカ・ザハウと、警察が彼女の遺体を確認した際の状況。
両足がロープで縛られている

セージが書かれているのに気づいた。
「彼女は彼を救った。あなたは彼女を救えるか」
これが何を意味するのか定かではなかったが、レベッカの死は当初、殺人事件として扱われ、前日からジョナの家に泊まっていた第一発見者のアダムが疑われた。が、ウソ発見器も検査結果はシロ。遺体発見から2ヶ月後、地元警察は事件は殺人ではなく自殺と結論づける。事件現場に残されたあらゆる証拠にレベッカ以外の指紋が検出されなかったことに加え、被害者が自らを縛ることも可能と実験で立証してみせた。実はレベッカ死亡2日前の7月11日、恋人ジョナの息子マックスが自宅の階段から転落した。そのとき一緒にいたレベッカが救命措置を行い、マックスは一命をとりとめたものの、事故の6日後に死亡。レベッカはその自責の念から命を絶ったというのが警察の見解だった。

この結論に納得がいかないレベッカの

姉のメアリーは独自で遺体を掘り起こし、再び検死を行った。結果、レベッカの頭部に小さな鈍器によって殴られたと思われる傷跡があることが判明。殺人の証拠が出てきたことで、彼女は弁護士を雇い、さらに捜査を続ける。犯人として浮上したのは、第一発見者のアダム、恋人のジョナ、ジョナの前妻ディナの3人。死亡した息子マックスの実の母親であるディナは息子の転落事故にかなりの恨みを持ち、レベッカは生前「ティナに殺される」と繰り返し言っていたそうだ。

そして、事件から7年が過ぎた2018年2月、レベッカの殺人に関してメアリーが提訴した民事訴訟が始まる。弁護士は、本来、自殺のロープをナイフで断ち切り、彼女に心臓マッサージを行った人物の指紋が現場に残っていないのはおかしいと主張した。つまり、メアリー側はアダムこそがレベッカを殺害した真犯人と睨んでいた。遺体の結び方が船乗り特有の縛り方で、謎のメッセージもアダムの筆跡と酷似しているのがメアリー側の主張だった。動機については、現場に残されたメッセージに秘密があるのだという。文章にあった

レベッカの寝室の扉に残されていたメッセージ。「SHE SAVED HIM, CAN HE SAVE HER（彼女は彼を救った。あなたは彼女を救えるか）」と書かれている

左から遺体の第一発見者で後に犯人に特定されたアダム、
レベッカの恋人ジョナ、ジョナの前妻ティナ

「彼女」とはレベッカ、「彼」はレベッカが転落直後に救命措置を施して一命をとりとめた息子マックス、そして「あなた」はジョナを指すと弁護士は説明する。

50歳を過ぎても独身、収入が安定しない船乗りだったアダムは、幼いころから優秀で大企業の社長となり豪邸に住む兄のジョナに嫉妬し続けていたうえ、レベッカにも好意を抱いていた。つまりこのメッセージは「兄貴、おまえはレベッカを救えるか」と挑発する目的があったというのだ。レベッカに対する想い、兄に対する複雑なコンプレックスが沸点に達し、アダムは彼女を殺害したと弁護士は主張した。

１ヶ月半に及ぶ民事裁判の末、陪審員はアダムにレベッカの死に責任があると認め、賠償金５００万ドル（約５億６千万円）の支払いを求めた。対し、被告アダム側は控訴し、最終的に２０１９年２月、60万ドル（約６千７００万円）で和解が決着した。これを遺族に支払ったのが兄のジョナ。彼は事件後、製薬会社を売却し26億ドル（約２千９００億円）を手にし、裁判でも彼女の自殺を主張する弟アダムを支え続けていた。警察が自殺として処理した本事件は民事では結論が出たものの、逮捕された者は１人もいない。

結婚2ヶ月半後の悲劇。後に宗教コミュニティ「IHOP」のメンバーが殺害を自供したが…

ベサニー・デイトン遺体発見事件

2012年10月30日、米カンザス州ミズーリのロングビュー湖付近の駐車場に停められた車の中で若い女性が死亡しているとの通報があった。警察がすぐに現場へ駆けつけ遺留品などを調べた結果、遺体の身元は当時27歳のベサニー・デイトンと判明。ただ、警察から連絡を受けた彼女の夫タイラー・デイトン（年齢不明）の反応は驚くほど冷淡なものだった。そして、ほどなく彼女の死に関与したと自供する男が現れ、事態は予期せぬ方向に展開していく。

ベサニーはテキサス州ダラス郊外の敬虔なクリスチャンの家庭に生まれた。文学に興味を持ち、自身も美しい文章を綴る才媛で、高校卒業後、同州ジョージタウンのサウスウェスタン大学に奨学金で入学。ほどなく、カンザスシティに拠点を置くキリスト教コミュニティ「IHOP」に参加し、そこで後に夫となるタイラーと出会う。数十人のグループのリーダー的存在で、行動力のあるハンサムなタイラーに彼女は恋心を抱くも、そこには一つの問題があった。実は、タイラーはキリスト教で異端とされる同性愛者で、自分の宗教観と性的アイデンティティの板挟みで苦悩していたのだ。

2007年、ベサニーは英文学の博士号を取得し大学を卒業すると、タイラーを含む20数人のメンバーとともにIHOPの大きな団体があるカンザス州に移転。住宅を借り共同生活を始める。タイラーは自分たちのことを〝コミュニティ〟と呼び、メンバーが何を食べ、何を着て、どんな人間と付き合うかをコントロールし、やがて自ら〝預言者〟と名乗るようになる。そんな生活が3年続いた2010年、タイラーは神の助けで同性愛を克服し、ベサニーに異性としての愛情を感じていると告げる。何年も彼に愛情を感じ傍で支え続けたベサニーはこの言葉に感激し、やがて2人は交際することに。しかし、コミュニティのメンバーには、彼らに肉体関係はなく、恋人というより兄妹のような間柄にしか映らなかった。

その後、ベサニーは看護師になるべく勉強を始め、2012年に資格を取得。病院で働き始め、同年8月18日、タイラーと結婚する。彼女はすぐにでも子供を産み家庭を築きたかった。が、タイラーが妻を抱くことはなかったばかりか、寝室も別にした。当然のように不満を口にするベサニーに、タイラーは一切聞く耳を持たず夫婦関係は悪化。しだいにベサニーは心を病み、一時期、精神科病院へ入院するまでになる。

このような妻の行動にタイラーはいらつき、10月22日、コミュニティ内で祈りのセッションを開く。そこで、メンバーに対し、今後もコミュニティに残り続けるなら自己中心的な考え

ベサニー・デイトン。背景は彼女の遺体が見つかった駐車場の近くにある米カンザス州ミズーリのロングビュー湖

を捨てる必要があると宣言。それは明らかにベサニーに充てたメッセージだった。このことに深く傷ついた彼女は翌日、コミュニティから離れ二度と戻ってくることはなかった。

10月30日の遺体発見時、ベサニーは車の後部座席の右側に目を見開いたまま座り、指にダイヤモンドの結婚指輪、頭にはビニール袋を被り、袋を縛るひもは顎の下で括られていた。遺体の隣にはノートが置かれ、そこに自分の結婚を祝福してくれた仲間への感謝を綴る未完成の手紙が。また、車の中からは２００錠入の睡眠薬2ケースが見つかり、１つは空、１つは未開封だった。他にも遺書と思われるメモが残されており、次のような文言が記されていた。

〈私の名前はベサニー・デイトン。この悪の行いを選んだのは私です。やらなければ、自分は本当の人間ではない。本当の人間になれないなら、生きる意味は何なのか。もっと前に違った道を選んでいればよかった。

タイラー・デイトン。キリスト教コミュニティ「IHOP」のリーダー的存在だった

ベサニーやタイラーらIHOPのメンバーが共同生活を送っていたミズーリ州の住宅

全てわかっていたのに聞く耳を持たなかった。今なら、まだイエス様が救ってくださるかもしれない〉

車内に荒らされた形跡はなく、メモの内容からも警察は睡眠薬の大量摂取による自殺と判断。このことを知らされた夫のタイラーが不自然なほど冷静だったのは、後に彼自身が「あまりに悲しい出来事に、取り乱さないよう努めていた」と語ったそうだ。

自殺とした警察の見解に対し、ベサニーの家族やコミュニティの仲間たちは異論を示した。睡眠薬の過剰摂取により自ら命を絶ったのであれば、なぜ発見時に目を見開いていたのか。なぜ、市販の睡眠薬を使ったのか。看護師だった彼女なら、より効き目の強い処方薬を入手することも可能だったはず。また、文学を愛し洗練された文章を書くベサニーが未完成の手紙を残し世を去るのは不自然で、遺書のようなメモの文言も彼女が書いたにしてはあまりに稚拙だった。つまり、彼らには彼女の死が自殺ではなく、他殺としか考えられなかった。

11月9日、ベサニーの葬儀が執り行われようしていたそのとき、彼女の母親の携帯電話に警察から連絡が入る。なんでも、ベサニーと同じI

HOPのコミュニティのメンバーである当時23歳のミカ・ムーアが彼女の殺害を自供したため、追加の検死が必要だという。両親は悲しみをこらえ、葬儀だけを済ませ娘の遺体を埋葬することなくカンザスの警察へ移送する。再検死の結果は「判別不能」というものだった。というのも、すでに遺体の消毒、殺菌、防腐などの処理が終わっており、できる検査が限られていたのだ。

一方、ミカは警察の取り調べに、自分がベサニーの頭に袋を被せ動かなくなるまで押さえていたと供述。殺害の動機に関しては、彼女の夫タイラーからの指示だったと証言した。実は、ミカと他の数人のコミュニティの男性メンバーは、ベサニーがうつ状態に陥ると向精神薬を投与、性的暴行を働いていたそうだ。そのことを彼女が担当のセラピストに話してしまうのではないかと恐れる彼らに、夫タイラーは妻が事実を打ち明ける前に殺害するよう命じたのだという。

2012年8月18日、結婚式当日のベサニーとタイラー

警察は、タイラーがコミュニティ内で大きな支配力を持ちカルト集団化していること、宗教的儀式と称

上／ベサニー殺害を自供、逮捕されたミカ・ムーア
下／2015年、タイラーは大手テレビ局CBSのドキュメンタリー番組
「48 HOURS」に出演、改めてベサニーの死に一切関与していないことを主張した

して他の男性数人と性的関係を持っていたことを掌握する。対し、タイラーは警察の事情聴取に、殺害の指示を含め、そのような事実はないと全面否定。結局、彼が逮捕、起訴されることはなかった。

その後、ミカの弁護士は、彼の自供はＩＨＯＰのメンバーに強要されたもので事実ではないと主張する。検察は殺人容疑でミカを起訴したものの、掴んでいる証拠だけでは公判を維持できないと判断、２０１４年10月、初公判が始まる2週間前に起訴を取り下げた。警察はベサニーの死に関して決定的な証拠がないため解決済みとはせず、現在も捜査を続けているそうだ。

性同一性障害者同士の夫婦間で起きた不可解すぎる惨劇
福生市デスマスク皮剥ぎ事件

2015年8月、東京都福生市《ふっさし》のマンションに1組の夫婦が住んでいた。2人の関係は極めて複雑で、夫の土田芳《つちだよし》さん（当時38歳）は元々は女性。性適合手術を受け男性の体になった後、戸籍上も男性に変更していた。一方、妻の花さん（仮名。同28歳）は生まれたときも戸籍上も男性だったが、女性を自認し生活する女装家だった。つまり、それぞれ生まれ持った性別を入れ替えることで成立していたカップルだったのだが、戸籍上は2人とも男性だったため結婚は認められない。そこで、芳さんは花さんを養子にすることで家族に。互いのことを「嫁」「旦那」と呼び合う事実上の夫婦として暮らしていた。

愛知県名古屋市に住んでいた芳さんが花さんと知り合ったのは2014年春。2人が登録していたSNSサイト「ミクシィ」のチャットで、花さんから声をかけたのがきっかけだった。当初はメールや電話でやり取りし、5月ごろに初めて会ってすぐに名古屋市内で同居を開始。翌6月に養子縁組したものの、その暮らしは順風満帆なものではなかった。芳さんは花さんと出会ってから人が変わったように情緒不安定となり、2週間に1回のペースで精神科に通っていたという。酒が入ると、花さんに暴力をふるい、そのたび友人や警察を巻き込んでのトラブルに発展していたらしい。

やがて2人は「別れたい」と周囲に漏らすようになり、2015年に花さんが逃げるように東京へ転居す

元女性の芳さん（右）と元男性の花さん

るも、その後を追うように芳さんも上京。関係はずるずると続いた。同年夏、福生市に居を移すと、JR拝島《はいじま》駅近くのニューハーフパブで芳さんはボーイ、花さんはキャストして働き始める。しかし、そこでも2人はトラブルを起こす。2015年8月13日、花さんから「父親から首を締められた」との110番通報が入った。警察が店に駆けつけ、芳さんを現行犯逮捕。1週間後、花さんにより被害届が取り下げられたことで、芳さんは釈放され、さらに花さんの希望で同居も継続されることになった。こうして、元の鞘《さや》に収まった2人だったが、互いの不満がなくなることはなく、花さんは店の従業員に「パパから暴力を振るわれているから家に帰りたくない。離婚届にサインしたのにパパに破られた」などと話していた。もはや関係修復は不可能な状態だった。

同年11月12日午前6時過ぎ、前日夜からの仕事を終えた花さんが帰宅し、芳さんと軽く言葉を交わし、彼とは別の部屋で眠りについた。目を覚ましたのは夕方。そこで花さんは驚愕の光景を目の当たりにする。布団にくるまった芳さんが頭に青いビニール袋を被って倒れていた。花さんが袋を取ったところ、目は見開き、顔面は血だらけ。なんと、顔の皮が剥ぎ取られていた。すぐに119番通報し、それが110番に転送され、警察が現場に駆けつける。このとき、すでに芳さんは死亡していたのだが、遺体を確認した捜査関係者によれば「顔だけ人体模型のようだった」という。

殺人事件とみて捜査を開始した警察は早々に行き詰まる。顔の皮が芳さんの死亡後に剥ぎ取られたことまでは判明したものの、司法解剖を行っても死因が特定できなかった。犯行に使われた凶器や顔の皮膚は部屋から発見されず、芳さんが身を守ろうとした痕跡も皆無。ただ、顔面の損傷の程度からは、そこに激しい憎悪や殺意が存在したかのように思われる。

警察は連日にわたって、同居人で第一発見者の花さんを厳しく取り調べた。事件が報道されると、SNS上でも彼女が犯人だろうとの推測が相次ぐ。しかし、当の花さんは一貫して犯行を否定。捜査は事件発覚から1ヶ月が経過しても何の進展もみられなかった。

同年12月、警察は驚くべき結論に達する。芳さんの死因が睡眠薬の大量摂取による薬物中毒、つまり自殺

事件現場となった福生市のマンション

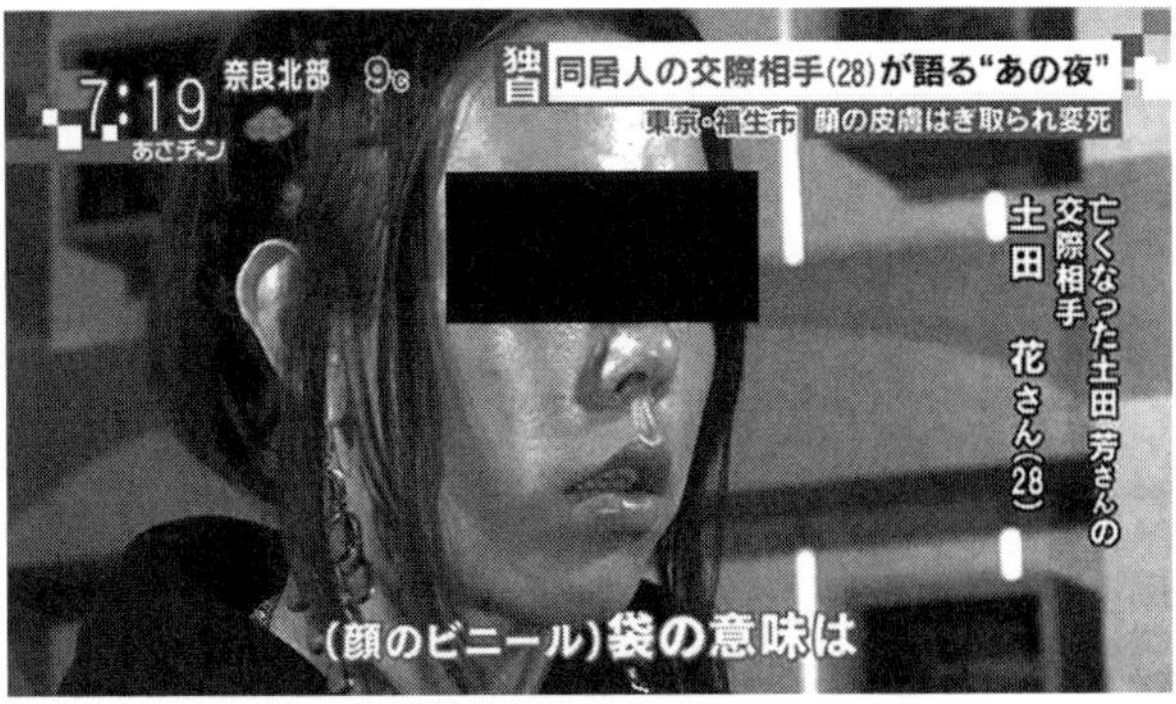
7:19
あさチャン
奈良北部 9℃
独自
同居人の交際相手(28)が語る"あの夜"
東京・福生市 顔の皮膚はぎ取られ変死
亡くなった土田 芳さんの
交際相手
土田 花さん(28)
(顔のビニール)袋の意味は

メディアの取材に応える花さん

ZERO 取材に基づくイメージ
顔の皮膚はがれた遺体
頭には袋…意外"犯人"は
警視庁
「土田さんが自殺を図ったのち
犬が顔の皮膚をはがし食べたと判断」

警察は犬が顔面を破壊したと結論づけたが…(日本テレビ系「news zero」の映像より)

の可能性が高いと判断したのだ。死後にできた顔面の傷については、部屋の中で飼っていた犬や猫が噛みついてできたものと発表。ネット上では、ペットが飼い主の顔面を傷つけることなどありえないと疑問が噴出したものの、警察は芳さんが被っていた袋から犬のＤＮＡが検出されたことを決め手にしたという。

その後、花さんは事件に関するユーチューブを複数投稿し、自分を犯人扱いした警察への強い不満を口にした。そこで不可解とされたのが、彼女が持っていた芳さんの死亡書で、なぜか「死因：不詳。外傷：なし」と記されていたのだ。これが事実なら警察の結論とは明らかに異なる。花さんによれば、警察が何かを隠しているそうだが、果たして真相やいかに。

妻に不気味なボイスメッセージを残した後、遺体で発見
ヘンリー・マッケイブ事件

2015年9月6日夜、米ミネソタ州マウンズビューに住む税務署の監査人で、西アフリカ・リベリア共和国の出身のヘンリー・マッケイブ（当時31歳）が友人と地元のナイトクラブに出かけた。羽目を外し、友人の助けを借りながら店を出たのが日付が変わった9月7日午前1時40分。友人はヘンリーを車に乗せ彼の自宅アパートまで向かったが、なぜかヘンリーは途中のガソリンスタンドで降ろしてほしいと頼み友人と別れる。午前2時38分、ヘンリーの携帯から妻カリーンのもとに電話が入る。ヘンリーと妻子は近々カリフォルニア州に転居する予定で、その準備のため、このときカリーンは同州に滞在していた。

電話に出られなかったため、彼女が留守番電話を再生したところ、ボイスメッセージが残されていた。悲鳴やうなり声、すりつぶすような音が2分ほど続き、「やめろ！」というヘンリーの声を最後に途切れた。カリーンは夫が泥酔しているのかとも思ったが、それにしては内容が異常。折り返し何度も電話をかけたもののヘンリーが応答することはなかった。カリーンから連絡を受けたヘンリーの兄が警察に通報し、その後、ヘンリーの行方がわからなくなったことから失踪届が出される。

2ヶ月後の11月2日、ヘンリーは自宅アパートにほど近い湖で腐乱遺体となって発見される。これを知った「リベリア正義連合」（通称CJL。リベリア内戦で苦しんだ人々を支援する組織）は、ヘンリーが政治

ヘンリー（中央）は失踪当時、同じリベリア出身のカリーン（左）の良き夫であり、写真の子供を含む2児の父親でもあった

的信条の違いから何者かに危害を加えられた可能性が高いと見解を発表。ミネソタ州にはリベリアにルーツを持つ3万人近い人たちが暮らしており、ヘンリーの失踪は同年3月にリベリア出身の少年が行方不明になった後に起きたため、彼らはヘンリーが事件に巻き込まれたものと信じて疑わなかった。

しかし、検死の結果、ヘンリーの遺体に目立った外傷はなく、体内にもアルコール以外には何もないことが判明。警察は彼の死を酔って湖に落ち溺死したものと結論づける。リベリア人コミュニティは納得がいかなかったが、それ以上捜査が続けられることはなかった。警察の見解が正しければ、なぜヘンリーはあの日、帰宅途中のガソリンスタンドで車を降りたのか。カリーンに届けられたボイスメッセージは何なのか。さらに、ヘンリーが失踪した夜から3日間で24回も見知らぬ電話番号に電話をかけていることが通話記録から判明しているが、警察はその相手を特定できていない。ヘンリーは何らかのトラブルを抱え事件に遭遇したのではないか。真相は闇の中だ。

北九州市小倉南区・女性切断遺体発見事件

捜索願が出されず、身元が特定されたのは事件発覚から4ヶ月後

２０１７年9月30日16時30分ごろ、福岡県北九州市小倉南区《こくらみなみく》の吉田川《よしだがわ》周辺でバラバラになった白骨体が発見された。骨の一部に切断された痕跡、腹部に骨まで達する刺傷が見つかり、警察は死体遺棄事件として捜査する。ＤＮＡ検査により身元を特定されたのは4ヶ月後の２０１８年1月30日。遺体は、発見現場から南に約32キロ離れた同県田川郡添田町《たがわぐんそえだちょう》に住む外池晴美《ほかいけはるみ》さん（当時29歳）だった。人物の特定が遅れたのは、晴美さんの失踪届が出されていなかったことが関係している。

晴美さんは幼少期より、添田町の町営住宅で両親、兄姉と暮らしていたが、早くに母親を亡くし父子家庭で育った。成人した兄姉が家を出て行った後、父の反対を押し切り交際していた男性と結婚。しばらく晴美さん夫婦と父と3人で暮らしていたが、やがて父親は団地を出て、夫婦2人きりの生活となる。さらに、子供を出産後、原因は不明ながら夫も家を出て行き母子家庭に。しだいに生活は困窮し、２０１７年春、晴美さんの暮らしが厳しいと行政に情報提供が入る。区長と民生委員が晴美さん宅を訪れ、経済的に苦しい場合は相談してほしい旨告げ、その後数度自宅を訪れるも会えず仕舞い。一方、晴美さんは「食べるものがない」と我が子を施設に入れた。

２０１７年6月上旬、田川郡の商店の防犯カメラが晴美さんを捉える（写真参照）。このとき、彼女は赤

いショルダーバッグと白のトートバッグを抱え、体にタトゥーが入っているのが確認されている。8月、近隣住民が晴美さん宅に若い女性が訪れ楽しそうに話している姿を目撃し、翌月遺体となって発見。身元判明後、警察が自宅を捜索したところ、部屋に荒らされた形跡がなかったことから、別の場所で殺害、体を切断され川に遺棄されたものと思われる。捜索願も出されないほど、極めて人間関係が乏しかった晴美さん。いったい、彼女の身に何が起きたのか。現在も福岡県警は情報提供を募っている。

外池晴美さん。身長151センチ程度、痩せ型、茶髪

平成24年6月撮影　平成27年6月撮影　平成29年5月撮影

切断遺体が発見された北九州市小倉南区の吉田川

宮崎・高千穂6人惨殺事件

犯人を含め関係者が全て死亡し、真の犯行動機は謎のまま

2018年11月、宮崎県で凄惨な一家皆殺し事件が起きた。被害者は全部で6人。犯人も家の実質的な主だった次男とわかっている。わからないのは犯行動機である。なぜなら犯人の男が何も語らないまま自ら命を絶ってしまったからだ。

同年11月25日、同県西臼杵郡高千穂町《にしうすきぐんたかちほちょう》在住の松岡史晃《まつおかふみあき》さん（当時44歳）は、所属する消防団の忘年会に参加していた。団の詰所で13時ごろから始まった忘年会は休憩を挟みながら20時ごろにお開きとなり、松岡さんはそのまま帰宅する。そんな彼のもとに1本の電話がかかってきた。相手は同町に住む知人の飯干昌大《いいぼしまさひろ》（同42歳）で、なんでも「妻と喧嘩になっているから仲裁に来てほしい」という。これまでも仲裁に入ったことは何度かあった。酒に弱かった松岡さんは、この日ほとんど飲んでいなかったこともあり、軽トラックで昌大宅に向かう。21時ごろのことだ。

最初に異変に気づいたのは昌大の勤務先である建設資源会社だった。真面目で無断欠勤することなど一度もなかった昌大が26日の朝になっても出勤してこない。会社の人間が携帯に何度電話しても応答なし。彼の妻の美紀子《みきこ》さん（同41歳）も同様に連絡が取れなかった。そこで昌大の弟に電話で事情を話したところ、弟

は警察に連絡。警察が昌大宅に出向くと、家の敷地内で信じられない光景が広がっていた。凶器として使われたと思われる鉈《なた》と、6人の殺害遺体が血の海の中に転がっていたのだ。被害者は昌大の妻・美紀子さん、父親・保生《やすお》さん（同72歳）、母親・実穂子《みほこ》さん（同66歳）、長男・拓海《たくみ》さん（同21歳）、長女・唯《ゆい》さん（同7歳）、そして急遽呼び出された松岡さん。遺体の状況から、美紀子さんと唯さんは絞殺、他4人は鉈で惨殺されたものとみられた。保生さんは頭部を切りつけられ、その布団の上に拓海さんが倒れ込んだ状態で亡くなっていたことから、祖父を助けようとして殺害されたようだ。実穂子さんの遺体だけが屋外で発見され、遺体に激しい損傷があり首が切断されていたことから、母親に対しては特に強い殺意がうかがえた。また、知人の松岡さんは喧嘩の仲裁に訪れたばかりに事件に巻き込まれたと思われ、発見時は頭部がほぼ切断された状態だったという。そして、ただ1人、昌大の姿だけがどこにもなかった。

犯人の飯干昌大。仕事熱心で家族思いと、周囲の評判は良かった

　警察は昌大が事件を起こし逃走を図った可能性が高いとみて、周辺を捜索する。と、現場から約2キロ半離れた神都《しんと》高千穂大橋の駐車場で昌大の車が乗り捨てられていることが発覚、さらに橋の下を流れる五ヶ瀬《ごがせ》川《がわ》で彼の遺体が見つかった。現場の状況から昌大が橋から115メートル下の川に転落したものと推定され、

後に彼が橋の手すりを乗り越え飛び降りるところを目撃した人物が現れたことにより、犯行後に自殺したことが明らかとなった。

事の顛末を知った会社の同僚たちは、みな一様に驚いた。実は事件が起きた11月25日は会社の社員旅行の最終日で、そこに飯干夫婦と長女の唯さんも参加していたからだ。15時30分に解散するまで、同僚たちは仲良さそうに旅を楽しむ3人の姿を見ており、その数時間後に彼らが加害者と被害者になったとは、どうしても信じられなかった。いったい、なぜ昌大はこのような残虐な犯行を働いたのか。第三者から見る範囲では家族との関係は良好。実際、昌大は仕事を終えると、家族との時間を過ごしたいとすぐに帰宅するのが常で、特に長女・唯さんを溺愛していたという。そんな男がどうして家族を？　事件の関係者全員が死亡しており、昌大の遺書も見つからなかったため、本当のところはわからない。

事件現場となった高千穂町の住宅

ただ、巷では夫婦間に不倫をめぐるトラブルがあったのではないかと囁かれている。この話の出処は昌大

飯干家の家族構成。NHK「ニュース シブ5時」の映像より

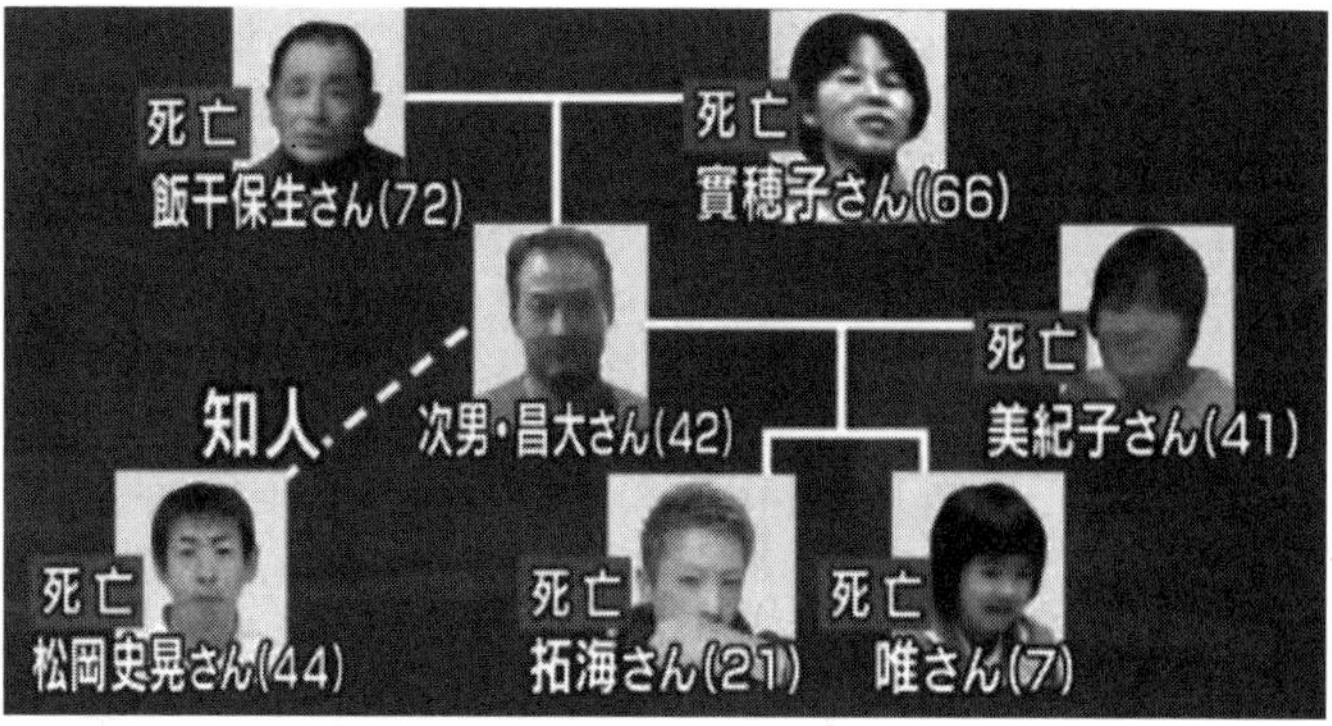

川で発見された昌大の自殺体を引き上げる様子。遺書などは残っていなかった

の幼馴染で、彼によると、昌大は以前から美紀子さんが昔の男と密会しているのではないかと疑い、彼女に怒りをぶつけては両親がなだめていたそうだ。ただ、実際には不倫の事実はなく、全ては昌大の被害妄想だったらしい。しかし、仮に昌大の勝手な思い込みが事件の動機だったとするなら美紀子さんだけを殺害すればいいはず。なぜ、他の家族まで手にかけたのか。今となっては、真の動機は明らかになることはない。

彼女と最後に言葉を交わした知人男性も何者かに鉄パイプで殴られ負傷

南アルプス市女性画家死体遺棄事件

2020年6月2日朝、山梨県南アルプス市在住の油彩画家・中辻《なかつじ》アヤ子さん（当時71歳）が家族に「絵を描きに行く」と言って自宅を出た。が、午前10時ごろ、同市上宮地《かみみやじ》の山へ向かう入口付近で知人男性に出会い、「おはようございます」と挨拶したのを最後に消息を絶った。11時、配水施設の水質検査に訪れた職員が、絵を描く道具が置かれているのにもかかわらず周囲に誰もいないことから異変に気づく。その後、夜になっても帰宅しないアヤ子さんを心配し、翌日6月3日、家族が警察に捜索願を提出した。

1ヶ月後の7月2日16時ごろ、山梨県警と消防団員が付近を捜索していたところ、最後に目撃された地点から約50メートル離れた配水施設の裏で頭蓋骨など複数の骨や衣服を発見。それらは配水施設のフェンスを越えた山際で、枯れ葉や丸太などを被せられた状態で見つかり、発見を遅らせるかのような意図を感じさせた。そしてDNA鑑定の結果、骨の主はアヤ子さん本人と判明する。

死体遺棄事件として捜査本部を立ち上げた山梨県警は延べ1千300人態勢で鑑識作業や聞き込みを実施した。が、犯人に繋がる有力な手がかりは見つからない。唯一判明したのは、彼女の帽子や絵筆、ヤッケが近くを流れる深沢川《ふかさわがわ》に投げ捨てられていたこと。アヤ子さんが山の麓まで乗ってきた車には財布やスマホが残されており、現金も手つかずのまま。そのため、金銭目的ではなく何らかのトラブルに巻き込まれた可能性が高いと思われた。

　彼女は約15年前に南アルプスの風景を気に入って、家族とともに神奈川県から移住、発見現場から3キロ離れた櫛形山《くしがたやま》にある集落の戸建てに住んでいた。優しく気さくな人柄で、人に恨まれるようなことはなかったが、実は２０２０年に入ってから彼女の周辺で不審な出来事が立て続けに起きていた。同年元日の午前8時、自宅の集落で火災が発生し43歳の男性が死亡。5月には集落にある材木置き場でボヤ騒ぎが起こり、アヤ子さんが失踪した6月2日には、彼女と最後に言葉を交わした知人男性が何者かに鉄パイプで殴られ大怪我を負った。わずか数軒の集落で連続して起こった不可解な出来事がアヤ子さんの事件と関係しているのかは定かではないが、彼女もまた何者かに襲われ、殺害されたのではなかろうか。

殺害された中辻アヤ子さん

　事件発生から2年後の２０２２年7月2日、警察は南アルプス市15ヶ所のスーパーマーケットで買い物客らにチラシおよそ５００枚を配り、改めて情報提供を呼びかけた。さらに、２０２３年5月30日、死体遺棄事件が6月2日に時効を迎えるにあたり、事件の容疑を死体遺棄から殺人に切り替えて捜査を継続することを発表。管轄の南アルプス署は犯人逮捕につながる情報提供も求め現在も捜査中である。

見立真一
2020

第4章

指名手配

沖縄警官2名射殺事件

又吉建男《またよしたけお》

敵対する暴力団組員と間違い殺害。すでに死亡している可能性大

1990年秋、沖縄県の暴力団、三代目旭琉会《きょくりゅうかい》と沖縄旭琉会の間で内部対立に端を発する抗争事件が勃発（第6次沖縄抗争）。同年11月22日、フェンスを取り付けるアルバイトをしていた高校生が、三代目旭琉会の組員と間違えられ、沖縄旭琉会の組員に拳銃で射殺された（実行犯3人はまもなく逮捕されたが、実行を指示した2人は指名手配され、それぞれ1994年と1995年に逮捕）。

その翌日の11月23日23時過ぎ、私服で覆面パトカーに乗った沖縄署防犯少年課主任の比嘉正雄《ひがまさお》巡査部長（当時43歳）と同課勤務の拝根正吉《はいねしょうきち》巡査（同42歳）が警戒のため、沖縄市胡屋《ゴヤ》の三代目旭琉会錦一家の隠れアジト近くで待機していたところ、暴力団員とみられる2人組の男に射殺された。2人とも至近距離から撃たれ、運転席の比嘉巡査部長は胸、首、顔面に3発、助手席の拝根巡査は左こめかみに1発受け、ほぼ即死の状態だった。また、このとき事件を目撃した主婦（同49歳）も左足を撃たれ重傷を負っている。

その後の調べで、警察官を射殺したのは三代目旭琉会錦一家組員の座間味秀雄《ざまみひでお》（同不明）と、同会幹部の又吉建男（同41歳）と判明。座間味と又吉は、対立する沖縄旭琉会組員の殺害を計画、職務質問をしてきた私服姿の警官2人を組員と間違え射殺した。事件翌月の12月12日、座間味が沖縄県内で逮捕され、裁判で無期懲役の判決を受け服役。一方、又吉は事件発生後に一度県警の任意同行に応じたが関与を否定。逮捕には

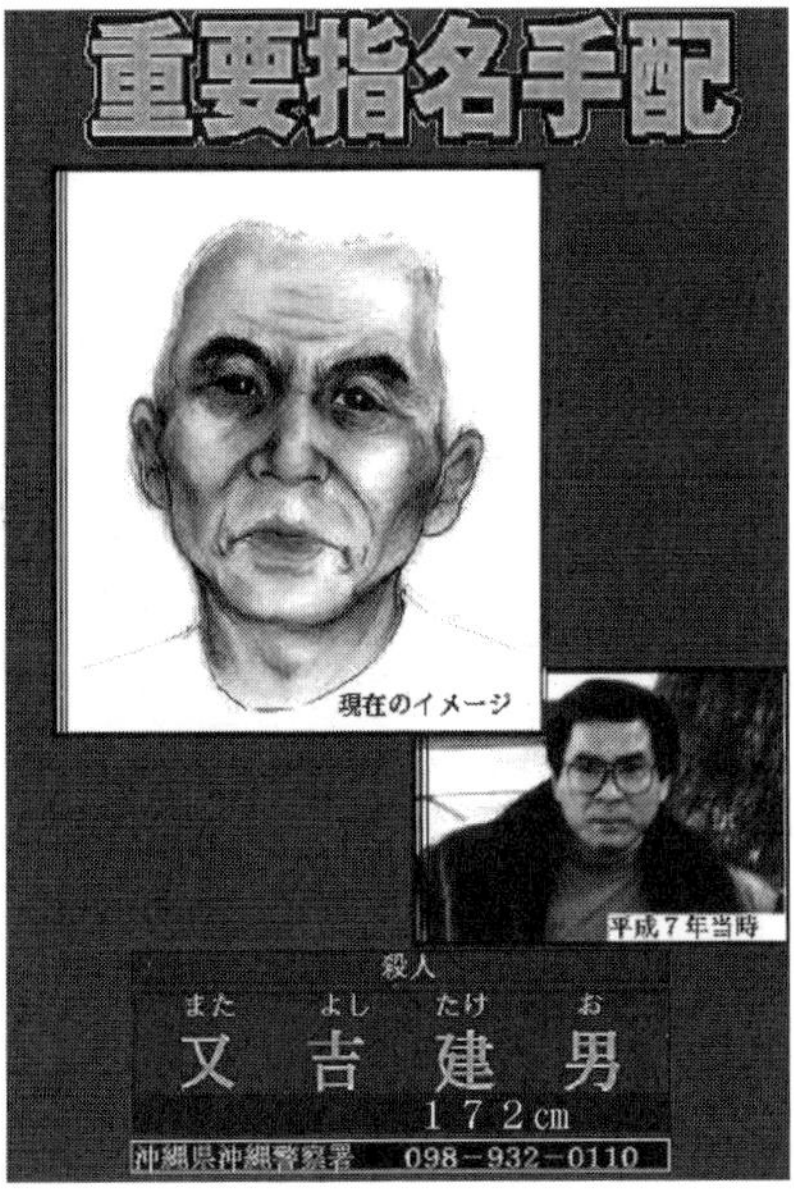

1949年生。生きていれば、2024年1月現在74歳。身長172センチ程度。背中に唐獅子、両肩から腕にかけて花の刺青あり

至らず、その後、指名手配がかかるなか、県外へ逃走を続けたものとみられる（１９９９年10月までは、山口県下関市に潜伏していたことがわかっており、このとき、又吉容疑者を匿った人物が犯人蔵匿罪で逮捕されている）。

この事件、「共犯者の裁判中は時効の進行が停止する」という刑事訴訟上の規定により、又吉容疑者の時効は２０１５年２月まで引き延ばされ、さらに２０１０年４月の法改正により時効が廃止となり捜査は継続となった。しかし、２０００年10月ごろに県外組織の援助を受けて京都市伏見区の病院を受診した際、脊髄にがんが転移しており、自力歩行が困難な状態であったことが判明。当時の症状により、すでに沖縄県外で死亡している可能性が高いとみられている。

本事件については、射殺された警察官２人の遺族ら10人が、実行犯の暴力団組員と使用者にあたる旭琉会最高幹部ら４人を相手に、約４億４千万円の慰謝料などを求める民事訴訟を起こしている。那覇地裁沖縄支部は被告側に３億２千万の支払いを命ずる判決を言い渡し、その後の福岡高裁那覇支部での控訴審判決では、金額こそ減額されたものの約１億３千８００万円の支払いが命ぜられ確定。２００７年12月に全額完済されたことが報じられた。

群馬一家3人殺人事件

小暮《こぐれ》洋史《ひろし》

長女に付きまとった挙げ句、彼女の家族を殺害し消えたストーカー

1998年1月14日の夜、群馬県群馬町三ツ寺《みつでら》（現・高崎市）で電気工事業を営む石井武夫さん（当時48歳）宅で、武夫さんをはじめ、妻・千津子さん（同48歳）、武夫さんの母・トメさん（同85歳）の3人が惨殺された。犯人は、武夫さんの長女（同26歳）にストーカー行為を働いていた運送会社の元従業員・小暮洋史（同28歳）と判明しているが、事件から26年以上が経過した現在も小暮容疑者は逮捕されておらず、警察庁指定重要指名手配被疑者の身にある。

小暮は1969年、群馬県前橋市に生まれた。幼少期から周囲とコミュニケーションを取るのが不得手で、歳を重ねても無愛想な性格は変わらなかった。地元の工業高校を卒業後、運送会社に就職、トラック運転手として働き始める。周囲には上手く溶け込めなかったものの、勤務態度は真面目で、上司からの評価は決して低くなかった。そんな小暮には、爪を噛んだり手の匂いを嗅ぐ特徴的な癖があった。これは子供によくみられるもので、人間関係のストレスや情緒の不安定さなどに影響されているという。

1995年春、納品先である高崎市内のドラッグストアに勤務する1人の女性店員に出会う。後に両親と祖母を殺害される石井家の長女だ。高校を卒業したばかりで、仕事にやりがいを感じていた長女の店に、小

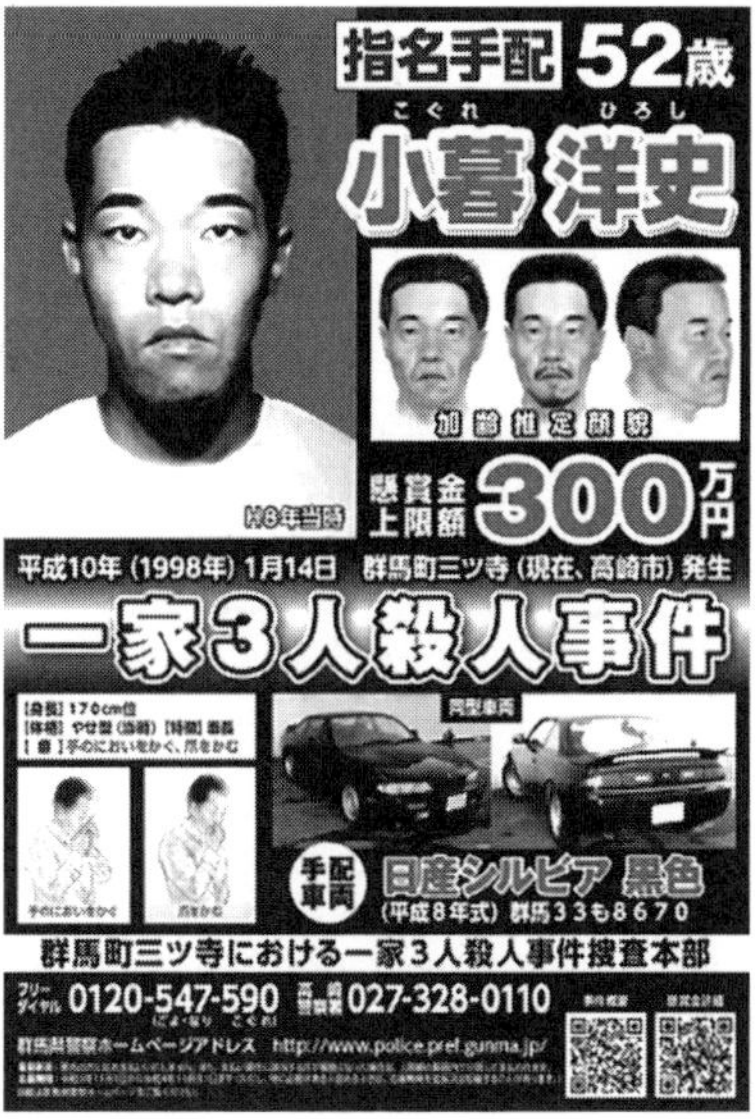

2021年に群馬県警が作成した指名手配書。2024年1月現在、小暮容疑者は54歳。事件の担当は2022年より高崎警察署から高崎北警察署に移されている

暮は出入り業者として週2回のペースで訪れた。当初、彼女は小暮に、無口で真面目な印象を持っていたそうだ。対し、小暮が抱いていたのは一方的な好意。内気な性格ゆえ、思いを打ち明けることはできなかったばかりか、やがてそれは〝付きまとい〟という歪んだ形で表れる。職場の同僚に誘われ、長女がボウリングに行ったある日のこと、なぜか、そこに配達業者の小暮がいた。単なる偶然だろうと彼女が挨拶を交わしたところ、小暮は普段とは違い積極的に話しかけてくる。「車の運転が好き」と口にしたのも世間話の一つだった。しかし、それからほどなく、小暮は長女が格好いいと言っていた日産・シルビアを購入。ドラッグストアに乗り付け自慢げに見せつけた。彼女の中に漠然とした違和感が生まれる。

長女の困惑に気づかない小暮は、店に訪れるたび積極的にドライブデートに誘った。何度断っても、あきらめない小暮。そのうち、仕事帰りの長女を待ち伏せして後をつけるようになった。自宅を突き止めたうえ住所から電話番号を調べ、しつこく電話をかけてくる。現在なら警察が介入すべき案件だが、当時、ストーカー規制法はなく（施行は2000年11月）、彼女は警察に相談する発想すらなかった。どころか、あまりのしつこさに根負けしたのか、小暮の誘いに応じドライブに一度だけ付き合ってしまう。早く時間が過ぎることを願っていただけの長女に対し、小暮は思いをより深くし、以来、毎日のように電話をかけてきて、さらには金品を貢いだり、自宅に押しかけてくるようになる。さすがに恐怖を感じた彼女は勤務先の店長にこれまでの経緯を打ち明け、小暮が仕事で店を訪れる予定の日は、事前に身を隠すなどの対策を講じる。結果、ドラッグストアで2人が会うことはなくなり、自宅への電話も徐々に減っていった。しかし、それは一時的なものに過ぎず、小暮は勤務外で店を訪れるようになる。そんな小暮に店長は「彼女が怖がっている」と注意したものの、本人に伝わることはなかった。

ストーカー行為はエスカレートしていき、自宅への電話も以前より増え、時には長女の車のワイパーに「また会いたい」と記した手紙が挟まれることもあった。彼女の両親は小暮に激怒し、娘に近づかないよう直接、警告したものの、それは結果的に逆効果となってしまう。

ストーカー行為が始まって1年半が過ぎた1998年の年始め、小暮が店を訪れる予定だったその日、現れたのは別のドライバーだった。なんでも、小暮は1月4日付けで会社を辞めたのだという。もう、あの男に会わずに済む。素直に安堵した彼女が悪夢に襲われるのは、そ

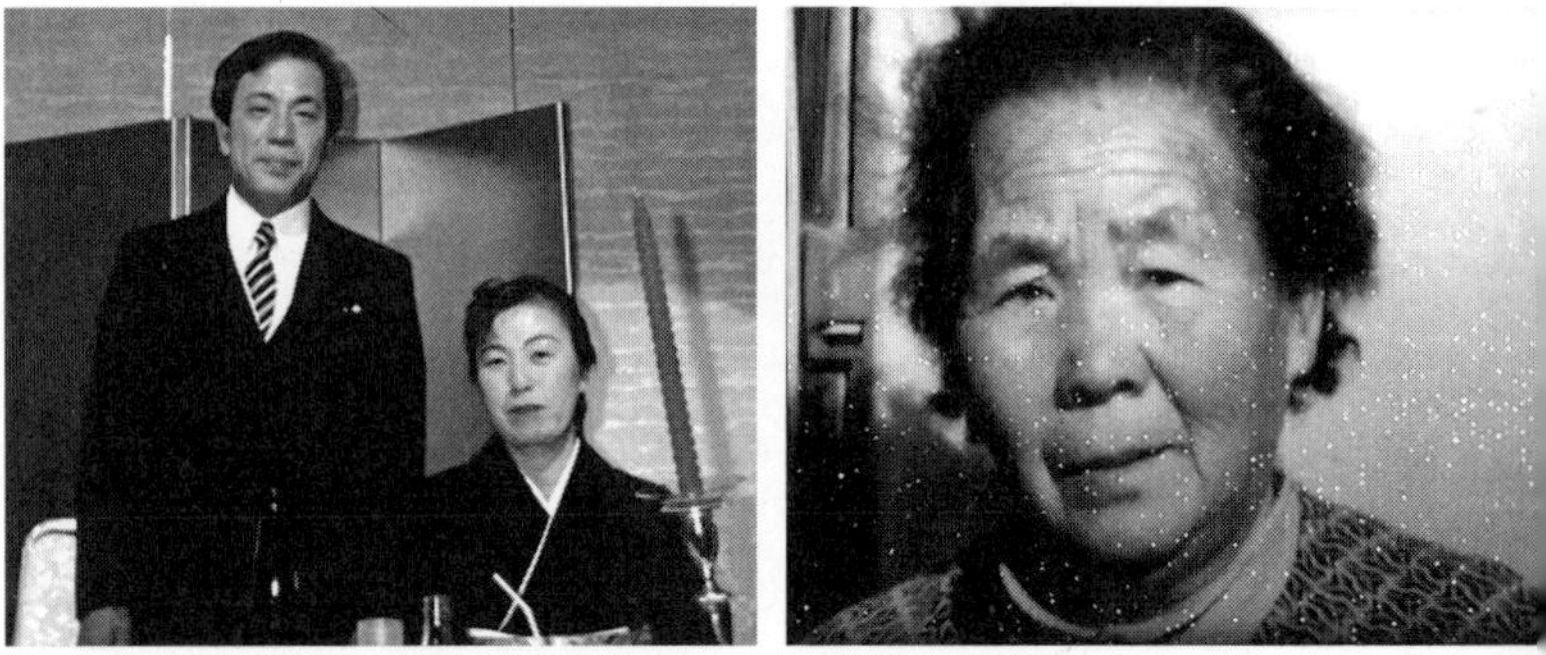

殺害された石井武夫さん(左)と妻の千津子さん。右は武夫さんの母・トメさん

事件現場となった住宅

れから10日後のことだ。

　大雪となった1月14日19時ごろ、小暮は石井家を訪れる。このとき家にいたのは祖母のトメさんだけ。長女と両親はまだ仕事から戻っていなかった。小暮にとっては彼女の家族は、自分を邪険に扱う敵だったのだろう。家に押し入ると、祖母の首を絞めて殺害。ほどなく帰ってきた両親を包丁で刺殺し、遺体を押入れに隠した後、屋内に潜んだ。21時ごろ、長女が帰宅すると背後から襲い、玄関脇の和室に引きずりこんだ。彼女は激しく抵抗し、興奮した様子の小暮を約1時間半にわたってなだめた。観念したのか、小暮は「家族は薬で眠らせている」と言い残し、姿を消した。22時半ごろ、長女が１１０番通報。彼女が、家族３人が殺されたことを知るのは警察が到着した後のことだった。

　群馬県警は直ちに小暮容疑者の逮捕状を請求。逃走に使用したとみられる黒色の日産シルビア（ナンバー「群馬33も８６７０」）も判明し、逮捕は時間の問題と思われた。しかし、1月21日深夜、群馬県みどり市笠懸町《かさかけまち》周辺での車両の目撃情報を最後に、現在までに行方につながる有力情報は得られていない。小暮容疑者はどこに消えたのか。犯人確保、事件解決を願ってやまない。

足立区マンション敷地内殺人事件

吉屋《よしや》 強《つよし》

中国残留孤児の2世、3世で結成された暴走族「怒羅権」のメンバー

１９９９年6月4日午前0時50分ごろ、東京都葛飾区水元《みずもと》公園の駐車場で、土木作業員の北島広大さん（当時19歳）と解体業の男性（同24歳）が、手足を粘着テープで縛られた状態で倒れているのが発見された。北島さんは頭などを殴られてすでに死亡。解体業の男性は重傷を負っていたものの病院に運ばれ一命を取りとめた。その男性の証言から、事件には中国残留孤児の2、3世で構成された暴走族「怒羅権（ドラゴン）」のメンバーが関与していることが判明する。

怒羅権は１９８８年ごろ、中国残留孤児帰国者の一時入所施設「常盤寮」があった江戸川区葛西で結成された。当初は残留孤児の子供たちがいじめや差別に対抗するために作られたグループだったが、１９８９年、千葉県浦安まで遠征した帰り、地元の暴走族に襲われ、怒羅権のメンバーが相手の1人を殺傷し逮捕されたことをきっかけに犯罪集団化。１９９０年に入ると、「日本人に対する怒り、団結、権利」をモットーに掲げ、江東区、港区台場、江戸川区を拠点に日本の暴走族グループと本格的な抗争を開始し、地元の暴走族をほとんど制覇すると、暴力団とも争うようになる。その凶暴性は度を越しており、脱退しようとした構成員や、通行中の一般市民を殺害するなどして次々と逮捕者を出していった。

警視庁は、被害男性の証言を受け捜査を開始。事件発覚前日の6月3日夜、足立区綾瀬のマンションの前

で、北島さんらが木刀を持った怒羅権のメンバーらしき7～8人の男らに殴られ、その後車で連れ去られたという目撃証言を得る。また、2人が襲われたとみられる現場からほど近いコンビニエンスストアで、犯人グループが乗っていた車が鍵のかかっていない状態で発見された。被害者2人は暴走族に加入しており、怒羅権となんらかのトラブルを起こし、集団リンチを受けた後、公園に放置されたものと思われた。

ほどなく、犯行に関わった怒羅権のメンバー10人が逮捕される。しかし、主犯格の吉屋強（当時21歳）と杉《すぎ》井《い》文治《ふみはる》（同20歳）は逃亡し、殺人容疑で指名手配された。事件から3ヶ月後の9月9日、杉井容疑者が逮捕されたものの、吉屋容疑者の足取りは掴めず、2024年2月現在も確保には至っていない。逮捕された怒羅権のメンバーによれば、吉屋容疑者は事件直後に中国の大連《だいれん》に逃亡したそうで、重要指名手配でありながら25年近くも行方がわからないことから、警察は古屋が現在も中国国内に潜伏しているか、すでに死亡しているとの見方を強めているという。ちなみに、日本と中国には「犯罪人引渡し条約」が締結されておらず、仮に同容疑者が中国で暮らしていたとしても、日本の警察が逮捕できる可能性は極めて低い。

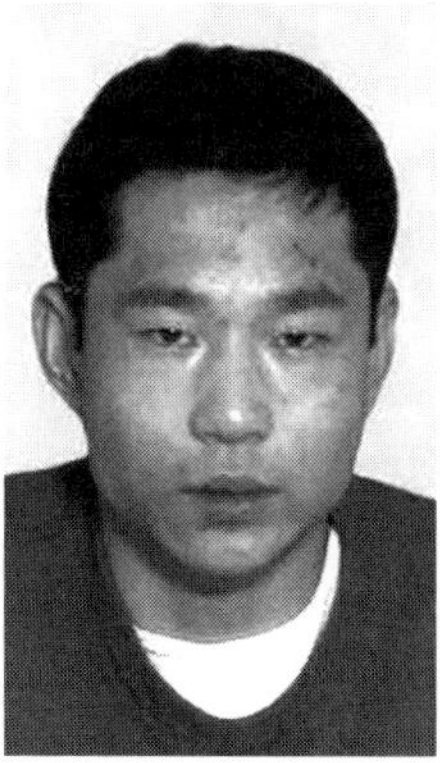

吉屋強容疑者。中国名：麦振強（バク・シンキョウ）。1977年生。上は1998年撮影（当時21歳）。下は40歳くらいのイメージ。身長172センチ程度（警視庁のHPより）

陳遠耀《チェンユンヤオ》

三鷹市薬局店内強盗殺人事件
犯行後中国へ逃亡。現在国際指名手配中

2003年10月24日20時20分ごろ、東京都三鷹市下連雀《しもれんじゃく》3丁目の丸平ビル1階「園田薬局駅前店」に2人組の男が押し入り、閉店準備中の園田裕一郎さん（当時39歳）と女性薬剤師が刃物で切りつけられた。園田さんは背中と首5ヶ所を刺され、まもなく死亡。女性薬剤師も手に怪我を負った。たまたま、店を訪れた客が店内で倒れている2人を発見、110番通報したことで事件が発覚した。

薬剤師の証言によれば、男2人組は、半分閉じたシャッターから入り、園田さんに「中に入れ」と片言の日本語で命令。粘着テープで園田さんらを縛ろうとしたが、抵抗されたため刺し逃亡したのだという。背中から刺した傷は肺を貫くほどの深さで、これが致命傷になったようだ。現場に犯人のものと思われる血痕もあったことから、刺した際に犯人も手に怪我を負った可能性が高い。さらに現場には、包丁と小型ナイフ、模造銃、白色マスク、粘着テープが落ちており、閉店作業中を狙った強盗目的の犯行と思われたが、レジが開けられた形跡はなく、店内にあった売上金約35万円は手つかずのまま。犯人が滞在したのはわずか1～2分間とみられる。

警察の捜査により、ほどなく犯人に酷似した中国籍の男2人が犯行当日、現場に残されていたものと同種類の粘着テープとマスクを購入している姿が、現場近くのコンビニエンスストアの防犯ビデオに映っていた

陳遠耀容疑者。1973年生。2024年1月現在51歳。身長180センチ程度

ことがわかった。2人は別々にこのコンビニで粘着テープとマスクを購入。犯行当時、別の複数の中国人と一緒に三鷹市内のアパートに住んでいたとみられ、人相や黒っぽい服装が犯人の目撃情報と酷似していた。さらに2人は犯行時間帯前後、現場近くのJR三鷹駅構内などに設置された防犯ビデオにも歩いている姿が映し出されていた。

アパートの部屋からは現場に残されていた模造銃の部品の一部と同種のマスクが発見され、その後の調べにより、このアパートに出入りしていた中国・福建省出身の男が2人組のうちの1人であることが判明。2004年2月3日、大阪市内で逮捕された。取り調べに対して男は「仲間と入ったが自分は殺していない。まさか殺すとは思っていなかった」と供述。2004年5月、実行犯と思われる同じく福建省出身の陳遠耀容疑者（同30歳）が全国に指名手配された。しかし、その後の捜査により、陳が2003年12月半ばまで埼玉県戸田市の製本会社でアルバイトをした後、偽造パスポートを使い、香港経由で中国に出国したということが判明。国際刑事警察機構（ICPO）を通じて国際手配されているが、221ページでも記したように、日本と中国の間には「犯罪人引渡し条約」がないため、逮捕される可能性は極めて低い。

上地恵栄《うえちけいえい》

三鷹市居酒屋チェーン副店長強盗殺人事件

生活を援助していた同居人の恩を仇で返した男

2005年11月24日23時ごろ、東京都三鷹市上連雀《かみれんじゃく》2丁目のアパート「美久和荘」で、居酒屋チェーン店副店長の永野和男さん（当時53歳）が、台所にあった包丁で胸や顔など10ヶ所を刺され、出血性ショックで死亡しているのを、この日、永野さんが無断欠勤したことを不審に思いアパートの部屋を訪ねてきた店の従業員が発見した。通報を受けた警察は、永野さんの財布から金が盗まれていたことから強盗殺人事件と断定。永野さんと同居していた無職の上地恵栄（同49歳）を容疑者として全国に指名手配した。

上地容疑者は定職に就かずに知り合いの家を転々とする生活を送り、事件の2ヶ月ほど前に、かねてから知り合いだった永野さん宅に転がり込み、永野さんの収入を当てにする怠惰な暮らしを続けていた。とにかく働くことが大嫌い、自分の金で酒は飲まない、口が達者で常に女性と交際、麻雀の腕はプロ並み、さらに元暴力団関係者という情報もあり、永野さんは事件前、知人に「居候に困っている」と愚痴をこぼしていたそうだ。

聞き込み捜査により、永野さんが23日夜、勤務先を出た後、都内の麻雀店に立ち寄り、24日午前0時半ごろに最寄りのJR三鷹駅改札を出ていたこと、また、24日午前1時ごろから2時にかけて、部屋で争う物音をアパート住人が聞いていたことが判明。さらに永野さんが所持していた2本の鍵のうち1本が見当たらず、遺体発見当時は玄関が施錠されていたことから、警察は上地容疑者が仕事を終えて帰宅した永野さんを殺害し、現金を奪ってから施錠し逃走したとみて行方を追った。が、その足取りは掴めず、２００７年には本件を「捜査特別報奨全制度対象事件」に指定。３００万円の報奨金を設け広く情報を募ったものの、未だ犯人検挙につながる有力な情報は寄せられていない。事件発生からすでに19年。現在は、未解決の殺人事件などを専従で扱う警視庁捜査１課の「特命捜査対策室」が上地を追い続けている。


上地容疑者の手配書。1956年、沖縄県生まれ。

2024年1月現在67歳。身長168センチ程度。前歯が欠けている

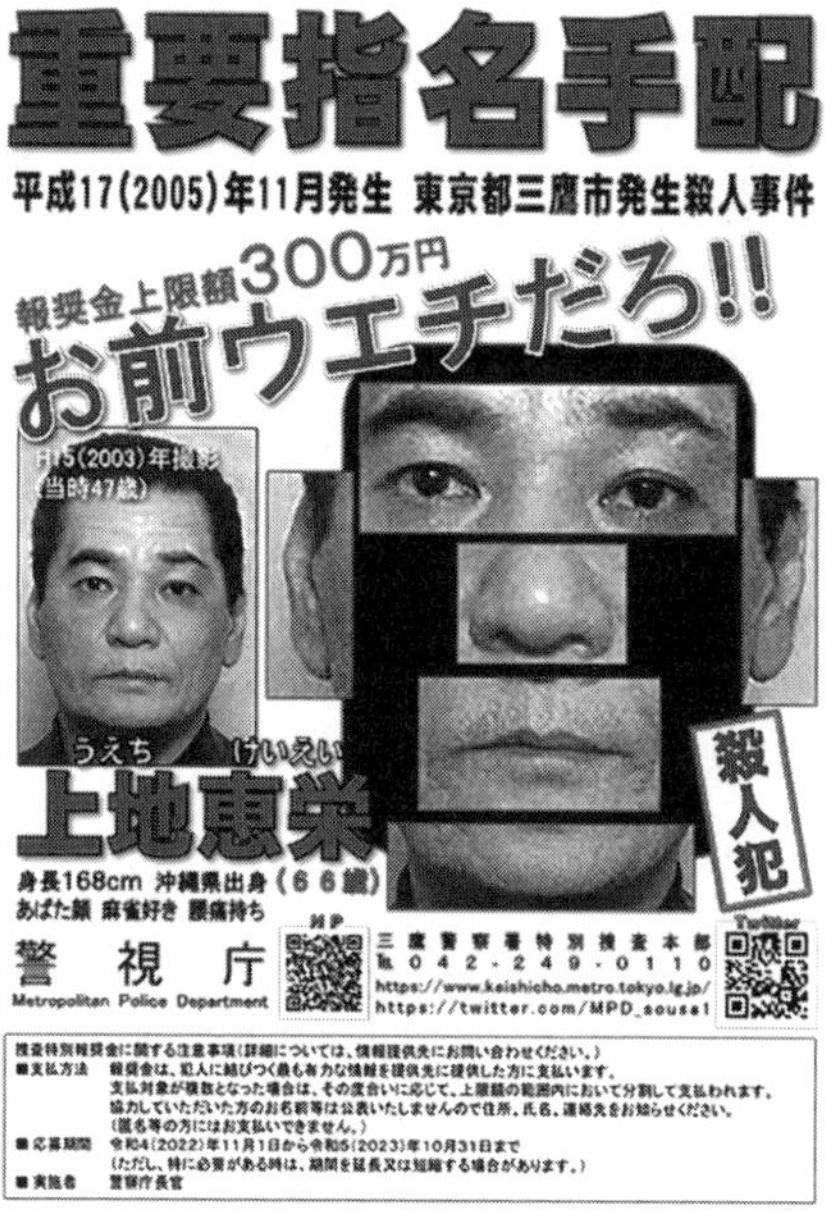
重要指名手配
平成17(2005)年11月発生 東京都三鷹市発生殺人事件
報奨金上限額300万円
お前ウエチだろ!!
H15(2003)年撮影
(当時47歳)
上地《うえち》恵栄《けいえい》
殺人犯
身長168cm 沖縄県出身（66歳）
あばた顔 麻雀好き 腰痛持ち
警視庁
Metropolitan Police Department
HP
三鷹警察署特別捜査本部
℡ 042-249-0110
https://www.keishicho.metro.tokyo.lg.jp/
https://twitter.com/MPD_sousa1
Twitter
捜査特別報奨金に関する注意事項（詳細については、情報提供先にお問い合わせください。）
■支払方法 報奨金は、犯人に結びつく最も有力な情報を提供先に提供した方に支払います。
支払対象が複数となった場合は、その度合いに応じて、上限額の範囲内において分割して支払われます。

協力していただいた方のお名前等は公表いたしませんので住所、氏名、連絡先をお知らせください。

（匿名等の方にはお支払いできません。）
■応募期間 令和4(2022)年11月1日から令和5(2023)年10月31日まで
（ただし、特に必要がある時は、期間を延長又は短縮する場合があります。）
■実施者 警察庁長官

事件現場のアパート

寝屋川市女性バラバラ殺人事件

越智《おち》 清《きよし》

妻を殺害後、口永良部島に逃亡。すでに死亡している可能性大

2006年3月1日、大阪府寝屋川市下神田町《しもかみだちょう》で薬局を営む越智栄子《おちえいこ》さん（当時65歳）が行方不明になった。薬局には「親族の不幸があったため7日まで休みます」という貼り紙があったが、実際には親族に不幸はなかった。栄子さんの生存確認が取れたのは2月28日19時30分ごろで、薬局の後片づけを終えた後、客に電話をかけたのが最後である。

栄子さんと連絡が取れなくなったとの通報を受けた警察が3月14日に家宅を捜索したところ、台所の包丁がなくなっており、浴室から広範囲にわたる血液反応が確認された。ＤＮＡ検査の結果、それは栄子さんのものと判明。何者かが彼女を殺害、浴室でバラバラに切断した後、死体を隠匿・遺棄した可能性が強まった。

警察が疑いを向けたのは、栄子さんの夫で、中古車販売業を営む越智清（同54歳）である。警察の家宅捜索時点で清も行方不明になっていたが、調べにより失踪前に栄子さんのブランドバッグ計10点を売却し、３月３日に振り込まれた１１０万円を銀行のＡＴＭから引き出していたことが判明。その姿を監視カメラが捉えていた。この他、寝屋川市のゴミ焼却場に家財道具をレンタカーで持ち込み偽名で処分を依頼していたこと、大阪市北区の架空の住所へ転居するとの虚偽の住民異動届を寝屋川市役所に提出し住民基本台帳ファイルに記録させるなどの工作を働いていたこと、清が無類のギャンブル好きで、栄子さんに多額の借金をして

いたこと、栄子さんの手帳に「夫の母の遺産で5千万円返してもらえる」と書かれていたにもかかわらず、そのような事実は一切ないことなどが明らかになった。こうした状況から、大阪府警は清が2月28日19時半以降3月1日朝方にかけて何らかの理由で栄子さんを殺害したものと断定。6月29日、栄子さんの遺体を傷つけたことによる死体損壊と虚偽の住民異動届を提出した電磁的公正証書原本不実記録の疑いで、清容疑者の逮捕状を取り、全国に指名手配をかけた。遺体が発見されていないなか、死体損壊容疑による指名手配は極めて異例のことである。

越智清容疑者。1952年生まれ。身長175センチ程度。演歌好き。生きていれば2024年1月現在71歳

清は姿を消す前、知人から借りていた50万円を返済し「1ヶ月ほど海外に行く」と言い残していた。が、警察は国内にいるものと推測、行方を追ったところ、同容疑者が3月11日より大阪から遠く離れた鹿児島県熊毛《くまげ》郡《ぐん》上《かみ》屋久町《やくちょう》（現・屋久島町《やくしまちょう》）の口永良部島《くちのえらぶじま》に潜伏していたことがわかった。口永良部島は鹿児島県南部に位置する人口約150人の島。なぜ、ここに清容疑者が訪れたかは不明ながら、警察の調べによると11日にフェリーで島に入

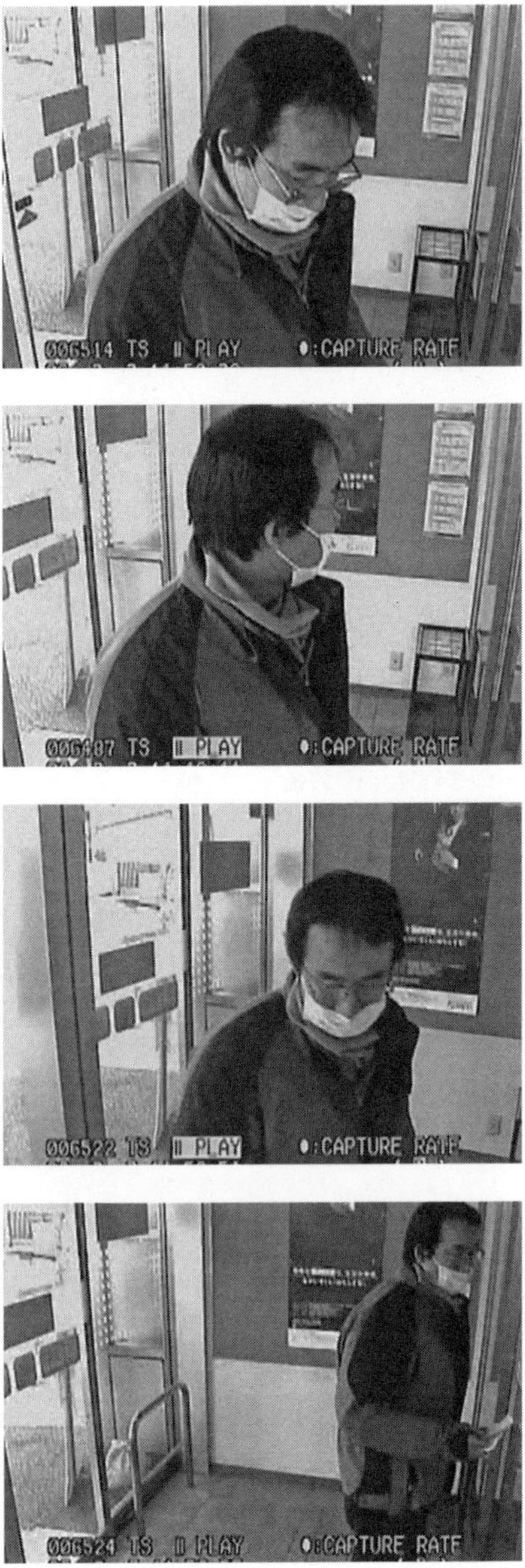

2006年3月3日、銀行のATMで金を引き出す越智容疑者の姿を捉えた防犯カメラの映像

り、同日から偽名で23日まで島内の民宿に宿泊。この後、いったん屋久島に渡り、24日に再び口永良部島に戻った後、行方がわからなくなったそうだ。

清容疑者は島で数々の手がかりを残していた。民宿経営者には「神戸港の穀物検疫官」を名乗り、毎日、釣りを姿をする姿が目撃されている。また島内の郵便局の消印で「口永良部島にいます」という手紙を知人

越智が潜伏した鹿児島県の口永良部島

に送っていたことも判明。腕時計などの所持品を島の住民に無料で譲っていたこともあったそうだ。最後の目撃証言は3月24日。軽装で山の方へ歩いていく姿を島民が見ていた。大阪府警は8月1日から10数人の捜査員を島に派遣し、島内を徹底的に捜索。同容疑者の行方を追ったが、その姿は見つからず、一方で清が島から出た形跡も確認できないまま捜査を終了した。警察は同容疑者がすでに島内で死亡したとの判断を強めており、捜査体制を縮小。栄子さん、清容疑者の消息は現在も不明のままである。

大阪府警作成による経年した越智の外見予想図

岩手17歳女性殺害事件

小原勝幸《おばらかつゆき》

2人の佐藤梢、偽装自殺、事件を追ったジャーナリストの死

2008年7月1日16時30分ごろ、岩手県下閉伊郡川井村《しもへいぐんかわいむら》（現・宮古市《みやこ》）松草沢《うちさわ》、県道171号線の橋の下、水深10〜20センチに、うつ伏せ状態の遺体が遺棄されているのを、道路工事作業員が発見した。調べの結果、身元は宮城県栗原市《くりはら》に住む佐藤梢《こずえ》さん（当時17歳）と判明。司法解剖により、絞殺による窒息死で死亡推定日は6月30日。首を絞められた後、橋から突き落とされたとみられた。警察が容疑者とみなしたのは、小原勝幸なる当時28歳の男。被害者の佐藤梢さんは小原容疑者の恋人の親友で、その恋人の名前も佐藤梢。なんと被害者と小原の恋人は同姓同名の親友同士だったのだ（以下、小原の恋人の梢さんを梢Aさん、被害者の梢さんを梢Bさんと記す）。

梢Aさんと梢Bさんは高校時代からの親友で、2007年2月ごろ、2人で宮城県登米市《とめし》のゲームセンターで遊んでいるところを小原と後輩にナンパされ、小原と梢Aさんとの交際が始まった。その後、2人の梢さんは高校を中退。小原と梢Aさんは友人の家を転々としたり、車中泊を繰り返す暮らしを送っていた。5月、梢Aさんは小原から「先輩との揉め事がある、一緒に来てくれ」と頼まれ、小原と弟と3人で先輩宅に向かう。前年10月、小原はその先輩から左官業の仕事を紹介されて働き始めたのだが、数日で仕事場を逃亡。メンツを潰された先輩が激怒し呼び出したのだ。小原らはお詫びの日本酒を持って先輩宅に入り謝罪したも

遺体発見2日前の2008年6月28日に撮影された小原勝幸と、
殺された佐藤梢さん（梢Bさん）の写真

の の、先輩の怒りは収まらず、日本刀をちらつかせて脅し、小原に１２０万円の借用書を書かせる。連帯保証人の欄には梢Ａさんの名前が記入された。その後、小原はこれを払うことなく逃げ回り、翌年２００８年6月3日、この恐喝事件について警察に被害届を提出する。ところが、28日になってなぜか、これを取り下げたいと言い出す。そのためには、連帯保証人の梢Ａさんの同行が必要だったが、小原から日常的にＤＶを受けていた彼女はすでに別れを決意しており、同行を拒否。結局、取り下げは認められなかった。

6月28日、小原は梢Ｂさんを電話で呼び出す。直前まで彼女と一緒にいた男性によると、小原から「恋の悩みについて相談をしたい」と持ちかけられたのだそうだ。このとき、梢Ｂさんは冗談めかした口調ながら、「私、殺されるかも」と言ったそうで、その言葉どおり、3日後の7月1日、遺体で発見される。

この日、小原は友人宅で過ごしていたが、17時ごろに出かけている。戻ってきたのは19時30分ごろ。明らかに様子がおかしく、友人に抱きつき「もう、この町にいられない」と泣きついたという。その後、友人宅を出た、21時頃、自動車事故を起こす。目撃者によると、「もう俺はおしまいだ。死ぬしかない」と言っていたそうだ。

翌日7月2日の午前中、事故で車が使えなくなった小原は、親戚の男性に頼んで岩手県下閉伊郡田野畑村《たのはたむら》の鵜《う》ノ巣断崖《のすだんがい》近くに送ってもらう。親戚男性は何か不審なものを感じつつも、そのまま帰宅。この後、小原は断崖の写真を添付して梢Aさんに「俺、死ぬから」、弟に「サヨウナラ、迷惑なことばかりでごめんね」とメールしたうえ、友人に「今から飛び降りる、世話になった」と電話をかける。驚いた友人がバイクで鵜ノ巣断崖に駆けつけたところ、小原は崖に座って誰かと電話をしていた。そばで内容を聞いていると、電話の相手は警察のように感じ、友人は安心してその場をあとにした。

7月3日夕方、鵜ノ巣断崖へ訪れた村職員が小原容疑者本人の財布、サンダル、ハンカチ、免許証、タバコ、車のキー、携帯電話のバッテリーを発見する。小原が飛び降り自殺を図った可能性が浮上したが、日没が近かったため、警察は翌朝から警官15人を動員し、周辺を捜索する。結果、遺留品以外に飛び降りの痕跡

2008年7月1日、自らの運転で衝突事故を起こした小原容疑者所有の車

が発見されず、遺体も上がらないことなどから岩手県警は〝偽装自殺〟と判断。同月29日、小原を殺人容疑で全国に指名手配した。

本事件は「捜査特別報奨金制度」に指定され、2008年10月31日、小原逮捕につながる有力な情報提供に対し上限100万円が支払われることが公告。2010年11月に報奨金の上限が300万円に増額されたが、小原容疑者の行方は現在もわかっていない。

一方、この事件を徹底的に取材し、独自の見解を述べた人物がいる。黒木《くろき》昭雄《あきお》（1957年生）。23年間の警視庁在籍中に、23回もの警視総監賞を受賞した元警察官で、退職後は警察内部のさまざまな問題や世間を騒がせた事件などを、自らの視点で解析し捜査していたジャーナリストだ。黒木氏が本件と関わりを持つようになったのは、梢Bさんの遺体発見から2ヶ月後の2008年9月、テレビ朝日の「ザ・スクープ」の取材で現地を訪れたのがきっかけである。同氏は、取材の過程で小原を容疑者と断定した警察の捜査に疑問を持ち、以下のとおり主張した。

❖事件当日の小原容疑者にはアリバイがあったことを小原の弟と友人が証言している。梢Bさんの死亡推定日時は6月30日〜7月1日だ

小原容疑者が最後に目撃された
鵜ノ巣断崖は自殺の名所としても知られている

が、小原は29日の夜は弟宅に宿泊。翌30日と7月1日は友人宅にいた。弟と友人の家は田野畑村にあり、梢Bさんが発見された川井村からの距離は約１００キロ。車でも片道2時間かかり、被害者を殺害し、遺体を捨てて帰ってくるというのは時間的にも距離的にも困難。

❖小原は事件前の6月29日に右手の小指・薬指を怪我していて、右手全体が使えなかった。診察した医者は、人の首を絞めて橋から投げ捨てることはできない状態だった、と証言している。小原の弟も「箸が使えずフォークで食事をしていた」と話している。

❖鵜ノ巣断崖にはサンダル、財布、免許証が残されていて、一見飛び降り自殺に思えるが、警察はこれを偽装とみている。飛び降りていないとすれば、小原は誰かに連れ去られ、殺されたのではないか？　素足では逃走できないし、交通機関もない場所である。そもそも小原には梢Bさんを殺害する動機がない。

❖本件は、小原の先輩の恐喝事件に端を発しているのは明らかであるのに、警察は捜査を怠っている。小原が被害届を出したことさえ否定している。間違いのない捜査をしていれば、梢Bさんの殺害も防げたはずだ。

２００９年5月、黒木氏は記者会見を開き、同姓同名の佐藤梢さんが2人いることを世間に初めて公表。警察に情報提供書を提出したが、当局が動くことはなかった。２０１０年4月には、事件調査委員会の設置

小原容疑者の指名手配書

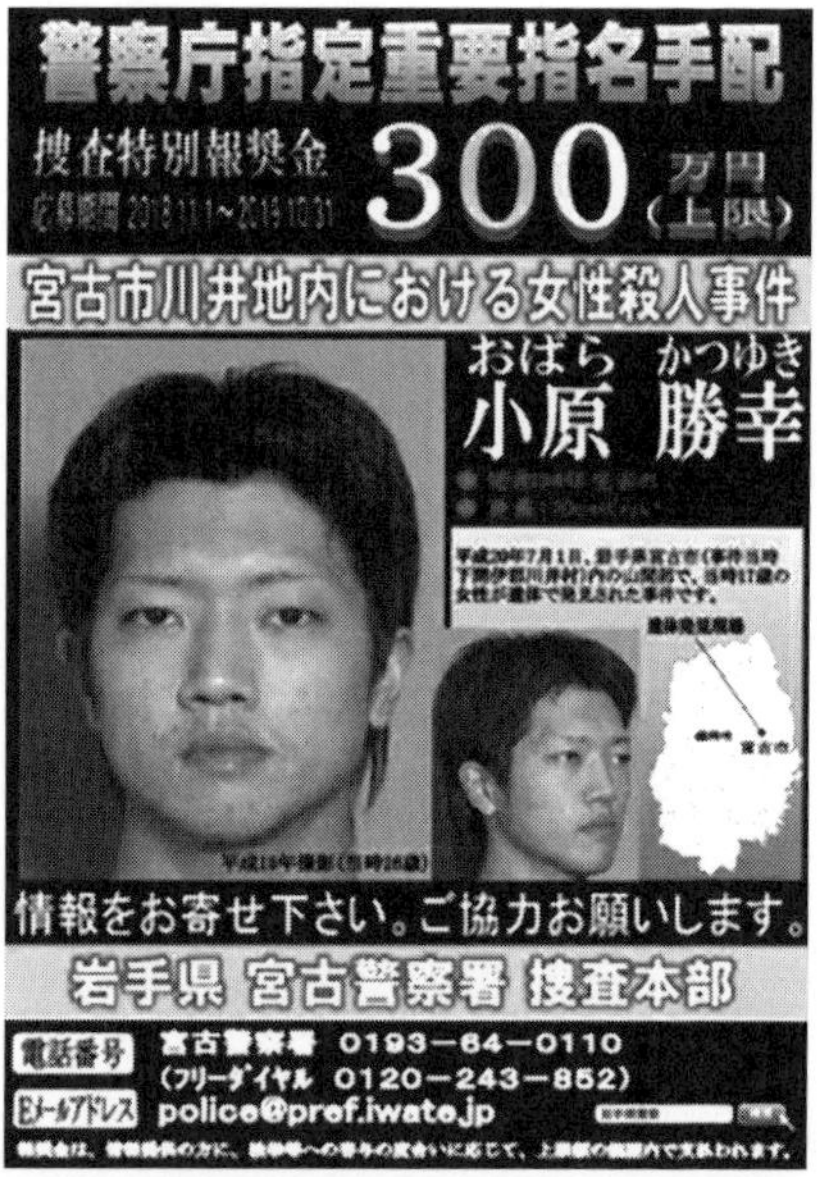

事件を追った果てに自殺したジャーナリストの黒木昭雄氏

を求め、田野畑村人口の54％にあたる2千170人分の署名を岩手県に提出するも、県側はこれを拒否する。そして、小原の懸賞金が100万円から300万円に上がった同年11月1日には、「きちんと捜査もせずに、国民の税金を300万円も使うのか」と憤慨。しかし、世間が氏の意見に耳を傾けることはなく、その翌日の11月2日、千葉県市原市で、駐車した車の中で死亡しているのが見つかる。一部にはその死に疑問を投げかける声もあったが、現場に、11月1日16時ごろにホームセンターで練炭コンロ2つや軍手、マッチなどをクレジットカードで購入した際のレシートが残されていたことや、警察官だった父親の墓の前でワンカップの酒を飲んだ形跡があったことなどから、医者に処方してもらった睡眠薬を飲み練炭自殺を図ったものと断定された。自殺の原因は、生活を犠牲に本事件を自費で2年以上も取材したにもかかわらず、メディアの関心が低いことに落胆。精神的に追い込まれ、最終的にうつ病を発症したものとみられている。

黒木氏の主張どおり、事件は冤罪で、小原容疑者とは別に真犯人がいるのだろうか。2010年6月30日、小原の父親は、国や岩手県に対して、息子の指名手配の差し止めと損害賠償を求める訴訟を起こしたが、2014年4月11日、盛岡地方裁判所は請求を棄却している（控訴せず確定）。2024年1月現在、小原容疑者は44歳。その身柄が拘束され、真相が明らかになる日は来るのか。それとも、すでにこの世にいないのか。管轄の宮古警察署は現在も広く情報提供を募っている。

村田《むら》田《た》俊《しゅん》治《じ》

山口市赤妻町女性殺人事件

妻を殺害し消えた夫。室内には心中をほのめかすメモが

２００９年1月14日午前9時45分ごろ、山口県山口市にある介護サービスのホームヘルパーが、同市赤妻《あかづま》町《ちょう》に住む無職の村田《むらた》一枝《かずえ》さん（当時71歳）の自宅アパートを訪ねた。チャイムを押しても反応がなかったため、不審を感じつつ中に入ると、寝室6畳間で首にタオルのようなものを巻かれ仰向けに倒れている一枝さんを発見。驚き、１１０番通報した。すぐに山口警察署が現場に駆けつけ、一枝さんの死亡を確認。翌15日に山口大医学部付属病院で司法解剖した結果、死因は頸部圧迫による窒息死で、死亡推定時刻は11日夜から12日朝の間と判明した。

当時、一枝さんは夫の俊治（同73歳）と暮らしていたが、夫は部屋に心中をほのめかすメモを残し行方不明となっていた。こうした状況から山口署は俊治が一枝さんを殺害後、逃亡したものと断定し、16日に殺人容疑で逮捕状を請求、全国に指名手配するとともに近隣の山などを捜索。アパート敷地内の駐車場に俊治容疑者が普段使っていた乗用車が残っていたため、公共交通機関などにも聞き込みを行ったが、重要な手がかりは見つからなかった。

同容疑者は事件発覚4ヶ月前の２００８年9月まで山口市内の事業所に勤務し、退職後は、体が悪く入退院を繰り返し、糖尿病により失明の危機にもさらされていた一枝さんの面倒をみていた。自宅アパートは出

入りが激しく夫婦と面識のある住人はいなかったが、近隣住民の話によれば、夫婦一緒に車で買い物に出かけるなど、2人の仲は極めて良好に見えたそうだ。ということは、やはりメモにあったように、俊治容疑者が病気に苦しむ一枝さんの将来を悲観し殺害、自殺目的で逃亡した可能性は高く、現在までその行方がわからないことや年齢からして、すでに死亡しているとも十分考えられる。

俊治容疑者は1935年生まれで、身長165センチ程度のやせ型、短髪。生きていれば2024年1月現在、88歳。山口警察署は現在も俊治の消息につながる情報を求めている。

山口県山口市赤妻町における女性被害殺人事件
指名手配
身長165cmくらい
村田《むらた》 俊治《しゅんじ》
昭和10年9月15日生（73歳）
平成21年1月12日ころ、自宅アパートで
妻（71歳）を殺害したものです。
この男性に心当たりのある方は山口警察署まで通報してください。
山口県山口警察署 083-924-0110

村田俊治容疑者の指名手配書（山口県警のＨＰより）

八王子母子殺害事件

妻と息子を殺害後、華厳の滝で偽装自殺

大沢悠也《おおさわゆうや》

2009年4月28日午前2時過ぎ、東京都八王子市松木のマンションの一室で、この部屋に住む大沢咲子《さきこ》さん（当時27歳）と長男の航也《こうや》くん（同3歳）が死亡しているのが見つかった。第一発見者は咲子さんの夫である大沢悠也（同29歳）の両親で、前日から電話に一切応答しないことを不審に思いマンションを訪問。解錠業者にドアを開けてもらい中に入り、義娘と孫の変わり果てた姿を目にした。

110番通報を受け現場に到着した警察の捜査により、咲子さんの頭部に鈍器のようなもので殴られた傷が数ヶ所あり、航也くんの首には圧迫された痕があることが判明。室内からは凶器とみられる血のついたスパナが見つかった。後日、司法解剖により、咲子さんが頭部打撲傷による失血死、航也君が窒息死だったことがわかり、警察は殺人事件と断定。玄関が施錠されていないことや、現場に外部からの侵入の形跡がなくマンションの防犯カメラにも不審人物が映っていなかったことなどから、遺体発見時に行方不明となっていた悠也が事件に関与しているものとみて行方を追った。

手がかりはすぐに得られた。遺体発見翌日の4月29日、悠也所有の車が栃木県日光市の華厳《けごん》の滝の駐車場に止めてあったことが判明したのだ。滝近くの防犯カメラには車を1人で運転する悠也の姿が映っおり、さらに滝の頂上付近からは悠也のダウンジャケット、カード入りの財布、デジタルカメラ、滝つぼから本人の

シャツも見つかった。こうした状況から警察は悠也が自殺した可能性があるとみて、一帯を捜索する。

華厳の滝では、それまでにも年間数人の自殺者が出ていたが、2メートルの柵を乗り越え身を投げても思ったように滝つぼまでは到達できず、途中で引っかかることが多かった。しかし、滝つぼに至るまでの崖や岩肌を調べても悠也の痕跡は皆無。次に滝つぼ上流にあるダムの水をせき止め、滝つぼを隅から隅まで捜索したものの、手がかりは何も発見できなかった。また、滝に飛び込んだ後、遺体が別の場所に流された可能性も考えられたが、川の流れは速くなく、下流には発電所の貯水槽があるためその間で発見されるはずのところが、この捜索も空振りに終わった。

こうしたことから警察は悠也が自殺を偽装し逃走したものと断定、5月18日に殺人容疑で全国に指名手配する。しかし、その消息は華厳の滝からぷっつりと途絶えており、現在も行方はわかっていない。なぜ、夫は妻子を殺害したのか。犯行の動機につながるような情報も一切、伝えられていない。

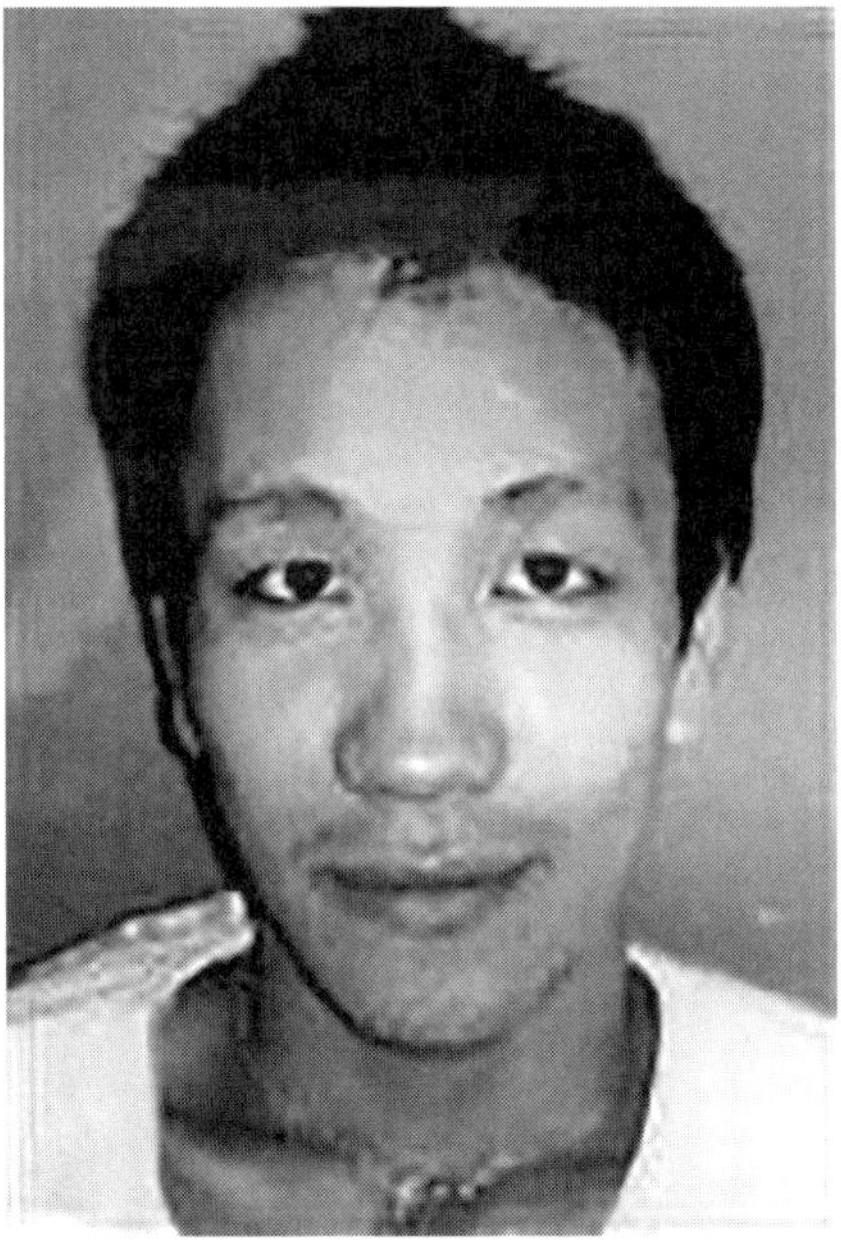

大沢悠也容疑者。事件当時29歳。身長158センチ程度

中西二郎《なかにしじろう》

京都市伏見区母子殺人事件

妻と息子を殺害し逃走。福井県の山中で車が発見されたが…

２０１０年４月23日20時ごろ、京都市伏見区竹田三ツ杭町《たけだみつぐいちょう》の市営住宅で、住人の中西真澄《ますみ》さん（当時34歳）と長男の隼人《はやと》くん（同５歳）が血を流して死んでいるのが見つかった。２人の上半身には数十ヶ所の刺し傷や切り傷があり、死因は頭部や顔、背中を刺されたことによる失血死。死亡推定時刻は発見当日の23日午前９〜10時ごろとみられた。警察は殺人事件として捜査本部を設置。連絡がつかない真澄さんの夫、中西二郎（同30歳）が何らかの事情を知っている可能性があるとみて行方を追った。

中西さん宅は夫婦と長男、小学３年の長女（同８歳）の４人家族。隼人くんは２００６年４月から保育所に通園、リズム遊びや家族の絵を描くのが好きで、滋賀県大津市の祖父の家にもよく遊びに行っていた。23日夕方、その祖父が真澄さんに何度電話をかけてもつながらない。隼人くんの保育園の送迎は真澄さんの日課。そこで、祖父は保育園に「（真澄さんが）迎えに来たか？」と問い合わせたところ、返ってきたのは「今日は何の連絡もなく休んでいる」というものだった。胸騒ぎを覚えた祖父はすぐに車で娘の家を訪ねたものの、玄関が施錠され中に入れない。そこで、長女を小学校に迎えに行き同じ棟の知人宅に預けた後、18時ごろに警察に電話をかけ、事情を話した。連絡を受けた京都府警の捜査員と祖父が鍵の業者に解錠してもらい中に入ると、ダイニングキッチンでうつぶせに倒れ、布をかけられた真澄さんと隼人くんを発見。流し

中西二郎容疑者。1979年生まれ。犯行時30歳、2024年1月現在44歳。身長170センチ程度。左上腕と左足甲に刺青あり

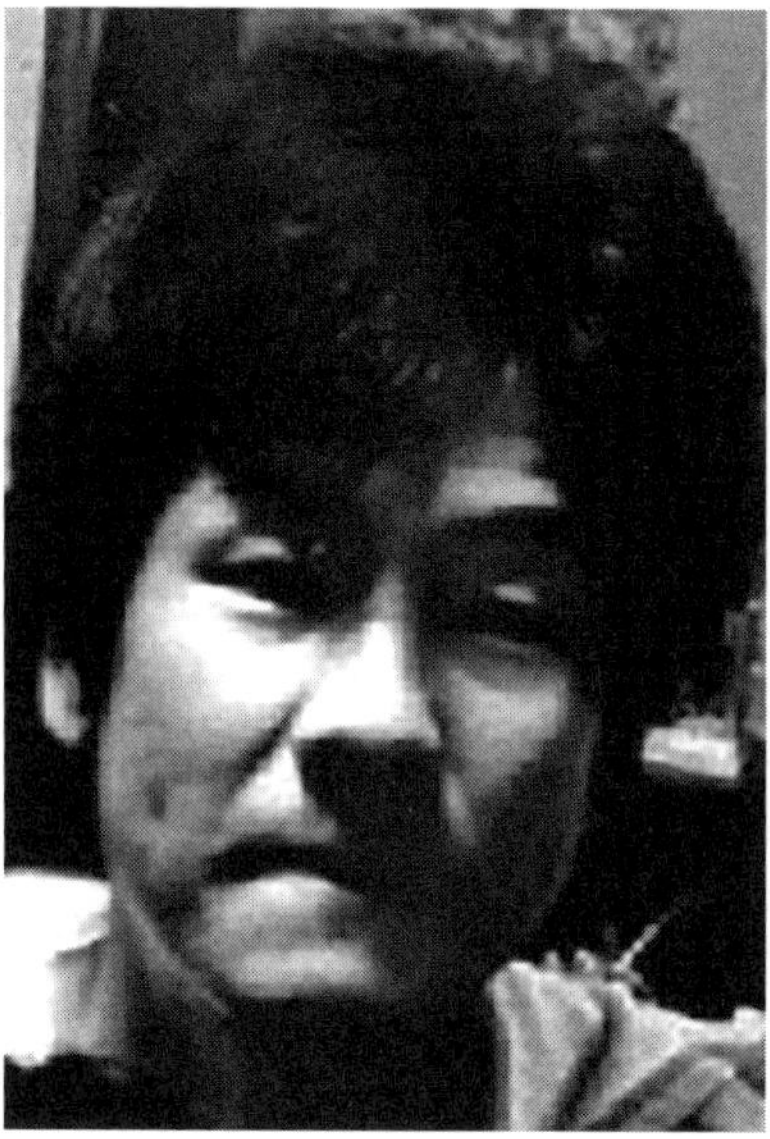

台から血の付いた6本の包丁が見つかった。祖父の頭に浮かんだのは、娘の夫で、子供の父親である中西二郎（同30歳）。夫婦仲が悪く、離婚話が出ていることを娘から聞かされていた。二郎の姿は家になく、敷地内駐車場から車が消えていた。

警察がその行方を追ったところ、24日15時ごろ、パトロール中の警ら隊により二郎の白いワンボックス車が福井県丹生《にゅう》郡《ぐん》越前町《えちぜんちょう》六呂師《ろくろし》の山中で発見された。車のドアは施錠され、損傷や事故の形跡はない。福井県警は二郎が自殺を図る可能性もあるとみて、京都府警と協力して計約80人態勢で警備艇やヘリ、警察犬を使って周辺を捜索したが、見つからなかった。3日後の27日、京都府警伏見署捜査本部は2人を殺害した疑いがあるとして、殺人容疑で二郎容疑者の逮捕状をとり全国に指名手配した。血が付いた同容疑者の指紋が、室内のテーブルに付いていたほか、犯行直後、自宅から出る二郎と車が駐車場から出ていく様子が団地の防犯カメラに写っていたことや、玄関のドアや窓などは施錠されており、何者かが侵入した形跡もないことなどが決め手となった。それから14年。２０２４年1月現在、二郎容疑者の消息はわかっていない。

六本木クラブ集団暴行死事件

見立真一《みたてしんいち》

兄貴分の敵に人違いで飲食店経営者を殺害した「関東連合」の元リーダー

２０１２年９月２日午前３時40分ごろ、東京都港区六本木のランドマークだったロアビル２階のクラブ「フラワー」に、目出し帽をかぶった10人ほどの男が乱入し、店内ＶＩＰルームで友人ら５人と飲食していた飲食店経営の藤本亮介《ふじもとりょうすけ》さん（当時31歳）を襲撃、１分～２分ほどにわたって金属バットなどで殴打し死に至らしめた。事件発生時、フラワー店内では音楽イベントが開催されており、大音量の中で２００人から３００人の客が居合わせたものの事件に気づく者はいなかった。

５日後の９月７日、防犯カメラの映像と容疑者らの写真を警視庁が公開。そこには犯人らが２日の午前２時40分ごろに２台のワゴン車に分乗し現場付近の路地に乗り付けた後、ロアビルへと入り、短時間で犯行を終え、再び車に分乗し逃走する姿が映っていた。

この公開映像に対し半グレ集団「関東連合」元メンバーらの関与を指摘する情報が警察に寄せられる。関東連合は世田谷区烏山地域や杉並区の暴走族の連合体として１９７３年に結成され、渋谷、六本木、西麻布、新宿で勢力を誇り２００３年に解散したが、その後もＯＢ同士が上下関係に基づく強い絆で結束し、六本木周辺の暴力事件の関係者としてその名が登場。２０１０年11月には西麻布のバーで、歌舞伎俳優の市川海老蔵《いちかわえびぞう》（現・市川團十郎《だんじゅうろう》）に大怪我を追わせ、全国的に知られるようになった。

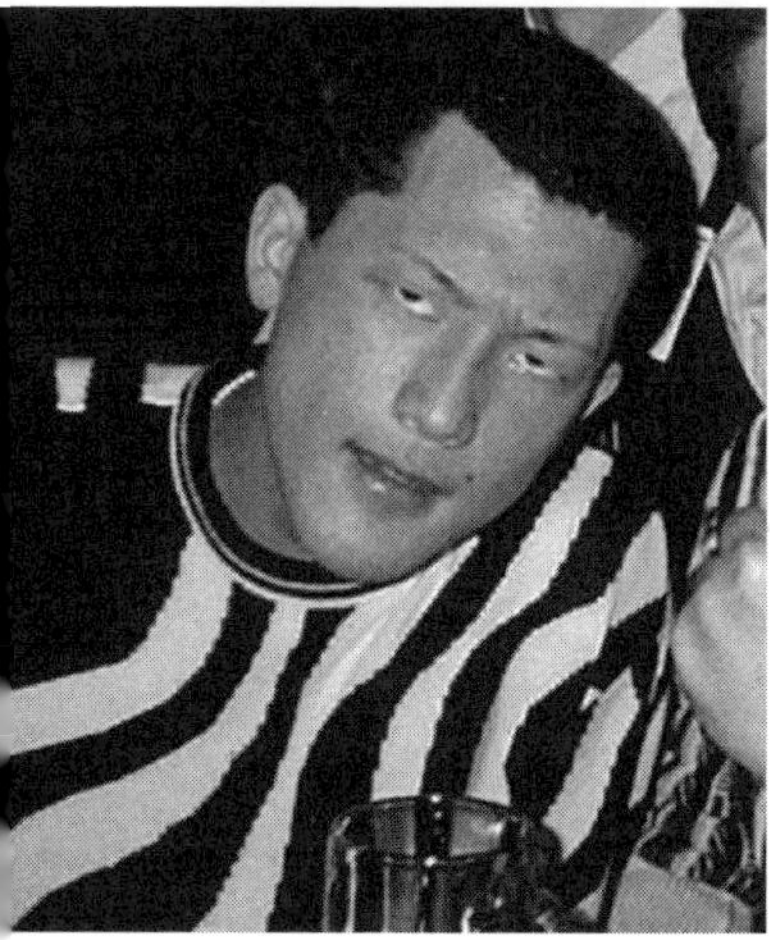

上／事件現場となった六本木のクラブ「フラワー」
下／事件の主犯格、見立真一は
「残虐王子」の異名をとっていた

警視庁は２０１３年1月21日までに、犯行に関与したとして関東連合ＯＢならびに関係者ら計18人を逮捕。この取り調べで驚愕の事実が判明する。一部容疑者が藤本さん殺害は「人違い」であったと供述したのだ。なんでも、２００8年に関東連合の元リーダー・見立真一の誕生日にあたる3月16日、関東連合ＯＢのＫ（同32歳）が東京・西新宿の路上で金属バットで武装した集団に襲撃を受け、死亡する事件が発生。関東連合ＯＢは、対立グループを率いる元暴力団幹部を犯人とみなし行方を追っており、その幹部と被害者の藤本さんの特徴（色黒、坊主頭）が似ていたことから勘違いして犯行に及んだのだという。見立は本事件の主犯格でもあったが、事件直後に国外へ逃亡し逮捕を免れた。

見立は１９７9年3月、静岡県沼津市で生まれ、小学生時代に東京に転校した。ごく一般的な家庭で育ち、問題行動も皆無。むしろ勉強に熱心な少年だった。が、中学2年のとき「ガリ勉見立」とバカにされたことに激怒し、同級生を階段から突き落とし大怪我を負わせ鑑別所送りに。そこから不良の道を歩き始めるようになる。高校に首席入学後、地頭の良さを活かして、不良グループの世界でのし上がり、歯向かう者には徹底的な暴力で支配。周囲は見立のことを「残虐王子」と呼んだ。その後、1970年代から1990年代前半に存在していた暴走族「ブラックエンペラー」を復活させるとともに、他の暴走族と徒党を組んだ関東連合の実質的なトップに君臨し、無差別に人に襲いかかるなど、その凶暴性で恐れられた。前述の2008年の事件で殺されたKのことは兄貴分と慕っており、その仇《かたき》を打つため執拗に犯人を探していたものの、結局、殺害したのは別の男性。ちなみに、人違いで撲殺された藤本さんは長野県出身で、大学中退後、塗装関係の営業職、東京・高円寺のキャバクラのボーイを経て、複数のキャバクラ店舗を経営。事件当時は、東京・杉並区内でキャバクラを経営するとともに、渋谷区内でガールズバーと焼肉店を合わせた業態の店を営んでおり、フラワーの常連客だった。

現場付近の防犯カメラが捉えていた犯人グループの映像

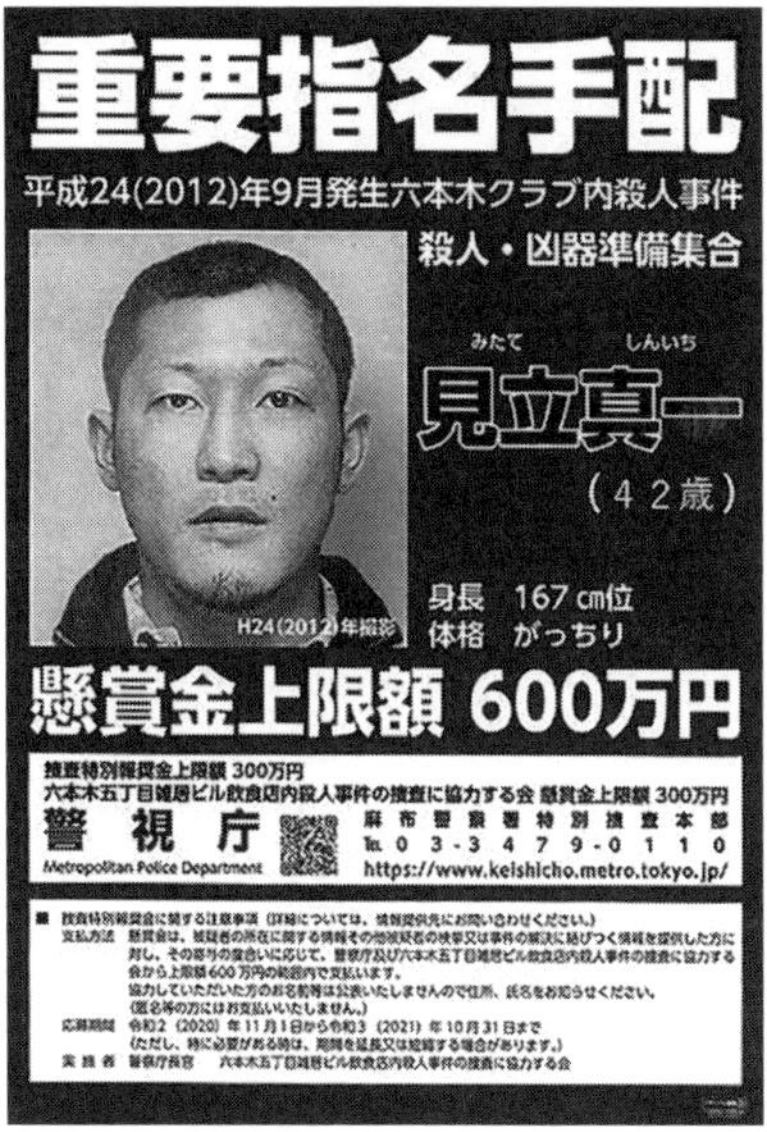

見立容疑者の指名手配書。逮捕につながる有力な情報には600万円の報奨金が支払われることになっている

２０１３年８月９日、東京地裁は藤本さんに対する傷害致死罪で起訴された９人に懲役８年〜15年を言い渡した（２０１６年の最高裁判決で確定。一部減刑あり）。一方、唯一逮捕を免れた見立容疑者は、フィリピン現地メディア『日刊まにら新聞』の報道によると、事件発生から１週間後の２０１２年９月９日、中国の首都北京からマニラ空港に到着。その5日後に韓国の首都ソウルへ向かい、約２ヵ月後の11月上旬、今度はインドネシアの首都ジャカルタからフィリピンのマニラ空港へ向かったのだという。警視庁は殺人や凶器準備集合などの疑いで見立を国際指名手配。見立の顔写真入りのポスター１万２千枚を作成するなどして情報提供を求め、２０１５年７月には、有力な情報の提供者に対し、最大６００万円の懸賞金を支払うことを決定した。２０２１年、関東連合元幹部で執筆活動も行っていた柴田大輔氏（執筆名は工藤明男。同年11月に死去）によれば、見立は国外逃亡前、共犯者に「俺は一生逃げるし、逃げ切れる自信がある。もう日本に未練はない」と口にしており、逃走時にはカンパで集められた約２億円が本人の手に渡っていたはずだという。柴田氏の話では、見立はフィリピン中部に位置する観光地で、ダイビングスポットとしても有名なセブ島に潜伏している可能性が高いとのことだが、２０２４年１月現在も逮捕の報道は伝えられていない。

山梨市強盗致傷事件

宮内雄大《みやうちゆうだい》

手錠を付けずに連行している隙に逃げられた警察の大失態

2013年2月23日午前4時頃、山梨県山梨市内の民家に無断で侵入、住人の50歳代男性の顔を殴り現金1万円を盗んだとして、長野県出身の宮内雄大（当時37歳）が強盗致傷容疑で現行犯逮捕された。同県警日下部《くさかべ》署員3人が宮内を連行し、パトカーの後部座席に署員2人に両脇を挟む形で乗せていたが、日下部署に到着し車から降ろした直後に突然走り出し、高さ3メートルのフェンスを乗り越え、北側の果樹園の方向に姿を消した。宮内容疑者を連行した男性警部補が同容疑者に手錠をかけておらず、パトカーから降りる際にも被疑者の体を掴んでいなかった結果、取り逃がすという大失態だった（後に警部補は戒告の懲戒処分、他2人の署員、所属長は訓戒と本部長注意の処分に）。

山梨県警が緊急配備を敷き、宮内を全国に指名手配したところ、その後の行方が判明する。まず、逃走からおよそ11時間後の23日16時ごろ、日下部警察署から10キロ以上離れた山梨県甲府市善光寺町で宮内らしき男が軽トラックを盗んだとの情報が寄せられた。この軽トラはさらに北へ100キロ近く離れた長野県上田市で乗り捨てられているのが発見された。その後、宮内は同県長野市内で軽自動車を盗む。この車で事故を起こし、現場に乗り捨て行方をくらます。車の中にはレシートが残っており、そこから宮内容疑者が逃走翌日の24日21時ごろ、長野県駒ヶ根市のコンビニエンスストアに立ち寄っていたことがわかった。店の防犯カ

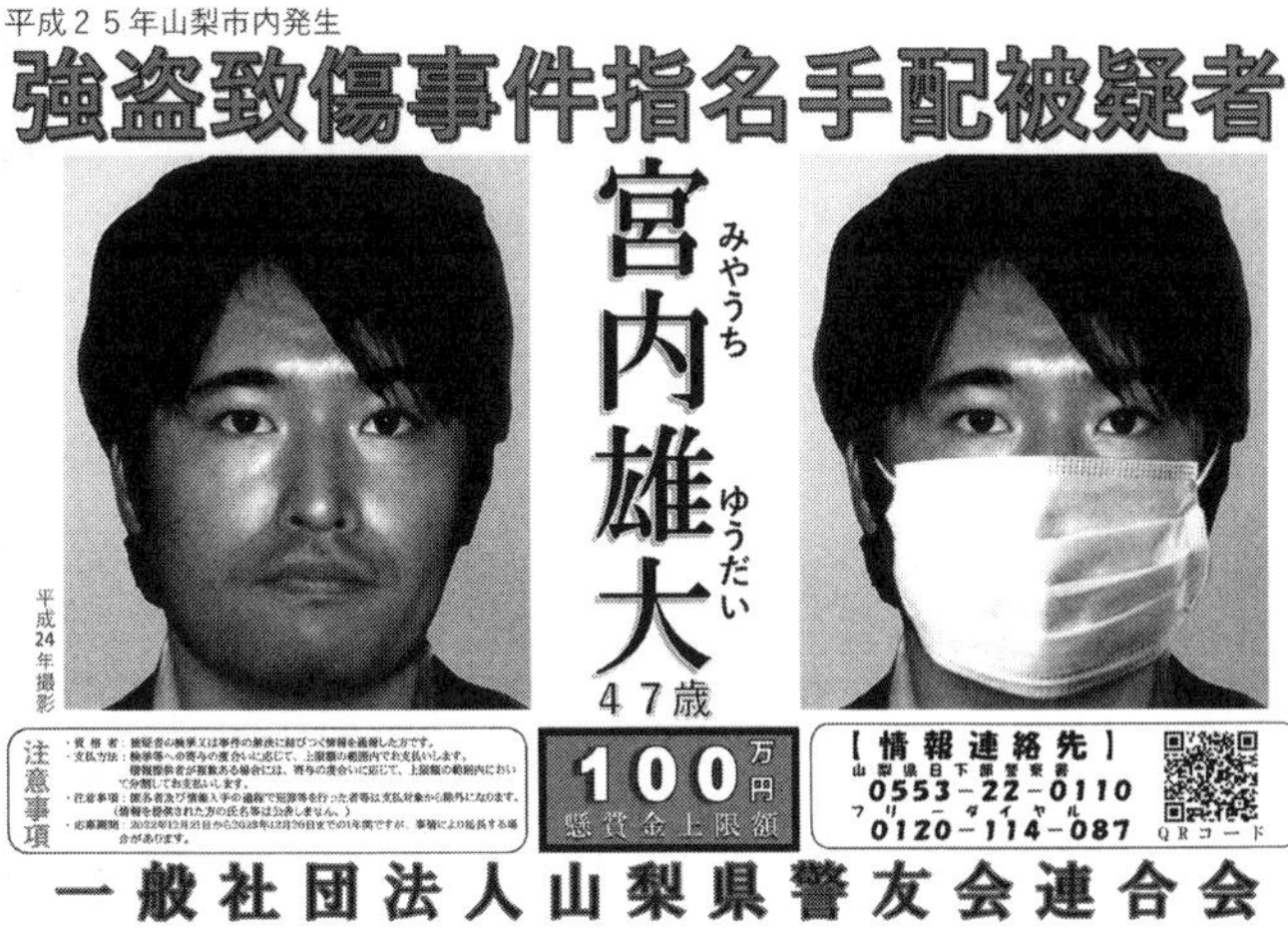

宮内容疑者の手配書。2024年1月現在48歳。身長177センチ程度。酒・タバコ・競馬好き、右上前歯に治療の痕があり、黄色く変色している

コンビニの防犯カメラが捉えた宮内の姿

メラは、逃走時には身に着けていなかった青いダウンジャケットや、黒っぽい靴を着用し店内をうろつく宮内の姿を捉えており、警察はこの映像を公開、最大100万円の懸賞金をつけ広く情報提供を募る。しかし、その後の足取りは一切わかっていない。警察によれば、2023年2月までに動員された捜査員は3万人あまり。情報も約470件寄せられたが、逮捕につながるものはなかったそうだ。

菱川龍己《ひしかわたつみ》

神戸市暴力団組員拳銃発砲殺人事件

敵対する組のトップを狙ったヒットマン

2017年9月17日午前10時ごろ、兵庫県神戸市長田区《ながたく》五番町の路上で、指定暴力団「任侠山口組」（現・絆會《きずなかい》）の代表・織田絆誠《おだよしのり》（当時50歳）が乗ったワゴン車が襲撃され、当時44歳のボディガードの同組構成員が射殺された。兵庫県警長田署捜査本部は現場に残された車やヘルメット、また4日後に事件現場から11キロ離れた同市北区の歩道上で小型のカバンが通行人によって発見され、その中に任侠山口組と敵対する指定暴力団「神戸山口組」の中核組織「山健組」傘下組織の組員・菱川龍己（当時41歳）の身分証と回転式拳銃2丁が入っていたことから、菱川を事件の実行犯として全国に指名手配した。

目撃者によると、菱川容疑者は織田の乗った車列が自宅から路地を通って幹線道路に出ようとしたところに、自ら運転する車を衝突させた。緊急事態に、すぐに車からボディガードが降りてきて取っ組み合いになったものの、菱川はボディガードの頭部に拳銃で2発発砲したという。その後、車を放置し、拳銃を持ったまま北西方向に走り、現場近くに停めていたバイクで逃走したようだが、警察は付近の防犯カメラに菱川ではない黄緑色のジャケットを着た男性が現場をうかがっている様子や、拳銃のようなものを手に逃走する姿が映っていたため、警察はこの男が犯行のサポート役を担ったと推定。犯行が、神戸山口組による指示だった可能性もあるとみて捜査を進めたが、同組は事件とは無関係で菱川がすでに組を辞めたと説明した。しか

神戸市長田区の事件現場

菱川容疑者の手配書。２０２４年1月現在47歳。身長１５８センチ程度

し、警察は菱川の他にも数名が事件前に組織を離れている情報を得て、このことから菱川らが組と無関係を装うため、あらかじめ偽装離脱した可能性があるとみて捜査を進めた。

事件から半年後の２０１８年3月8日、犯人隠避容疑で菱川容疑者の交際相手の女（同29歳）が逮捕された。女は射殺事件が発生した当日、菱川を車に乗せて運転し、逃走を手助けしており、警察はその後の足取りについても何らかの事情を知っているものとみて追及したが、有力な手がかりは得られなかった。

対立する組のトップを狙い失敗したヒットマン。巷では、菱川はすでに消されているとの噂も流れている。

茨城県東海村兄弟殺害事件

実家での口論の挙げ句、弟が兄を刺殺後に逃走

永山《ながやま》 誠《まこと》

2021年4月18日20時20分ごろ、茨城県東那珂郡《ひがしなかぐん》東海村船場《せんば》の民家で「兄弟がもめて弟が兄を刺した」と、同じ村に住む親類から110番通報があった。同県警ひたちなか署員が駆けつけたところ、この家に住む女性（当時86歳）の長男で、普段は別の住所で暮らす永山善一さん（同63歳）が、住宅1階のリビングで血まみれになって仰向けに倒れており、現場で死亡が確認された。司法解剖の結果、善一さんの体には首や胸などを複数回刺された痕や、首を絞められた痕が発見され、明確な殺意がうかがえた。

警察は女性（母親）に事情聴取し、被害者の弟で、母親と同居する永山誠（同57歳）が、この日、家を訪れた善一さんと口論となり、兄を殺害した後に現場から立ち去ったと断定、殺人容疑で誠容疑者の行方を追った。なお、兄弟間の揉め事が何だったのかは明らかにされていない。

事件から8日後の4月26日、警察は同容疑者の情報提供を広く求めるため、誠の顔写真と、彼が犯行直後に立ち寄ったコンビニ店に出入りする防犯カメラの映像を公開するとともに全国に指名手配をかける。また、その後の調べで、誠容疑者が事件直後、地元の新聞販売店に購読停止を連絡していた事実を掌握。なんでも、犯行から30分ほど経過した20時ごろ、販売店に電話をかけており、店は不在で留守電となったが、名前や住所を名乗って「新聞をしばらく止めてほしい」と伝言を入れていた。同店関係者は十数分後に折り返し連絡

をしたものの応答はなく、20時20分ごろ、誠容疑者から再び同店に電話があり、不在の伝言には「着信出られず、すみません」と丁寧な言葉があり、「新聞を休む件、よろしくお願いします」と重ねて購読停止を申し出ていた。このことから、同容疑者が二度と家に戻らず、逃走する強い決意を持っていたことがうかがえる。

また、犯行後に立ち寄ったコンビニでは、飲み物などを購入。その後、現場から約1・5キロ離れた村立図書館近くの駐車場に車を乗り捨てていたこともわかった。が、以降の行方は一切不明。茨城県警は現在も誠容疑者の逮捕につながる情報を求めている。

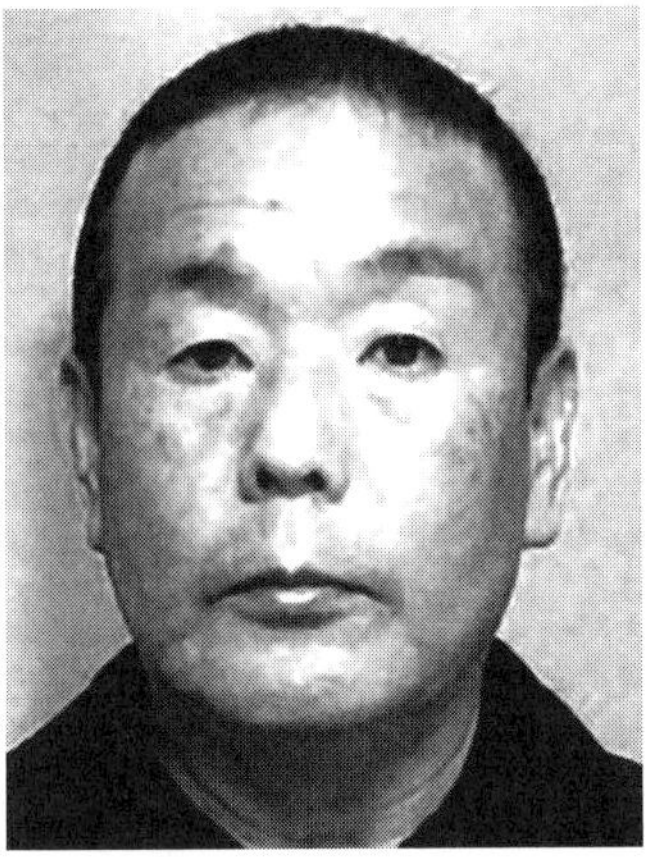

永山容疑者の手配書。茨城県警警察のHPでは犯行直後にコンビニを出入りする映像も公開されている

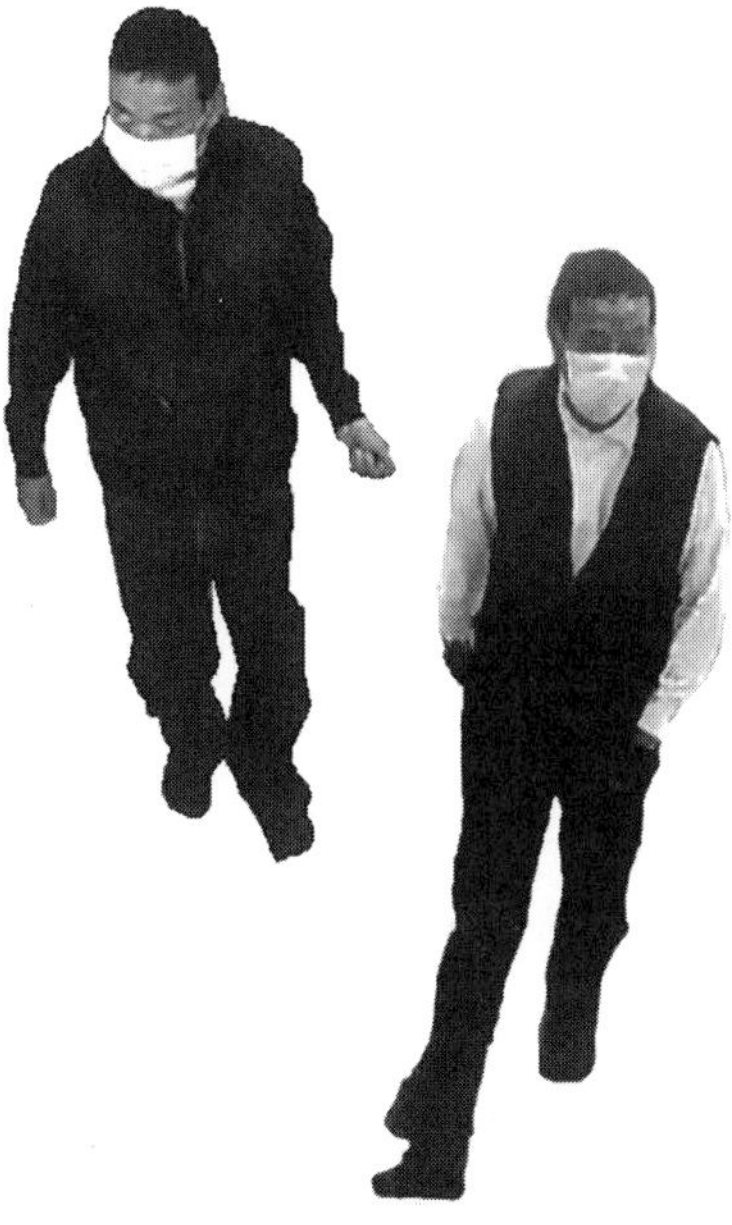

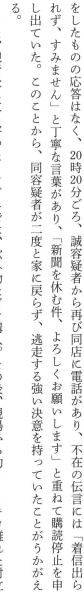

八《はっ》田《た》與《よ》一《いち》

別府市大学生ひき逃げ死亡事件

直前に目が合った被害者のバイクに故意に衝突。現場から素足で逃走

２０２２年６月29日19時45分ごろ、大分県別府市《べっぷし》野口原《のぐちはら》の県道交差点で、信号待ちをしていたバイク２台に軽乗用車が追突、原付きバイクに乗っていた同市石垣東《いしがきひがし》の男子大学生、福谷《ふくや》郁登《いくと》さん（当時19歳）が死亡、２５０ccのバイクに乗っていた友人の男子大学生（同20歳）が軽傷を負った。別府警察署は現場に残されたままの車のナンバーなどから、事故を起こした後、救護することもなく逃走した同県日出町《ひじまち》の会社員・八田與一（同25歳）を特定。指名手配をかけ、７月４日には顔写真を公開し情報提供を呼びかけた。

実は事故の前、八田容疑者と福谷さんは、現場からおよそ５００メートル離れたショッピングモールの駐車場で遭遇していた。福谷さんが原付きバイクで駐車場を出ようとしたところ、音楽を大音量で鳴らしながら歩いてきた八田と目が合い、トラブルになりかけたことを友人が目撃している。それからわずか１分後、駐車場を出た２人が赤信号で横並びに止まっていると、突然アクセルを強く踏む車の音が聞こえてきた。サイドミラーで１台の軽乗用車が猛スピードで向かってくるのに気づいたが、避ける間もなく衝突。福谷さんは50メートルほど突き飛ばされ、全身を強く打ったことで心肺停止となり、４時間後に搬送先の病院で死亡。友人は車に乗り上げ地面に叩きつけられたものの、奇跡的に打撲だけの負傷で済んだ。警察の調べで、八田は制限速度を30キロも超える70キロ以上のスピードを出していたことが判明。現場にブレーキ痕がなかった

ことから、故意に追突した殺人の疑いもあるとして捜査は進んだ。

八田容疑者は石川県出身。小中高校は千葉県で過ごしたが、通っていた習志野高校1年、16歳のときにクラスメイトに後ろから消しゴムを投げつけられたことに激怒。授業後にナイフでその相手の左胸を刺して重傷を追わせて逃走し、さらに学校から約5キロ離れた大型スーパー前で拾ったタクシーの運転手をナイフで脅し車を奪ったものの、すぐに脱輪したためにまたも逃走。その日の夕方に千葉市内を歩いているところを殺人未遂容疑で逮捕されるという事件を起こしている。千葉家裁の決定で中等少年院送致となり、その後、何年間、過ごしたかは定かでないものの、少年院を出た後に東京都内の私立大学理系学部に入学、卒業。2021年4月から大分県に住んでいた。ひき逃げ死亡事故を起こしたのは、それから1年2ヶ月後。なぜ現場から逃走したかについては、八田容疑者は当時、過去に有罪判決を受けた事件で執行猶予中で、刑の執行から逃れるのが主目的だったのではないかと言われている。

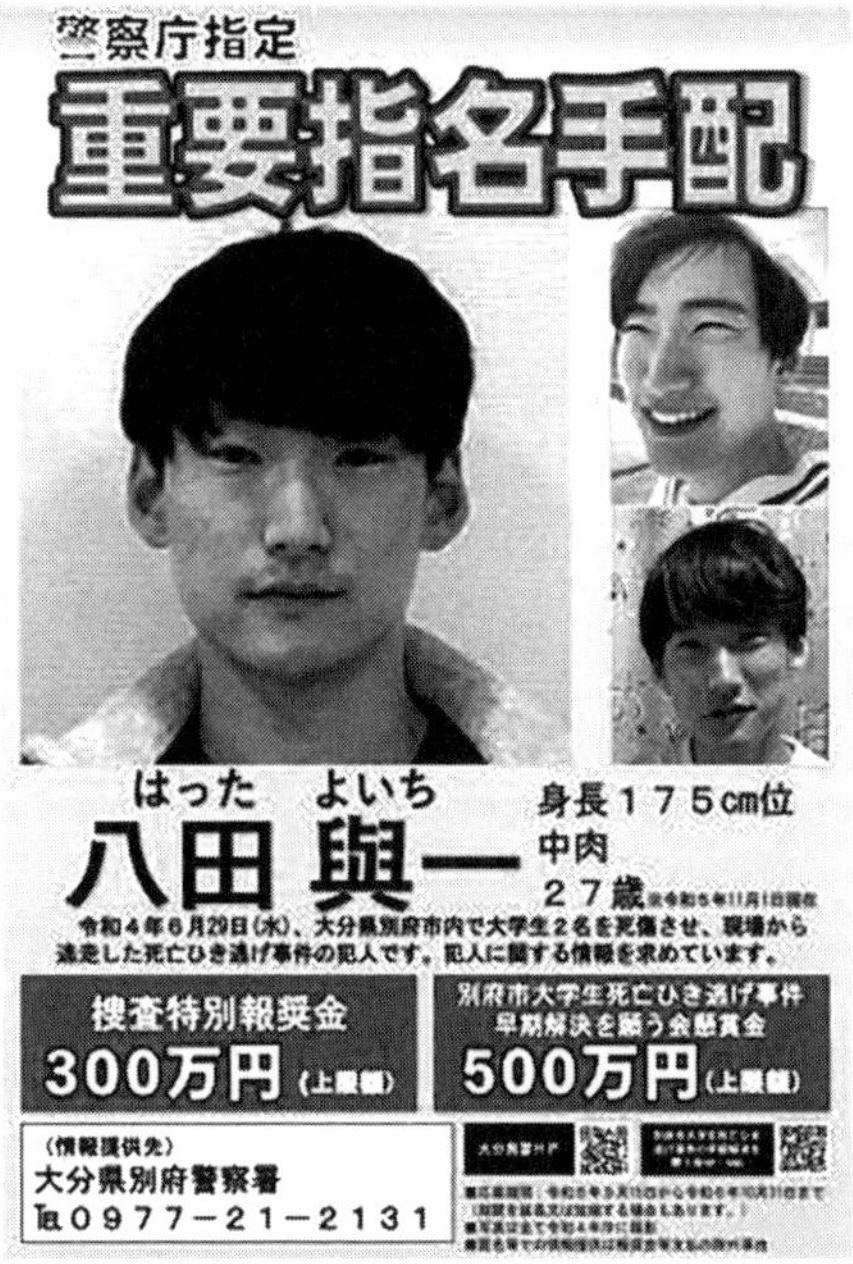
警察庁指定
重要指名手配
八田《はった》 與一《よいち》
身長175cm位
中肉
27歳
令和4年6月29日(水)、大分県別府市内で大学生2名を死傷させ、現場から逃走した死亡ひき逃げ事件の犯人です。犯人に関する情報を求めています。
捜査特別報奨金
300万円(上限額)
別府市大学生死亡ひき逃げ事件
早期解決を願う会懸賞金
500万円(上限額)
(情報提供先)
大分県別府警察署
℡0977−21−2131
八田容疑者の手配書。ひき逃げの容疑者が「重要指名手配」に指定されるのは全国初

行方が掴めぬまま、警察は7月28日、八田容

疑者が逃走中の防犯カメラの映像を新たに公開した。それは事件を起こした後、現場からおよそ1・5キロ離れた別府市内の飲食店街を走って逃げる同容疑者の姿で、靴を履いておらず裸足で、交通量の多い国道10号に進み、片側3車線の幹線道路を車が途切れるタイミングを見計らいながら、横断歩道のない場所を渡っていた。

2023年5月26日、警察は知人が撮影した八田容疑者の動画や、防犯カメラの映像を新たに公開。防犯カメラの映像では事件当日の16時過ぎ、市内の店舗でコップを購入する姿、さらに19時41分ごろの映像では、店の近くのマンション付近で靴を履いて歩いている姿が確認できる。

同年9月8日、警察庁はこの事件を全国の警察を挙げて捜査する必要性が高いと判断。八田容疑者を「重要指名手配」に指定した。これを受け、同年9月15日

事故現場の様子。手前が死亡した福谷さんの原付きバイク、
右上が電柱に衝突した八田容疑者の軽乗用車

事故直後、裸足で別府市内を逃走する八田容疑者を捉えた防犯カメラの映像。その後、電車やフェリーなどの公共交通機関や車、バイクを盗んで逃走した形跡は見つかっていない

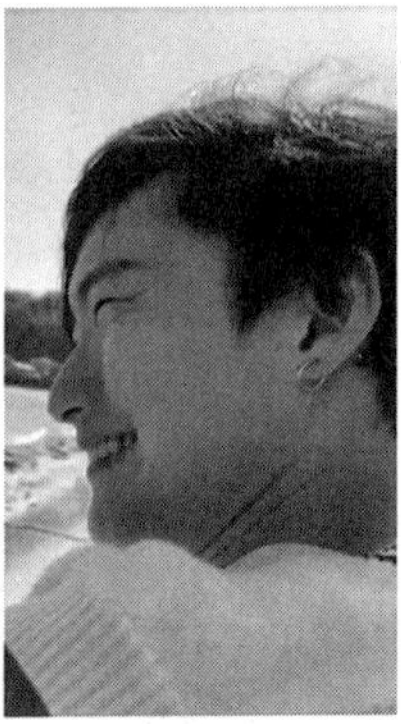

※写真は全て令和4年中撮影

知人などから提供された八田容疑者の画像

より捜査特別報奨金の対象事件となり、報奨金の上限は800万円に設定された（警察による報奨金300万円、早期解決を願う会による報奨金500万円）。

　大分県警によると、2023年9月末までに2千2363件の情報が寄せられており、このうち目撃情報は2千174件。県内が254件、県外では1千678件、SNSなどのインターネットから242件となっている。八田容疑者はどこに消えたのか。現在も大分県警は広く情報提供を募っている。

読んで震えろ! 世界の未解決ミステリー

2024年2月28日　第1刷発行

編　著　鉄人ノンフィクション編集部
発行人　尾形誠規
発行所　株式会社　鉄人社
〒162-0801 東京都新宿区山吹町332　オフィス87ビル3F
TEL 03-3528-9801　FAX 03-3528-9802
http://tetsujinsya.co.jp/

デザイン　鈴木 恵（細工場）
印刷・製本　モリモト印刷株式会社

主な参考サイト

Mysterious Universe　未解決事件ファイル　朝日新聞デジタル　BBCニュース・ジャパン　RollingStoneJapan　トラップレーダー　サバミリマップ　ワンディア　clairvoyant-report　MPS JAPAN　ABEMA TIMES　MRU　北陸中日新聞　KSB　exciteニュース　神戸新聞NEXT　NEWS24　探偵ファイル　カナロコ　Mail Online　Sharetube　Yahooニュース　ASKAの事件簿　千葉日報　Clairvoyant report　CNN　ニューヨークタイムズ　日本経済新聞　TOCANA　Daily Star　ミステリーニュースステーション・ATLAS　なんだコレミステリー　おに怖ニュース　Response.　AFP BB News　THE SUN　東洋経済オンライン　CBSニュース　zakzak　Cold Case Explorations　mythgyaan.com　西日本新聞　マトリョーシカ 凶悪事件のデータベース　NEWS DIG　琉球日報　沖縄タイムス　産経ニュース　日刊SPA!　茨城新聞クロスアイ

YouTube

話題の事件　怖い事件　イエローテープ　ターロウトーキー海外ミステリー　ゆっくりミステリー事件簿　やみとおく　ミルキの事件語り　あなたの知らないミステリー　ラビットホール　新ミステリー劇場　事件哀切チャンネル　今宵の事件考察　秘密の考察室　真紅の事件簿　はじげ　事件の秘密　海外未解決事件　あなたの知らないミステリー　ユースティティアの瞳　ゆっくりダークな世界　氷室英介の事件考察ch　キシロ 世界の謎と恐怖の探究者　事件の秘密　奇妙な日常　フシギミステリー倶楽部　ジケハン考察ラボ　懲役太郎チャンネル　やゆぽんステーション　ポートピア　タチイリキンシ　灰ねこ

ISBN978-4-86537-271-7　C0076　©株式会社鉄人社 2024

※本書の無断転載、放送は固くお断りいたします。
※落丁、乱丁などがあれば小社までご連絡ください。新しい本とお取り替えいたします。

本書へのご意見、お問い合わせは直接、弊社までお寄せくださるようお願いします。